넘치는 은혜, 변화되는 삶

네비게이토 선교회는
국제적이며 복음적인 기독교 기관이다.
예수 그리스도께서는 자기를 따르는 자들에게
"너희는 가서 모든 족속으로 제자를 삼으라"
(마태복음 28:19)는 지상사명을 주셨다.
네비게이토 선교회는 세계 모든 국가에서
예수 그리스도의 일꾼들을 배가시켜
이 지상사명의 성취를 돕는 것을
근본 목표로 하고 있다.

네비게이토 출판사는
네비게이토 선교회의 문서 선교를 담당하고 있다.
본 출판사에서는 그리스도인의 영적 성장을 돕는
서적과 자료들을 출판하여,
그리스도인의 삶의 기초가 견고한
헌신된 제자로 성장하게 하고,
나아가 성숙한 인격과 지도력을 갖춘
일꾼이 되도록 돕고 있다.

Translated by permission
Title originally published in English as
TRANSFORMING GRACE by NavPress
Copyright ⓒ 1991 by Jerry Bridges
Korean Copyright ⓒ 1994, 2020
by Korea NavPress

TRANSFORMING GRACE

넘치는 은혜,
　　변화되는 삶

하나님의 무한한 사랑 안에서
확신 있게 사는 법

제리 브릿지즈

네비게이토 출판사
TO KNOW CHRIST AND TO MAKE HIM KNOWN

차 례

저자 소개 ··· 7

머리말 ·· 9

1. 다람쥐 쳇바퀴 ······································ 13

2. 은혜 – 누구에게 필요한가 ······················ 29

3. 은혜 – 정말 놀라운가 ···························· 45

4. 은혜로운 포도원 주인 ···························· 65

5. 하나님의 절대주권 ································ 87

6. 사랑의 강권 ······································· 109

7. 사랑의 증거 ·· 129

8. 거룩함 – 하나님의 은혜의 선물 ······················ 151

9. 자유를 위해 부르심을 받음 ···························· 179

10. 내 은혜가 네게 족하도다 ······························ 205

11. 모든 성도 중에 가장 작은 자 ······················· 233

12. 하나님의 은혜를 누림 ·································· 261

13. 은혜의 옷 ·· 299

저자 소개

제리 브릿지즈(1929-2016)는 국제 네비게이토 선교회의 부회장을 역임하였습니다. 그는 해군 장교로 한국전에도 참전하였고, 복무 중에 네비게이토 선교회를 알게 된 후 이 사역에 헌신하여 1955년 이래 네비게이토 선교회 간사로 주님을 섬겼으며, 2016년에 사랑하는 주님 품에 안겼습니다.

저자는 이 책 외에도 거룩한 삶의 추구, 경건에 이르는 연습, 하나님을 의뢰함, 날마다 자신에게 복음을 전하라, 진정한 교제, 영적인 의지력 등 여러 책을 저술했습니다.

머리말

하나님의 은혜는 성경 전체에 걸쳐 아주 중요한 주제입니다. 하지만 또한 오해를 많이 받는 주제이기도 합니다.

모든 그리스도인은 하나님의 은혜를 믿습니다. 그리스도인이라면 마땅히 그래야 합니다. 자주 인용하는 말씀 중에 에베소서 2:8-9이 있습니다. "너희가 그 은혜를 인하여 믿음으로 말미암아 구원을 얻었나니, 이것이 너희에게서 난 것이 아니요 하나님의 선물이라. 행위에서 난 것이 아니니 이는 누구든지 자랑치 못하게 함이니라." 그리고 "나 같은 죄인 살리신 주 은혜 놀라워…"로 시작되는 존 뉴턴의 찬송가는 널리 애창되는 곡입니다. 그런데 왜 하나님의 은혜가 오해를 많이 받는 주제라고 했을까요?

'은혜'에 대해 생각할 때면 으레 은혜로 구원받은 사실을 먼저 떠올립니다. 에베소서 2:8-9 말씀이 너무나 잘 알려져 있기 때문입니다. 은혜에 관해 쓴 책들도 보면 거의 예외 없이 구원의 문제를 다룹니다. 구원의 은혜는 일평생 감사하고 감사해도 부족할 뿐입니다. 그러나 성경은 은혜로 구원받은 과거의 사실뿐 아니라 현재 매일의 삶도 은혜로 산다는 사실을 가르칩니다. 많은 그리스도인이 은혜의 바로 이 중요한 측면을 잘 이해하지 못하거나 삶에서 누리고 있지 못합니다.

그리스도인들 가운데 하나님과의 관계의 기초를 하나님의 은혜가 아니라 자신의 성취에다 두는 이들이 의외로 많은 것을 봅니다. 자신이 잘 살았으면 하나님께서 복을 주시리라 기대합니다. 이 "잘"이라는 말도 자신의 생각에 근거한 것이지만. 하지만 제대로 살지 못했다면 기대 수준은 그만큼 낮아집니다. 이런 의미에서 우리는 은혜보다는 행위로 말미암아 살아가고 있다고 할 수 있습니다. 은혜로 구원받았으나 자신의 성취라는 "땀"에 의해 살고 있는 셈입니다.

더구나 우리는 늘 자기 자신에게뿐 아니라 서로서로 "더 열심히 하도록" 도전과 자극을 주며 채찍질합니다. 성공을 어떻게 정의하든 그리스도인의 삶의 성공은 기본적으로 자기 자신 즉 자신의 헌신과 훈련과 열정에 달려 있다고 생각합니다. 그 과정에서 하나님으로부터 얼마간 도움을 받는다고 믿는 듯 보입니다. 말로는 "그러나 나의 나 된 것은 하나님의 은혜로 된 것입니다!"(고린도전서 15:10 참조)라고 한 바울의 고백에 전폭적으로 동의하지만, 마음속으로는 "하늘은 스스로 돕는 자를 돕는다"라는 자조 자립의 격언을 모토로 삼고 살아갑니다.

하나님과 자신의 관계가 자신의 성취가 아니라 그리스도의 엄청난 공로에 토대를 두고 있다는 진리를 진정으로 깨달을 때라야 우리는 참된 자유와 기쁨을 누립니다. 그러나 그것이 한순간의 경험으로 그쳐서는 안 됩니다. 그 진리는 날마다 다시 상기할 필요가 있습니다. 이 책은 그런 내용을 다루고 있습니다.

나는 성경의 어떤 중요한 주제를 공부할 때는 은근한 불에 장시간 올려 두는 요리법을 떠올립니다. 말하자면 그 주제를 마음속 가스레인지의 한쪽 불 위에 올려놓아 몇 개월 또는 몇 년에 걸쳐 뭉근하게 우려냅니다. 하나님의 은혜라는 주제도 그렇게 했습니다. 그것을 10년 이상 한쪽 불 위에 올려 두었습니다. 그 동안에 나는 책을 세 권 썼지만 마음은 계속 하나님의 은혜라는 주제로 돌아가곤 했습니다.

이 주제를 공부하고 특히 이 책의 내용에 생각을 집중했던 지난 몇 개월 동안 종종 자신이 바닷물을 다 퍼내려고 애쓰는 어린아이와 같다는 느낌이 들었습니다. 하나님의 은혜는 무궁무진하였습니다. 하도 크고 엄청나서 때로는 그 은혜에 압도당하기까지 한 적이 한두 번이 아니었습니다. 그리스도로 말미암아 우리에게 주어진 하나님의 은혜의 부요함에 대해 당신도 더욱더 실감하게 되리라 믿습니다.

이 책을 쓸 때 여러 사람이 도움을 주었습니다. 어떤 이는 힘껏 격려해 주었고, 어떤 이는 귀중한 조언과 제인을 해 주었습니다. 어떤 이는 원고를 꼼꼼하게 검토하면서 나의 생각을 명확히 하도록 도와주었을 뿐 아니라 성경적으로 균형이 잡힌 메시지가 되도록 끊임없이 채찍질해 주었습니다. 그리고 곳곳에서 많은 친구들이 이 책을 위해 정기적으로 기도해 주었습니다. 그들은 내가 '개념'이라는 아말렉과 싸우고 있을 때 산꼭대기에 올라가서 기도하는 모세가 되어 주었습니다(출애굽기 17:8-13 참조). 또 어떤 이는 내가 손으로 쓴 원고를 편집하기 쉽도록 훌륭한 솜씨로 컴퓨터에 입력하여 주었습니다.

특별히 아내에게 고마움을 표합니다. 지난 몇 개월 동안 나의 여가를 모두 이 책을 쓰는 데 쏟아부었기에 혼자 지내야 할 때가 많았지만 한 번도 불만을 내색하지 않고 늘 격려해 주었습니다.

특히 하나님께서 내게 큰 자비와 은혜를 넘치도록 부어 주셨습니다. 나의 수고가 헛되지 않아 많은 사람들이 이 책을 통해 "우리 주 곧 구주 예수 그리스도의 은혜와 저를 아는 지식에서 자라 가기를" 간절히 기도합니다(베드로후서 3:18).

1
다람쥐 쳇바퀴

너희가 이같이 어리석으냐? 성령으로 시작하였다가 이제는 육체로 마치겠느냐? (갈라디아서 3:3)

"**파**산!" 참으로 끔찍한 말입니다. 사실 파산이라는 말은 많은 의미를 담고 있습니다. 이를테면 실패, 지급 불능, 변제 능력 상실, 재정적 파탄 등 여러 의미가 들어 있습니다. 요즘같이 관용적인 사회에서도 파산했다는 것은 아주 창피하고 수치스러운 일입니다. 자기 아버지가 망했다고 친구에게 자랑하는 아이가 있을까요?

도덕적인 면에서는 파산이라는 단어가 더욱 불명예스러운 의미를 담고 있습니다. 어떤 사람이 도덕적으로 파산했다는 말은 도덕적 특성이 완전히 결여되어 있다는 의미입니다. 그 사람을 마치 히틀러에 비유하는 것과 마찬가지입니다. 어떤 사람에 대하여 일컬을 수 있는 가장 나쁜 말이라고 할 수 있습니다.

당신은 한 번도 그렇게 생각해 본 적이 없겠지만 당신은 파산했습니다. 당신의 재정 상태나 도덕적 특성에 대해 말하고 있는 게 아닙니다. 당신은 재정적으로 아주 건실하고 주위에서 정직하기로 이름난 사람일지도 모릅니다. 하지만 당신은 여전히 파산 상태에 있으며 나도 마찬가지입니다.

당신과 나, 그리고 이 세상에 살고 있는 모든 사람은 **영적으로 파산했습니다**. 사실 예수 그리스도를 제외하고는 지금까지 이 세상에 살았던 사람은, 도덕적으로나 종교적으로 어떤 상태에 있었든 상관없이, 모두 영적으로 파산 상태에 있었습니다. 로마서에 나오는 다음과 같은 파산 선언에 귀를 기울여 보십시오.

> 기록한 바 의인은 없나니 하나도 없으며, 깨닫는 자도 없고, 하나님을 찾는 자도 없고, 다 치우쳐 한가지로 무익하게 되고, 선을 행하는 자는 없나니 하나도 없도다. (로마서 3:10-12)

의인도, 깨닫는 자도, 하나님을 찾는 자도, 선을 행하는 자도 없되 '하나도' 없다고 했습니다. 이것이 영적인 파산입니다. 대개 기업이 파산하면 그래도 팔아서 빚을 갚는 데 일부나마 충당할 수 있는 재산이 조금은 있습니다. 그러나 우리에게는 전혀 그럴 만한 재산이 없습니다. 우리 빚을 일부나마 갚기 위해 하나님께 드릴 수 있는 게 하나도 없습니다. 하나님 보시기에 "우리의 의는 다 더러운 옷" 같을 뿐입니다(이사야 64:6). 우리는 영적으로 빈털터리입니다. 도저히 갚을 수 없는 빚을 지고 있습니다.

우리는 구원은 하나님의 선물이라는 사실을 잘 알고 있습니다. 구원은 전적으로 은혜로 말미암아 믿음으로 얻습니다. 행위에 의해 얻는 것이 아니기 때문에 아무도 자랑할 수가 없습니다(로마서 6:23, 에베소서 2:8-9). 우리는 자신이 의라고 생각했던 것을 포기하고, 자신의 구원을 위하여 오직 예수 그리스도만을 믿고 의지하게 되었습니다. 이를 통해 기본적으로 자신의 영적 파산을 선언한 것입니다.

그런데 우리는 어떤 종류의 파산을 선언했습니까? 비즈니스 세계에서 재정적으로 곤경에 처해 파산 선언을 해야 하는 회사는 두 가지 중 하나를 선택하게 됩니다. 하나는 '일시 파산'으로서 이것은 기본적으로는 건실하여 시간이 주어지면 재정 문제를 해결할 수 있는 회사가 선택합니다.

또 하나는 '영구 파산'으로서 재정적으로 갈 데까지 간 회사가 선택하게 됩니다. 이런 회사는 빚이 엄청나게 많을 뿐 아니라 기업으로서의 장래 가능성을 완전히 상실한, 미래가 없는 회사입니다. 이러한 회사는 모든 자산을 현금화하여 채무자들에게 지불해야 하며, 그렇게 한다 해도 흔히 채무액의 극히 일부밖에는 갚지 못합니다. 그 회사는 끝났습니다. 모든 게 종말을 고합니다. 사주나 투자자들은 그 회사에 쏟아부은 것을 거의 모두 잃고 맙니다. 이러한 종류의 파산을 좋아하는 사람은 아무도 없습니다.

일시 파산인가 영구 파산인가

그러면 우리가 선언한 파산은 어떤 종류일까요? 우리의 영적 파산은 영구적인 것일까요 아니면 일시적인 것일까요? 아마 대부분이 영구 파산이라고 대답할 것입니다. 우리는 오직 예수 그리스도를 믿음으로써만 구원을 얻습니다. 그리스도께서 이미 해 놓으신 것에 어떤 분량의 선행이든지 첨가할 수 없습니다. 또한 주님께서 우리 죄의 빚을 완전히 갚아 주셨으며 우리에게 영생의 선물을 주셨다는 사실을 믿습니다. 우리가 구원을 얻기 위해

할 수 있는 게 더 이상 아무것도 없습니다. 따라서 우리는 영구 파산을 선언했다고 말할 수 있습니다.

그러나 실상을 보면 그렇지 않은 것 같습니다. 대부분의 사람들이 입으로는 영구 파산을 선언했다고 말하면서도 실제로는 일시 파산을 선언한 것같이 살고 있습니다. 구원을 위해서는 그리스도만을 믿고 의지하였으면서도, 의식하지 못하는 가운데 교묘하게 삶에서는 '행위'에 근거한 하나님과의 관계로 돌아가고 말았습니다. 자신이 하는 최선의 노력도 자신을 하늘나라로 인도하지는 못한다는 사실을 인정하면서도, 그것이 매일의 삶에서 하나님의 축복을 얻어 낸다고 생각합니다.

그리스도인이 된 후 우리는 죄를 멀리하기 시작합니다. 교회에 나가고 성경공부도 하고 찬송도 하며 헌금을 하기도 합니다. 자신의 삶에 긍정적인 변화가 일어나는 것을 보며 자신에 대해 꽤 자부심을 느끼기 시작합니다. 이제는 파산 상태에서 벗어나 자립하여 그리스도인의 삶을 살 태세가 되었다고 생각합니다.

그러다가 영적으로 넘어지는 날이 옵니다. 이전의 죄에 다시 빠지거나 마땅히 해야 할 일을 하는 데 실패합니다. 이제는 스스로 자립했다고 생각하고 있던 터에 실패하였기에 일정 기간 하나님의 축복을 잃어버릴 거라고 생각합니다. 하나님의 축복에 대한 기대는 자신이 그리스도인의 삶을 얼마나 잘 살고 있느냐 하는 느낌에 좌우됩니다. 자신이 하나님의 나라에 들어가기 위해 일시 파산을 선언했었고, 그래서 지금 하나님과의 관계에서 자립할 수 있으며 또한 자립해야 한다고 생각하는 것입니다. 만일 이렇게 생각하고 있다면 우리는 은혜로 말미암아 구원을 받았으나 행위 또는 공로로 말미암아 살고 있는 셈입니다.

내가 너무 과장해서 말하고 있는 게 아닌가 하는 생각이 든다면 다음 테스트를 해 보기 바랍니다. 최근에 자신이 영적으로 무참히 실패했던 때를 떠올려 보십시오. 그리고 그 직후에 믿지 않는 친구에게 그리스도를 증거할 절호의 기회를 맞이했다면, 그 상황에서 성령의 역사와 도우심을 온전히 확신하는 가운데 복음을 증거할 수 있을까요?

우리는 모두 천성적으로 율법적인 경향이 있습니다. 다시 말해 자신이 뭔가를 많이 이룰수록 하나님으로부터 축복을 더 많이 받는다고 생각합니다. 베드로도 똑같은 생각을 했습니다. 그는 예수님께서 부자 청년과 말씀하시는 내용을 듣고 예수님께 물었습니다. "보소서. 우리가 모든 것을 버리고 주를 좇았사오니 그런즉 우리가 무엇을 얻으리이까?"(마태복음 19:27). 베드로는 이미 자신의 공로를 점수로 매겨 보았습니다. 이 공로로 인해 얼마나 보상을 받게 될지 알고 싶었습니다.

우리는 천성적으로 율법적일 뿐 아니라 우리가 속한 기독교 문화가 이러한 율법적 태도를 강화시키고 있습니다. 우리는 교회에 정기적으로 출석하며, 매일 경건의 시간을 가지며, 성경을 공부하며, 기도하며, 말씀을 암송하며, 이웃에게 복음을 전하며, 선교를 위해 헌금을 하도록 권면을 받습니다. 이 모두가 그리스도인의 활동으로 중요합니다. 그런데 그 누구도 그렇게 가르친 적이 없지만 어찌된 일인지 마음속에는 이러한 활동을 잘 수행하지 않으면 하나님께 축복을 받지 못할 거라는 막연한 생각이 자리 잡고 있습니다.

그리고 우리는 성경에서 구원을 이루어 가라든지, 거룩한 삶을 추구하라든지, 힘써 믿음에 덕, 지식, 절제, 사랑 등의 덕목을 더하라든지 하는 말씀을 읽습니다. 사실 성경에는 선한 일을 행하고 영적 성장을 위한 훈련에 힘쓰라는 권면으로 가득 차 있습니다. 이를 보고 우리는 한층 더 이러한 영역에서의 성취가 하나님의 축복을 얻게 한다고 믿게 됩니다.

이런 내용을 잘 알고 있으면서도 나 역시 이러한 율법적인 경향과 씨름하곤 합니다. 몇 년 전 어느 큰 교회에서 말씀을 전하게 되었습니다. 주일 아침 예배가 시작되기 약 15분 전에 그 교회에 도착한 나는 그 교회에서 섬기는 교역자 한 분이 갑자기 바로 전날 세상을 떠났다는 사실을 알게 되었습니다. 온 교회가 충격과 슬픔에 싸여 있었습니다.

이 상황에서는 내가 준비해 간 "제자의 삶을 위한 도전"이라는 메시지는 전혀 어울리지 않는다는 사실을 깨달았습니다. 교인들에게는 그날 도전이 아니라 위로와 격려가 필요했습니다. 완전히 새로운 메시지가 필요함을 알고는 이 상황에 적합한 메시지를 주시도록 조용히 하나님께 기도했습니다. 그리고 그날 내가 잘한 것과 잘못한 것을 따져 보기 시작했습니다. '아침에 경건의 시간을 잘 가졌던가? 정욕적인 생각을 하거나 말을 부풀린 적은 없었던가?…' 자신도 모르게 성취에 의존하는 함정에 빠져들었습니다.

내가 뭘 하고 있는지를 재빨리 알아채고서 "하나님, 제가 이런 일에서 온전했는지는 잘 모르지만 이건 하등 문제가 되지 않습니다. 저는 오늘 예수님의 이름으로, 오직 예수님의 공로만을 의지하여 하나님의 도우심을 간절히 구합니다"라고 기도했습니다. 이윽고 성경 구절 하나와 그 상황에 적합한 메시지 윤곽이 떠오르게 해 주셨습니다. 말 그대로 메시지를 준비해 가면서 메시지를 전했습니다. 기도에 응답하신 하나님께 감사드렸습니다.

왜 하나님께서 나의 기도에 응답하셨을까요? 그날 아침에 내가 경건의 시간을 잘 가졌거나 혹은 다른 영적 규례를 잘 준수했기 때문일까요? 그건 아닙니다. 하나님께서 내 기도에 응답하신 이유는 단 한 가지입니다. 즉 예수 그리스도께서 2천 년 전에 십자가 위에서 그 기도에 대한 응답을 이미 얻어 내셨기 때문입니다. 하나님께서는 오직 하나님의 은혜를 토대로 응답하신 것입니다. 응답은 나의 공로나 잘못과는 무관했습니다.

오늘날 그리스도인들에게 잘 감추어져 있는 비밀 가운데 하나가 바로 "예수님께서 모든 값을 지불하셨다"는 사실입니다. 정말입니다. 예수님께서는 우리가 죄 사함을 받고 또 천국에 갈 수 있게 해 주셨을 뿐 아니라, 모든 축복과 모든 기도 응답을 받을 수 있게 해 주셨습니다. 예외가 없습니다.

왜 이게 감추어져 있는 비밀일까요? 한 가지 이유는 우리가 이 진리를 두려워하고 있다는 점입니다. '하나님의 축복을 받기 위해 우리는 더 이상 어떤 일을 할 필요가 없다. 필요한 일은 모두 행하여졌다'라고 생각하는 것조차 두려워합니다. 이 사실을 진정으로 믿게 되면 그리스도인으로서의 의무를 태만히 하게 될까 두려워하는 것입니다. 그러나 더 깊고 핵심적인 문제는 우리 자신이 여전히 파산 상태에 있다는 사실을 진정으로 믿지 않고 있다는 데 있습니다. 예수님의 공로에 의지하여 오직 은혜로 하나님 나라의 시민이 되었으면서, 이제는 우리 자신의 공로로 자활하려고 애쓰고 있는 것입니다. 자신이 단지 '일시 파산'을 선언한 것처럼, 이제는 은혜에 의해서가 아니라 행위에 의해 살겠다고 하는 말입니다.

우리의 구원은 흔히 세 측면으로 구분하여 말할 수 있습니다. 즉 의화[칭의], 성화, 영화입니다.

의화[칭의]는 예수 그리스도를 믿음으로 말미암아 하나님 앞에서 의롭다 하심을 얻는 것으로서 순간적으로 이루어집니다.

의화가 이루어지는 때는 우리가 예수님을 믿어 구원을 얻을 때입니다. 에베소서 2:8 말씀이 바로 이것입니다. "너희가 그 은혜를 인하여 믿음으로 말미암아 구원을 얻었나니."

성화란 그리스도를 닮아 가는 것입니다. 성화는 우리가 구원받고 나서부터 영화에 이를 때까지의 그리스도인 삶 전체를 포괄하며 점차 성장해 가는 과정입니다.

영화는 우리가 이 세상을 떠나 그리스도와 함께 있게 될 때 이루어집니다. 물론 실제로 영화는 부활할 때 완전히 성취되는 것이지만, 지금 그리스도와 함께 있는 사람들도 "온전케 된 의인의 영들"(히브리서 12:23)이라고 묘사되어 있습니다.

진정한 그리스도인이라면 모두 의화가 그리스도를 믿음으로 말미암아 하나님의 은혜로 된다는 데에 쉽게 동의합니다. 그리고 곰곰이 생각해 보면 영화 또한 오직 하나님의 은혜로 된다는 사실을 수긍합니다. 예수님께서 우리를 위해 희생하심으로써 우리가 죄 사함[의화]뿐 아니라 영생[영화]도 얻게 해 주셨다고 믿습니다. 그러나 성화—의화와 영화 사이에 있는 그리스도인의 전체 삶—는 얘기가 다릅니다. 그리스도인의 삶은 개인적인 노력 더하기 하나님의 은혜로 된다고 여기고 있는 것입니다. 이 말은 우리가 모든 삶을 '의식적으로' 평가하여, 예를 들어 우리와 하나님의 관계는 50%의 노력과 50%의 은혜에 기초하고 있다고 결론을 내리거나 한다는 말은 아닙니다. 오히려 그러한 생각은 우리의 타고난 율법주의적 경향으로 말미암은 거의 '무의식적인' 가정이며, 우리가 속한 기독교 문화에 의해 더 부추겨지고 강화된 것입니다.

따라서 그리스도인의 삶에 대한 이러한 관점은 다음과 같은 그림으로 나타낼 수 있습니다.

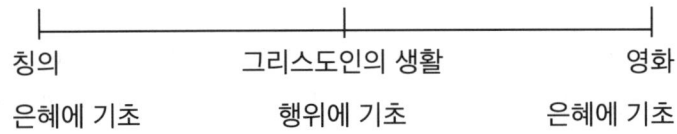

이 그림에 따르면 그리스도인의 삶은 은혜→ 행위→ 은혜로 이어집니다.

하지만 이 책의 주제요 성경의 진리를 그림으로 나타내면 다음과 같이 될 것입니다.

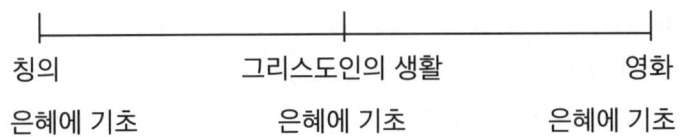

말하자면 처음부터 끝까지 그리스도인의 모든 삶은 은혜→ 은혜→ 은혜로 이어집니다. 곧 그리스도를 통해 우리에게 주신 하나님의 은혜에 기초해서 이루어집니다.

이제 앞에서 언급했던 파산 이야기로 되돌아가 봅시다. 영구 파산이 아무리 끔찍한 것이라고 해도 좋은 측면도 있습니다. 괴로움을 당하던 사업가는 결국은 자유로워집니다. 더 이상 누구에게 아무것도 갚을 필요가 없습니다. 빚을 다 갚은 것은 아니지만 적어도 그것은 말소됩니다. 그것이 더 이상 마음의 짐이 되지 않으며, 채권자들의 전화나 요구, 위협 등에 시달릴 필요가 없고 거기서 벗어나 자유로워집니다. 채권자들은 더 이상 그를 괴롭힐 수가 없습니다. 이 사업가는 창피를 당하기는 했지만 적어도 빚으로부터는 자유롭습니다.

한편 일시 파산을 청구한 사업가는 여전히 그 사업을 다시 일으키기 위해 뼈를 깎는 노력을 해야 합니다. 어느 기간 동안은 빚을 갚는 게 연기되었지만 사업을 호전시키기 위해 뼈 빠지게 일을 해야 합니다. 결국 그 빚은 다 갚아야만 합니다. 이 사업가는 자유롭지 못합니다. 대신 행위의 쳇바퀴를 돌려야 합니다.

하지만 비즈니스 세계의 파산 비유도 영적인 진리를 설명하는 데 충분하지 않습니다. 영구 파산을 선언한 사업가도 완전히 자유롭지는 않습니다. 과거의 빚으로부터는 자유로우나 미래에 지게 될 빚으로부터도 자유로운 것은 아닙니다. 과거의 빚은 말소되었지만 모든 것을 다시 시작해야 하며, 앞으로 빚을 지지 않기 위해 노력해야 합니다. 미래를 위해 계속 노력해야 한다는 점에서 보면 비즈니스 세계에서 진정한 영구 파산은 없는 셈입니다.

그러나 성경이 전해 주는 복된 소식은, 영적인 영역에서는 완전한 영구 파산이 진정으로 존재한다는 사실입니다. 그것은 사업상의 파산과는 다른데 두 가지 중요한 면에서 훨씬 더 낫습니다.

먼저 사업상의 영구 파산을 한 기업의 빚은 완전히는 갚아지지 않습니다. 채권자는 그 회사의 자산을 처분하여 얼마 안 되는 금액을 회수할 뿐입니다. 파산한 사업가도 채권자도 만족할 수 없는 결과입니다. 그 사업가도 양심이 있는 사람이라면 갚지 못한 빚에 대해 죄책감을 느끼며, 채권자는 받지 못한 돈 때문에 기분이 언짢습니다.

이와는 반대로 그리스도인의 모든 빚은 예수 그리스도의 죽음으로 말미암아 다 갚아졌습니다. 하나님의 법과 하나님의 공의는 완전히 충족되었습니다. 우리 죄의 빚을 기록한 장부끝에는 "지불 완료!"라고 찍혀 있습니다. 하나님께서도 만족하시고 우리도 물론 만족해합니다. 우리는 하나님과 화평을 누리게 되었으며, 악한 양심이 깨끗해졌습니다(로마서 5:1, 히브리서 10:22 참조).

둘째, 빚이 완전히 청산되었을 뿐만 아니라 다시 빚을 질 가능성이 전혀 없습니다. 예수님께서는 우리의 모든 죄, 곧 우리의 과거, 현재, 미래의 죄의 빚을 다 갚으셨습니다. 골로새서 2:13 말씀처럼 하나님께서는 "우리에게 모든 죄를 사하셨습니다." 우리는 모든 것을 다시 시작할 필요가 없으며, 다시 빚을 지지 않기 위해 계속 노력할 필요도 없게 되었습니다. 더 이상 빚 장부가 없습니다. 하나님께서는 빚 장부를 도말하시고 찢어서 버리셨습니다. 하나님께서는 점수를 매기고 계시지도 않으며, 우리의 행위나 성취에 근거하여 복을 주시거나 거두시지도 않습니다. 우리 점수는 이미 그리스도로 말미암아 영구히 최고 점수로 확정되었습니다. 우리는 너무나 자주 복음의 이러한 차원을 이해하지 못하고 있습니다.

우리는 은혜로 하나님의 나라에 들어갑니다. 은혜로 성화의 과정을 밟습니다. 은혜로 현세의 축복과 영적인 축복을 받습니다. 은혜로 순종하도록 동기를 부여받습니다. 은혜로 말미암아 주님을 심기도록 부르심을 받고 심길 수 있는 능력을 받습니다. 은혜로 시련을 견딜 수 있는 능력을 받습니다. 그리고 마침내 은혜로 영화롭게 됩니다. 그리스도인의 모든 삶은 하나님의 은혜의 통치하에 영위됩니다.

은혜란 무엇인가

그러면 우리가 그로 말미암아 구원도 받고 삶도 영위하는 이 은혜란 도대체 무엇입니까? 간단히 말하면 은혜란 오직 심판받아 마땅한 죄인들에게 하나님께서 값없이 베푸시는 은총입니다.

도저히 사랑받을 수 없는 사람에게 베푸시는 하나님의 사랑입니다. 하나님을 거역하는 사람들에게 하나님께서 손을 내미시는 것입니다.

은혜는 우리 쪽의 어떤 가치나 자격과는 정반대 편에 있습니다. '은혜와 행위는 서로 배타적이다'라고 말할 수 있습니다. 이에 대해 로마서 11:6에서 이렇게 말씀합니다. "만일 은혜로 된 것이면 행위로 말미암지 않음이니 그렇지 않으면 은혜가 은혜 되지 못하느니라." 우리와 하나님과의 관계는 반드시 행위와 은혜 둘 중 하나에 기초를 둡니다. 행위와 은혜 둘 다에 기초한 관계란 결코 없습니다.

더군다나 은혜가 우리를 죄의 형벌에서 구원하고 새로운 영적 능력을 약간 공급해 준 후, 우리 자신의 힘으로 영적 성장과 성숙을 이루어 가도록 내버려 두지는 않습니다. 오히려 빌립보서 1:6 말씀처럼 은혜로 우리 속에 착한 일을 시작하신 하나님께서는 그리스도 예수의 날까지 은혜로 이루십니다. 우리 삶 가운데서 계속되는 은혜의 역사에 대해 존 뉴턴은 "놀라운 은혜"라는 찬송시에서 이렇게 표현했습니다. "은혜가 지금까지 나를 안전하게 인도해 주었네. 은혜가 또 나를 본향으로 인도해 주리라."

사도 바울이 갈라디아 교인들에게 물었듯이 오늘날 우리에게도 이렇게 묻습니다. "너희가 이같이 어리석으냐? 성령으로 시작하였다가 이제는 육체로 마치겠느냐?"(갈라디아서 3:3). 바울이 다루고 있던 구체적인 문제는 할례였습니다. 하지만 "할례로 마치겠느냐?"라고 묻지 않고 "육체로 마치겠느냐?"라고 물은 점에 주목하십시오. 질문을 일반화했습니다. 할례라는 특정한 문제가 아니라 그게 무엇이든 인간적인 수고나 노력으로 하나님을 기쁘시게 해 드리려고 하는 보다 광범위한 문제를 다루고 있었습니다. 여기에는 율법적인 태도로 행한, 좋은 기독교적 활동과 훈련까지도 포함됩니다.

예수님의 공로

사도 바울은 종종 하나님의 은혜와 예수님의 공로를 거의 맞바꿀 수 있는 말로 사용했습니다. 실례로 다음과 같이 말했습니다.

> 보라. 나 바울은 너희에게 말하노니 너희가 만일 할례를 받으면 그리스도께서 너희에게 아무 유익이 없으리라. 내가 할례를 받는 각 사람에게 다시 증거하노니 그는 율법 전체를 행할 의무를 가진 자라. 율법 안에서 의롭다 함을 얻으려 하는 너희는 그리스도에게서 끊어지고 은혜에서 떨어진 자로다. (갈라디아서 5:2-4)

여기를 보면 "그리스도께서 너희에게 아무 유익이 없으리라"라는 말과 "너희는 그리스도에게서 끊어졌다"라는 말과 "너희는 은혜에서 떨어진 자로다"라는 말을 같은 뜻으로 나열하고 있습니다.

그리고 에베소서 2:4-7에서는 다음과 같이 말씀하고 있습니다.

> 긍휼에 풍성하신 하나님이 우리를 사랑하신 그 큰 사랑을 인하여 허물로 죽은 우리를 그리스도와 함께 살리셨고 (너희가 은혜로 구원을 얻은 것이라) 또 함께 일으키사 그리스도 예수 안에서 함께 하늘에 앉히시니 이는 그리스도 예수 안에서 우리에게 자비하심으로써 그 은

혜의 지극히 풍성함을 오는 여러 세대에 나타내려 하심이니라.

다시 한 번 그리스도와 은혜 사이의 밀접한 관련성을 볼 수 있습니다. 우리는 그리스도와 함께 살리심을 받았고 은혜로 구원을 얻었습니다. 그리고 하나님께서는 그리스도 예수 안에서 우리에게 자비하심으로써 그 은혜의 지극히 풍성함을 오는 여러 세대에 나타내기를 원하셨습니다.

하나님의 은혜와 그리스도의 공로가 동일하지는 않지만 우리와 하나님과의 관계에서 이 둘은 늘 붙어 다닙니다. 이 둘 중 어느 하나를 다른 하나 없이 경험할 수는 없습니다. 순서를 따지자면 하나님의 은혜가 먼저 옵니다. 성부 하나님께서 독생자를 보내 주셔서 우리 대신 형벌을 받게 하신 것은 순전히 하나님의 은혜 때문이었습니다. 다른 말로 하면 그리스도의 죽음이 하나님의 은혜의 결과이지, 은혜가 그리스도의 죽음의 결과는 아닙니다.

그러나 우리가 오직 그리스도의 죽음에 의해서만 하나님의 은혜를 경험할 수 있게 되었다는 것 또한 사실입니다. 하나님께서는 은혜로우신 분이지만 또한 절대적으로 공의로우신 분입니다. 말하자면 하나님의 공의는 하나님의 거룩한 법을 아주 사소하게 위반하는 것도 묵과할 수 없습니다. 그리스도께서 하나님의 공의를 완전하게 만족시키셨기에 우리는 이제 하나님의 은혜를 경험할 수 있는 것입니다. 그리스도께서 보혈의 값을 치러 주셨기 때문에 이 부요한 은혜를 누리게 되었습니다. 바로 이런 이유에서 이 장에서 계속 우리가 하나님 아버지로부터 받게 될 모든 축복을 위한 대가를 그리스도께서 이미 치르셨다고 말한 것입니다. 앞으로도 이 사실을 거듭거듭 강조하게 됩니다.

다윗의 생애를 보면 그리스도로 말미암아 우리에게 베푸시는 하나님의 은혜를 예로 보여 주는 아름다운 이야기가 나옵니다. 사울의 아들이요 다윗의 절친한 친구인 요나단에게 므비보셋이라는 아들이 있었습니다. 다섯 살 때부터 두 발을 다 절었습니다. 모든 이스라엘에 대한 왕권이 견고히 확립된 후에 다윗은 "요나단을 인하여" 사울의 집에 남아 있는 사람에게 은총을 베풀기를 원했습니다(사무엘하 9:1). 그리하여 절뚝발이요 가난뱅이요 자기 자신을 돌볼 수도 없고 다른 사람의 집에 얹혀살고 있던 므비보셋은 다윗의 왕궁으로 인도되어 왕자 중 하나처럼 왕의 상에서 먹었습니다(사무엘하 9:11).

왜 므비보셋은 다윗의 아들들 가운데 하나처럼 대우를 받았습니까? 순전히 요나단 때문이었습니다. 요나단과 다윗의 충성된 우정이 다윗의 상에 므비보셋의 자리를 확보했다고 말할 수 있습니다. 절뚝발이요 빈곤한 처지에 있으며 자신의 운명을 개척할 능력도 없고 오로지 다른 사람의 자비에 의존할 수밖에 없는 므비보셋은 당신과 나를 가리키고, 은혜 베풀기를 좋아하는 다윗은 성부 하나님을 보여 주며, 요나단은 그리스도의 그림자라고 할 수 있습니다.

요나단으로 인해 므비보셋이 왕의 상에 앉아 먹는 자리로까지 높임을 받은 것과 마찬가지로, 당신과 나는 예수님으로 인해 하나님의 자녀의 신분으로 높임을 받았습니다. 그리고 왕의 상에서 먹는다는 것이 매일의 식사뿐 아니라 다른 특권도 부여받는 것을 의미하듯이, 예수님으로 말미암아 주시는 하나님의 구원에는 영원뿐 아니라 이생을 위해 필요한 모든 것이 포함되어 있습니다.

므비보셋의 특권을 강조하기라도 하듯 이 짧은 장에서 네 번이나 므비보셋이 왕의 상에서 먹었다고 언급하고 있습니다(사무엘하 9:7,10,11,13). 그중 세 번은 **항상** 왕의 상에서 먹었다고 했습니다. 그런데 성경은 이 내용을 기록하면서 시작할 때도 마칠 때도 므비보셋이 절뚝발이라는 사실을 언급했습니다(3,13절). 므비보셋은 결코 절뚝발이 신세를 면할 수 없었습니다. 결코 스스로의 힘으로는 왕자 중 하나처럼 왕의 상에 앉아서 먹는 그런 자리를 마련할 수 없었습니다. 우리도 마찬가지입니다.

2
은혜 - 누구에게 필요한가

> 곧 예수 그리스도를 믿음으로 말미암아 모든 믿는 자에게 미치는 하나님의 의니 차별이 없느니라. 모든 사람이 죄를 범하였으매 하나님의 영광에 이르지 못하더니 그리스도 예수 안에 있는 구속으로 말미암아 하나님의 은혜로 값없이 의롭다 하심을 얻은 자 되었느니라. (로마서 3:22-24)

친구 사이인 샘과 톰은 '콰도라'라는 나라에서 얼마 전 미국으로 함께 이민을 왔습니다. 둘 다 집을 사기 원했는데 마침 한 부자가 내놓은 집이 두 채가 있습니다. 집은 둘 디 각각 10만 달러에 나와 있었습니다. 샘은 콰도라의 화폐로 50만 콰드로를, 톰은 100만 콰드로를 가지고 왔습니다.

그들은 1콰드로가 1달러의 가치는 안 된다는 사실을 알고 있었습니다. 하지만 달러로 바꾸면 집 한 채 값은 충분히 되리라 짐작했습니다. 그러나 콰도라국은 극심한 인플레로 경제가 피폐해져서 콰드로화는 평가 절하될 대로 되어 사실상 아무런 가치도 없었습니다. 은행에서는 콰드로화를 달러화로 바꾸어 주려고도 하지 않았습니다.

샘과 톰이 알아보니 집을 내놓은 그 부자는 자기들이 이미 아는 사람이었습니다. 이게 문제를 더욱 복잡하게 만들었습니다.

콰도라에 있을 때 그들은 그와 상거래를 했었고 그에게 빚을 많이 지고 있었습니다. 샘은 100만 달러를, 톰은 50만 달러를 갚아야 했습니다. 그들이 지니고 있는 콰드로화의 가치가 폭락했기 때문에 그에게서 집을 사는 것은 고사하고 빚을 갚을 엄두조차 낼 수 없었습니다.

그런데 이상한 일이 일어났습니다. 톰과 샘이 지금 미국에 이민을 와 있고 아무 쓸모도 없는 콰드로화를 가지고 있다는 소문을 들은 그 부자가 그들을 찾아왔습니다. 그들이 자기에게 많은 빚을 지고 있었지만, 그는 그 빚을 다 탕감해 주고, 집을 선물하고, 가구와 기타 필요한 것을 모두 갖추어 주었으며, 먹고 살 수 있도록 생활비까지도 보태 주었습니다.

하나님의 은혜는 바로 이와 같습니다. 우리 자신의 도덕성과 선행이라는 '화폐'는 하나님 보시기에는 무가치합니다. 더구나 우리는 하나님께 우리 죄로 말미암아 너무나 큰 빚을 지고 있어 우리 힘으로는 도무지 갚을 수가 없습니다.

은혜에 대한 성경적 관점

어떤 사람들은, 은혜란 하나님의 의로운 율법의 요구를 이루는 데 있어서 우리의 모자란 부분을 보충해 주는 것이라고 정의합니다. 이 정의에 따르면, '아무도 자력으로 구원을 얻을 정도로 선하지는 않다. 그래서 그 부족분을 하나님의 은혜가 메워 준다'는 것입니다. 사람마다 필요한 은혜가 다르겠지만, 누구나 구원을 얻는 데 필요한 만큼은 받는다는 것입니다. 그러므로 은혜가 얼마나 필요하든 받기만 하면 되기 때문에 그 누구도 멸망당하지 않는다는 주장입니다.

　우리의 부족분이 얼마가 됐든 다 보충해 준다는, 하나님의 은혜에 관한 이 정의는 하나님을 매우 관대하신 분으로 보이게 합니다. 하지만 이 정의가 지닌 치명적인 문제점은 진실이 아니라는 데 있습니다. 이 정의는 하나님의 은혜에 대한 심각한 오해를 나타내고 있습니다. 거룩하신 하나님 앞에서 죄인인 우리가 처한 곤경에 대해 아주 잘못된 관점을 보여 주고 있습니다. 은혜는 바로 복음의 핵심이기에 우리는 은혜에 대해 성경적인 관점을 가지고 있어야 합니다. 구원을 받기 위해 반드시 은혜에 관한 성경 지식을 다 통달할 필요는 없지만, 은혜에 관해 그릇된 개념을 가지고 있으면 복음을 진정으로 이해하지 못합니다.

　비록 이 책이 은혜로 사는 것을 다루고 있지만, 두 가지 이유에서 먼저 **구원의 은혜**를 확실히 이해할 필요가 있습니다. 첫째, 이 책에서 하나님의 은혜에 대해 말하는 모든 것은 당신이 하나님의 **구원의 은혜**를 이미 경험했음을 가정하였습니다. 즉 당신이 예수 그리스도만을 믿고 의지함으로 영원한 구원을 얻었음을 전제로 하였습니다. 앞으로 살펴보겠지만, 하나님의 은혜로 주어지는 모든 놀라운 공급이 예수 그리스도로 말미암은 구원과 상관없이 우리의 것이라고 믿는다면 이는 엄청난 잘못을 범하는 일입니다.

　둘째, 이 책이 은혜로 사는 것에 관해 말하고 있기는 하지만, 은혜란 하나님께서 우리를 구원하실 때 나타내시는 것이든 구원 후 우리를 인도하실 때 나타내시는 것이든 언제나 동일합니다. 성경이 구원의 은혜를 어떻게 정의하든 동일한 정의가 매일매일 그리스도인의 삶을 살아가는 데에도 그대로 해당됩니다.

은혜를 베푸시는 하나님

이사야 55:1에서 하나님께서는 "너희 목마른 자들아, 물로 나아오라. 돈 없는 자도 오라. 너희는 와서 사 먹되 돈 없이 값없이 와서 포도주와 젖을 사라" 하고 말씀하십니다. 복음은 '돈' 즉 선행이 없는 자들에게 선포됩니다. 복음은, 와서 돈 없이 값없이 구원을 '사라'고 우리를 초대합니다. 그러나 오라는 이 초대장은 돈이 하나도 없는 자들에게 발송된 것이지 돈이 조금 모자라는 자들에게 발송된 것이 아닙니다. 은혜란 하나님께서 부족한 차액을 지불해 주는 그런 것이 아니라, 그 아들 예수 그리스도를 통해 구원을 위한 **모든 값**을 치러 주는 것입니다.

로마서 3:22에서 이 문제에 대하여 말씀했습니다. "곧 예수 그리스도를 믿음으로 말미암아 모든 믿는 자에게 미치는 하나님의 의니 차별이 없느니라." 차별이 없느니라! 유대인과 이방인, 종교적인 사람과 전혀 종교적이지 않은 사람, 아주 품위 있고 도덕적인 사람과 도덕적으로 아주 형편없는 사람 사이에 아무런 차별이 없다는 것입니다. 우리 사이에 아무 차이나 차별도 없는 것은 우리는 모두 죄를 범하였고 하나님의 영광에 이르지 못하였기 때문입니다(로마서 3:23).

하나님께서 우리에게 요구하시는 것에 대한 우리의 부족분을 하나님의 은혜가 채운다는 주장이 잘못되었다는 사실은 그랜드 캐니언을 건너뛰려고 시도하는 두 사람을 비교해 보면 쉽게 알 수 있습니다. 이 대협곡의 폭은 평균 14km 정도입니다. 한 사람은 10m를 뛸 수 있는 반면 한 사람은 2m밖에 뛸 수 없다고 가정합시다. 하지만 그게 무슨 차이가 있겠습니까? 분명히 한 사람은 다른 사람의 5배나 뛸 수 있지만, 14km(14,000m!)에 비하면 아무런 차이가 없습니다. 앞에서 비유로 들었던 콰드로화처럼, 두 사람의 뛰는 능력은 그 협곡을 건너뛰는 데는 전혀 가치가 없습니다. 그리고 하나님께서 우리 죄라는 그랜드캐니언을 가로질러 다리를 놓아 오실 때 우리 쪽에서 10m 혹은 2m 되는 지점까지만 놓고 중단하시고는 나머지는 우리더러 놓으라고 하지 않으셨습니다. 하나님께서는 완전히 가로지르는 다리를 놓으셨습니다.

그랜드캐니언을 뛰어 건너려는 이 비유마저도 우리의 절망적인 상태를 나타내는 데는 적절하지 못합니다. 이 비유에서는 사람들이 그 협곡을 뛰어 건너려고 **노력**을 하고 있다고 가정하기 때문입니다. 말하자면 대부분의 사람들이 실제로 하늘나라에 이르기 위해 노력하고 있으며, 그들의 진지한 노력에도 불구하고 그들을 하나님으로부터 분리시키는 거대한 틈에 다리를 놓기에는 턱없이 역부족이라는 이야기입니다.

하지만 이 이야기보다 더 진실과 동떨어진 게 없습니다. 하늘나라에 이르기 위해 신심으로 노력하는 사람은 거의 없다고 해도 과언이 아닙니다. 오히려 거의 모든 사람이 자신은 하늘나라에 가기에 충분할 정도로 이미 행하고 있다고 생각합니다. 협곡을 '건너뛰기' 위해 자신의 넓이 뛰기 실력을 향상시키려고 진지하게 노력하고 있는 사람은 거의 없습니다. 그 대신 더 이상의 노력을 하지 않고도 쉽게 건너뛸 수 있을 정도로 협곡의 폭을 마음속으로 줄여 놓았습니다. 자신의 도덕적인 수준이 10m에 해당하는 사람은 협곡의 폭을 9m로, 2m를 뛸 수 있는 사람은 1.5m로 생각합니다. 각 사람은 자신이 이미 행하고 있는 것을 하나님께서 받아 주시리라 기대합니다. 이 정도면 하늘나라에서 집 한 채 '사기에' 충분하다고 여깁니다.

예수님의 유명한 '바리새인과 세리의 비유'를 들은 그 당시 사람들처럼 사람들은 대부분 자기 자신의 의에 대해 확신하고 있습니다(누가복음 18:9-14 참조). 곰곰이 생각해 보면 자신이 결코 완벽하지는 않다는 사실을 인정하겠지만, 자신이 근본적으로는 선하다고 여깁니다.

오늘날 크나큰 문제 가운데 하나는 대부분 자신이 그렇게 나쁘지는 않다고 믿고 있다는 점입니다. 사실 자신이 선하다고 여기고 있습니다. 1981년에 고통과 시련이라는 어려운 주제를 다룬 "선한 사람에게 나쁜 일이 일어날 때"라는 책이 미국에서 출간되어 일약 베스트셀러가 된 적이 있었습니다. 책 제목에서 알 수 있듯이 이 책은 사람들은 대부분 선하다는 가정 위에 기초를 두고 있습니다. 저자인 해럴드 쿠시너는 선한 사람이란 "평범한 사람, 친절하고 우호적인 이웃, 특출하게 선하지도 악하지도 않은 사람"이라고 정의를 내렸습니다.

이와는 대조적으로 성경은 우리가 **모두** 악하다고 했습니다. 다시 한 번 로마서 3:10-12을 깊이 생각해 보기 바랍니다.

> 기록한 바 의인은 **없나니 하나도 없으며** 깨닫는 자도 **없고** 하나님을 찾는 자도 **없고 다** 치우쳐 한가지로 무익하게 되고 선을 행하는 자는 **없나니 하나도 없도다**.

이 말씀은 "우리[유대인들]는 [이방인들보다] 나으뇨?"라는 질문에 대한 대답을 뒷받침하기 위해 기록된 것입니다. 이 질문에 대해 사도 바울은 이렇게 대답합니다. "결코 아니라! 유대인[당시의 종교적인 사람들]이나 헬라인[당시의 죄인들]이나 다 죄 아래 있다고 우리가 이미 선언하였느니라"(로마서 3:9).

대부분의 사람들이 선하다는 쿠시너의 평가와 모든 사람은 근본적으로 악하다는 사도 바울의 평가와의 차이는 완전히 다른 기준에서 비롯합니다. 쿠시너에게는 친절하고 우호적인 이웃이면 선한 사람입니다. 사도 바울에게는 (그리고 성경의 모든 기자에게는) 하나님을 멀리하고 거역하였기에 모든 사람은 악합니다.

각기 제 길로 갔거늘

어떤 인간도 피할 수 없는 고소 하나가 이사야 53:6에 나와 있습니다. "우리는 다 양 같아서 그릇 행하여 각기 제 길로 갔거늘." 여기에 보면 우리는 각기 "제 길"로 갔다고 말씀하고 있습니다. 제 길로 가는 것, 이것이 바로 죄의 핵심이요 본질입니다. 어떤 사람이 은행을 털고 있을 때 어떤 사람은 자선 단체에 기부를 할 수도 있습니다. 하지만 두 사람의 행동은 다 하나님과 관련하여 이루어진 게 아닙니다. 두 사람 다 자기 길을 갔습니다. 그리고 절대주권을 가지신 창조주 하나님께서 통치하시는 세계에서 이는 반역 즉 죄입니다.

어떤 지방이 중앙정부를 거슬러 반란을 일으켰다고 생각해 보십시오. 그 지방에 사는 사람들은 일반적으로 예의 바른 사람들이며, 대인 관계에서 근본적으로 정직하고 사려 깊은 사람들일지도 모릅니다. 하지만 그들 가운데 있는 이러한 모든 선은 중앙정부와는 전혀 무관합니다. 중앙정부에게는 오직 한 가지만이 관심의 대상입니다. 곧 그들의 반역 상태입니다. 이 문제가 해결될 때까지는 다른 아무것도 중요하지 않습니다.

오늘날의 현실을 생각하면 이 비유도 설득력을 잃을 수 있습니다. 어떤 중앙정부는 명백히 부패하고 정의와는 거리가 멀기에 반역한 지방에 갈채를 보낼지도 모릅니다. 어떤 경우에는 그들의 반역을 정당한 행동으로 간주할지도 모릅니다.

그러나 하나님의 통치는 완벽하고 정의롭습니다. 하나님의 법은 거룩하며 의로우며 선합니다(로마서 7:12). 그 누구도 하나님의 통치를 거슬러 반역을 일으킬 만한 정당한 이유가 없습니다. 우리는 오직 한 가지 이유로 인해 반역합니다. 즉 반역적인 존재로 태어난 것입니다. 하나님의 통치에 굴복하기보다는 우리 자신의 정부를 세우며 우리 자신의 길로 가려는 비뚤어진 경향을 가진 존재로 태어났습니다.

어떤 사람이 죄악 된 것은, 다른 사람은 훌륭한 가정교육을 받으며 자랄 때 그는 불우한 가정에서 어린 시절을 보내다 보니 그렇게 변한 것이 아닙니다. 오히려 우리는 모두 부패한 본성, 다시 말해 자기 길을 가려는 자연스러운 경향을 가지고 태어납니다. 다윗은 이렇게 고백했습니다. "내가 죄악 중에 출생하였음이여, 모친이 죄 중에 나를 잉태하였나이다"(시편 51:5). 자신이 모태에 있을 때 즉 아직 무슨 선한 행동이나 악한 행동을 하기도 전인 임신 기간 중에도 죄악 되었다는 이 말은 놀랍기 그지없습니다.

어떤 잡지의 기사에서 글쓴이가 "죄 없는 어린아이를 괴롭히시는 하나님을 어찌 내가 계속 믿을 수 있겠는가?"라고 반문하였습니다. 의로우신 하나님과 우리 삶 가운데 있는 고난과의 관계에 대해 그가 느끼는 문제는 제쳐 두고, '죄 없는 어린아이'라는 말에 주의해 봅시다. 내가 이 질문을 인용한 이유는 비판하기 위해서가 아니라 예로 들어 설명하기 위해서입니다. 내가 믿기로 그는 신자와 불신자를 막론하고 많은 사람이 가지고 있는 일반적인 생각 즉 아이들은 죄 없는 존재로 태어나 환경의 영향으로 부패한다는 생각을 대변하고 있습니다.

그러나 이 생각은 성경의 관점이 아닙니다. 시편 51:5에 따르면 '죄 없는 어린아이'란 없습니다. 오히려 우리 모두는 태어날 때부터, 아니 잉태된 그 순간부터 죄악 된 존재입니다. 아담의 반역 때문에 모두 죄악 되고 비뚤어진 본성, 곧 자기 자신의 길을 가려는 경향을 지니고 태어납니다. 예의 바른 사람의 길이든 명백하게 죄인인 사람의 길이든 아무 차이가 없습니다. 모두 하나님을 거슬러 반역하는 상태로 태어났습니다.

성경은 모든 사람이 죄를 범하였다고 말씀합니다. 거의 모든 사람이 이 말에 동의할 것입니다. 문제는 죄에 대한 우리의 시야가 피상적이라는 데 있습니다. 길거리에서 만나는 사람에게 물으면 거의가 이구동성으로 "그럼요. 완벽한 사람이 어디 있나요?"라고 대답할 것입니다. 우리 그리스도인들마저도 **실패**와 **패배**에 대해 이야기합니다. 그러나 성경은 이를 다른 말로 부릅니다. 곧 **불의**와 **죄**라고 말합니다(레위기 16:21). 성경은 다윗의 범죄에 대하여 그가 **하나님을 업신여겼다**고 말합니다(사무엘하 12:9-10). 어떤 하나님의 사람이 하나님께서 금하신 곳에서 먹고 마시자 **여호와의 말씀을 어겼다**고 정죄합니다(열왕기상 13:21). 불의, 하나님을 업신여김, 하나님의 말씀을 어김 등 죄에 대한 여러 동의어를 통해 우리가 명확히 알 수 있는 점은 하나님께서는 거리에서 만나는 사람들이나 심지어 대부분의 그리스도인들보다 훨씬 더 죄에 대해 심각한 관점을 가지고 계신다는 사실입니다.

결국 죄란 온 우주의 창조주시요 통치자시요 심판자이신, 절대주권을 가지신 하나님께 대한 반역입니다. 이는 국민들에게 복종을 명할 수 있는 주권적인 통치자의 정당한 권리에 저항하는 것입니다. 절대적으로 거룩하고 공의로운 하나님께 하나님의 법은 우리가 전심으로 지킬 만한 가치가 없다고 말하는 것과 마찬가지입니다. 하나님의 법은 하나님의 성품을 반영하고 있음을 망각하는 행동입니다.

죄란 일련의 행동일 뿐 아니라 또한 하나님의 법을 무시하는 태도입니다. 그것은 반역적인 태도 훨씬 그 이상입니다. 죄란 마음의 상태입니다. 내부 깊숙한 곳에 자리 잡은 본성의 상태입니다. 그것은 타락한 상태요, 역겹고 가증한 상태요, 하나님 보시기에 더러운 상태입니다.

죄를 타락한 것, 역겹고 가증한 것, 더러운 것으로 보는 관점은 스가랴 3:1-4에 상징적으로 묘사되어 있습니다.

> 대제사장 여호수아는 여호와의 사자 앞에 섰고 사단은 그의 우편에 서서 그를 대적하는 것을 여호와께서 내게 보이시니라. 여호와께서 사단에게 이르시되, "사단아, 여호와가 너를 책망하노라. 예루살렘을 택한 여호와가 너를 책망하노라. 이는 불에서 꺼낸 그슬린 나무가 아니냐?" 하실 때에 여호수아가 더러운 옷을 입고 천사 앞에 섰는지라 여호와께서 자기 앞에 선 자들에게 명하사 "그 더러운 옷을 벗기라" 하시고, 또 여호수아에게 이르시되 "내가 네 죄과를 제하여 버렸으니 네게 아름다운 옷을 입히리라" 하시기로.

여기서 누가 묘사되고 있는지 살펴보십시오. 이는 탕자에 대한 묘사가 아니라 이스라엘에서 가장 높은 종교적 직위를 가지고 있는 대제사장 여호수아에 대한 묘사입니다. 그럼에도 그는 더러운 옷을 입고 서 있습니다. '더러운 옷'은 수치와 비난거리가 되는 것으로 심각한 죄의 상태를 나타냅니다. 여기서 '더러운'에 해당하는 말은 히브리어 중에서 가장 간악하고 혐오스러운 성격의 더러움을 표현하는 가장 강력한 표현입니다. 따라서 여호수아가 더러운 옷을 입었다는 사실은 자신의 죄와 대제사장으로서 그가 대표하고 있는 백성들의 죄로 더럽혀져 있음을 나타냅니다. 이런 옷을 걸친 여호수아의 모습은 당시에 죄와 허물로 가득한 이스라엘을 상징합니다. 여호수아처럼 우리는 모두 영적인 의미에서 더러운 옷을 입고 있습니다. 하나님 앞에서 단지 죄만 있는 것이 아니라 또한 본성이 타락되어 있고 역겹고 가증하며 더러운 존재입니다. 따라서 우리는 용서받고 또 정결케 될 필요가 있습니다.

마치 구원이 우리의 선행과 하나님의 은혜로 이루어지는 듯이 말하는 사람들이 있지만, 이런 이유로 해서 성경은 한 번도 하나님의 은혜를 단지 우리의 부족한 부분을 보충하는 것이라고 말하지 않습니다. 오히려 성경은 경건치 않은 자를 의롭다 하시는 하나님, 하나님을 구하시 아니하는 자들을 만나 주시고 하나님께 묻지 아니하는 자들에게 나타나신 하나님에 대해 이야기합니다(로마서 4:5, 10:20).

누가복음 18:9-14에서 예수님의 비유에 나오는 세리는 하나님께 자신의 부족한 부분을 보충해 달라고 하지 않았습니다. 오히려 그는 깊은 고통과 통회의 표시로 가슴을 치며 "하나님이여, 불쌍히 여기옵소서. 나는 죄인이로소이다"라고 했습니다. 그는 완전한 영적 파산을 선언했으며, 이 토대 위에서 하나님의 은혜를 경험했습니다. 예수님께서는 그 사람이 의롭다 하심을 받고 즉 하나님으로부터 의롭다는 선언을 받고 집으로 갔다고 하셨습니다.

우리는 그 세리와 마찬가지로 단지 부족한 부분을 보충하기 위해 하나님의 은혜가 필요한 게 아닙니다. 우리의 죄를 치료하고 더럽혀진 것을 씻어 정결하게 하기 위해 하나님의 은혜가 필요한 것입니다. 하나님의 공의를 만족시키고 도저히 갚을 수 없는 빚을 탕감받기 위해 은혜가 필요합니다.

우리가 하나님 앞에서 얼마나 타락하고 역겹고 가증하고 더러운지에 대해 너무 장황하게 설명하고 있는 게 아니냐고 생각할지도 모르겠습니다. 우리는 참으로 하나님의 은혜가 너무도 필요한 사람들입니다. 하지만 우리 자신이 얼마나 심각한 곤경에 처하여 있는지를 이해할 때까지는 결코 하나님의 은혜를 올바로 이해할 수 없습니다. 새뮤얼 스톰스는 이에 대해 다음과 같이 말했습니다.

> 거룩한 은혜의 첫째가는 특성이요 어쩌면 가장 근본적 특성은 그것이 죄를 전제로 한다는 점입니다. 은혜는 **오직** 인간이 타락했고 구원받을 자격이 없고 영원한 진노를 피할 수 없는 것으로 보일 때만 비로소 의미를 갖습니다.… 은혜는 죄인들을 단지 구원받을 자격이 없는 자로 여기는 정도가 아니라 벌을 받아야 마땅한 자로 여깁니다.… 우리는 단지 은혜를 받기에 합당치 않은 정도가 아니라 지옥에 가야 마땅합니다!

은혜에 대한 반응

이 장의 앞부분에서 은혜에 대한 매우 잘못된 정의 하나를 소개한 적이 있습니다. 하나님의 은혜는 단지 우리가 하나님께 용납되는 데 부족한 부분을 보충해 주는 것이라는 생각에 대해 이 책을 읽는 독자는 대부분 동의하지 않으리라 생각합니다. 당신도 아마 "그건 틀렸어요. 우리의 의로운 행위마저도 하나님 보시기에는 더러운 옷 같을 뿐입니다"라는 반응을 나타낼 것입니다.

그러나 앞에서 소개한 정의는 쉽게 반박할 수 있는 그저 그런 생각이 아닙니다. 내가 믿기로 그것은 대부분의 그리스도인들이 신앙생활을 하는 방법을 대변하고 있습니다. 우리의 삶을 보면 마치 하나님의 은혜는 우리의 선행의 부족분을 단지 보충하는 것인 양 행동합니다. 하나님의 축복이란 최소한 부분적으로라도 우리의 순종과 영적 훈련을 통해 얻어 낼 수 있는 것이라고 믿습니다. 은혜에 의해 구원받은 사실은 익히 알고 있지만, 자신의 영적인 "땀" 즉 수고에 의해 살아야 한다고 생각합니다.

그러면 누구에게 은혜가 필요합니까? 우리 모든 사람입니다. 즉 '죄인'뿐만 아니라 이른바 '성도'인 우리도 은혜를 필요로 합니다. 가장 양심적이고 예의 바르고 부지런한 그리스도인도, 악하고 무례하고 게으른 죄인만큼이나 하나님의 은혜가 필요합니다. 모든 사람은 똑같은 은혜를 필요로 합니다. 성자 같은 사람보다 죄인에게 더 많은 은혜가 필요한 것도 아니요, 성숙되지 못하고 훈련되지 못한 신자가 경건하고 열정적인 선교사보다 더 많은 은혜가 필요한 것도 아닙니다. 우리의 선행이라는 '화폐'는 하나님 앞에서 무가치한 것에 불과하기 때문에 우리는 모두 동일한 양의 은혜를 필요로 합니다.

우리의 공로도 과실도 우리에게 필요한 은혜의 양을 결정하지 않습니다. 은혜가 공로에 대한 보상으로 주어지거나 과실을 보충하는 게 아니기 때문입니다. 은혜는 공로나 과실을 전혀 참작하지 않습니다. 오히려 은혜는 모든 사람이 하나님의 축복을 받을 자격이 없으며 또 그 축복을 얻기 위해 아무것도 행할 능력이 없다고 간주합니다. 새뮤얼 스톰스는 이렇게 말했습니다.

> 인간적인 공로가 있다고 하나님께서 베푸셔야 하는 것이라면 은혜는 더 이상 은혜가 아닙니다.… 인간적인 과실이 있다고 하나님께서 거두어들이시는 것이라면 은혜는 더 이상 은혜가 아닙니다.… 은혜는 어떤 사람의 공로나 과실에 전혀 관계없이 그를 대하는 것입니다. 오로지 하나님의 측량할 수 없는 선하심과 절대주권적인 목적에 따라 대우하는 것입니다.

하나님의 은혜에 대한 이 설명은 두 가지 가능성을 다 배제합니다. 하나님의 은혜는 우리의 공로에 의해 획득될 수도 없고, 우리의 과실에 의해 상실될 수도 없다는 사실입니다. 만약 자신의 수고나 희생 때문에 하나님으로부터 기도 응답이나 특정한 축복을 받을 만하다고 종종 느낀다면 은혜가 아니라 행위로 살고 있다고 할 수 있습니다. 그리고 자신의 과실 즉 했어야 하는데 하지 않은 것이나 하지 말았어야 하는데 한 것 때문에 하나님의 축복을 기대하지 않은 적이 있다면 역시 하나님의 은혜를 무시하고 있는 셈입니다.

이는 내 자신에게도 큰 도움이 되었습니다. 내 자신을 보면 자신의 공로에 대해 생각하는 적은 별로 없으나 과실에 대해서는 흔히 고통스러울 정도로 의식하고 있기 때문입니다. 그러므로 나는 하나님께서 나의 과실로 인해 내게서 은혜를 거두시지 않으며, 또한 나의 공과에 관계없이 나를 대하신다는 사실을 자주 상기해야 할 필요가 있습니다. 하나님의 축복을 바라는 나의 소망을, 나의 선한 행동보다는 하나님의 무한하신 자비에다 거는 편이 훨씬 낫습니다.

　방탕하고 난잡한 노예 상인이던 존 뉴턴은 주님께로 돌아온 후 "나 같은 죄인 살리신 주 은혜 놀라워"라는 유명한 찬송가의 가사를 지었습니다. 그는 자기 자신에게까지 미친 하나님의 경이로운 은혜를 경외심을 가지고 거듭거듭 깊이 생각했고, 생각하면 할수록 그 은혜가 놀랍기만 했습니다. 하지만 경건한 가정에서 자라나고 어릴 때부터 예수님을 믿고 이른바 '큰 죄'에는 한 번도 빠진 적이 없는 사람도 존 뉴턴만큼이나 하나님의 은혜를 놀라워해야 마땅합니다.

　하나님의 은혜에 관한 한 가지 원리는 이러합니다. 아주 털끝만큼이라도 자기 의를 붙들고 있다거나 자기 나름의 영적 성취를 의지하고 있다면 그만큼 우리는 하나님의 은혜에 의해 살고 있지 않다는 사실입니다. 이 원리는 구원과 그리스도인의 삶, 이 둘에 다 적용됩니다. 제1장에서 했던 말을 되풀이하자면, 은혜와 선행(즉 하나님의 은총을 얻기 위해 행한 일)은 서로 배타적입니다. 말하자면 한 발은 은혜 위에, 다른 한 발은 선행이라는 공로 위에 딛고 설 수는 없다는 사실입니다.

　자신의 도덕성이나 종교적 성취를 **조금이라도** 의뢰하고 있거나, 혹은 자신의 선행을 하나님의 구원을 얻는 데 **조금이라도** 도움이 되는 공로로 믿고 있다면, 자신이 진정으로 그리스도인인지 심각하게 돌아볼 필요가 있습니다. 이런 말을 들으면 기분이 상할지도 모르지만 우리는 구원의 복음의 진리에 대해 명확해야 합니다.

　이백여 년 전 영국의 침례교 목사였던 에이브러햄 부스는 다음과 같이 썼습니다.

사람들에게서 발견되는 아무리 훌륭한 행위와 귀중한 자질도, 비록 그게 아주 쓸모 있고 참으로 뛰어나며 적절한 장소에서 올바른 목적으로 행하여지고 발휘되었다 하더라도, 이 놀라운 칭의와 관련해서는 아무 보잘것없는 무가치한 것입니다.… 왜냐하면 하나님의 은혜는 칭의를 성취하는 일에는 인간의 빈약하고 불완전한 도움이 전혀 필요하지 않기 때문입니다. 은혜가 시작한 일을 자기 힘으로 완성하려는 시도는 어떤 것이 되었든 우리의 교만을 드러내고 주님을 대적할 뿐이며, 우리의 영적 유익이 되지 못합니다. 그러므로 잘 기억하십시오. 은혜는 전적으로 값없이 주어지는 것이 아니라면 전혀 은혜가 아닙니다. 은혜로 구원받았다고 입술로 고백한다면 전적으로 은혜로 구원받는다고 마음에 믿고 있어야 합니다. 그렇지 않으면 너무도 중요하고 중요한 이 문제에서 모순된 행동을 하고 있는 셈입니다.

이 말은 이백년 전과 마찬가지로 지금도 꼭 필요한 말입니다. 진정으로 구원받은 사람들은 찬송가에 나와 있듯이 '빈손 들고 앞에 가 오직 십자가를 붙드는' 그런 태도로 예수님께 나아 온 사람들입니다.

3
은혜 – 정말 놀라운가

> 율법이 가입한 것은 범죄를 더하게 하려 함이라. 그러나 죄가 더한 곳에 은혜가 더욱 넘쳤나니 이는 죄가 사망 안에서 왕 노릇 한 것같이 은혜도 또한 의로 말미암아 왕 노릇 하여 우리 주 예수 그리스도로 말미암아 영생에 이르게 하려 함이니라. (로마서 5:20-21)

하나님의 은혜에 대해 공부한다는 것은 인간의 절망적인 곤경과 예수 그리스도를 통해 하나님께서 우리를 위해 마련해 주신 풍성하고 은혜로운 치료책이 이렇게 대조를 이루고 있는가를 공부하는 것입니다. 이러한 대조는 옛날의 한 찬송가에 아름답게 표현되어 있습니다.

우리는 죄 많고 천하고 의지할 데 없으나
주님은 하나님의 흠 없는 어린양 되시어
완전한 속죄를 이루셨도다.
어찌 그럴 수가 있으리요?
할렐루야, 오 놀라운 구주시로다!

제2장에서 모든 사람이 참으로 죄악 되고 역겹고 가증하며 무

력한 존재임을 보았습니다. 모든 사람이 똑같이 하나님의 은혜를 필요로 한다는 사실도 알았습니다. 이 장에서는 우리의 절망적인 곤경에 대한 하나님의 은혜로운 해결에 대해 살펴보도록 하겠습니다.

약혼한 남녀가 결혼반지용 다이아몬드를 사러 보석상에 가면 주인은 흔히 카운터에 검정 벨벳으로 된 패드를 깔고 그 위에 다이아몬드를 조심스럽게 올려놓습니다. 그러면 어두운 색의 벨벳을 배경으로 하여 다이아몬드는 더욱 아름답고 찬란하게 반짝입니다.

우리의 죄악 된 상태를 벨벳 패드로 비할 수 없지만, 우리의 죄와 도덕적 오염이라는 어두운 패드를 배경으로 하나님의 구원의 은혜는 아름답고 맑고 흠 없는 다이아몬드처럼 반짝입니다.

우리의 파멸, 하나님의 치유책

이와 비슷하게 성경은 여러 말씀에서 우리의 파멸에 대한 하나님의 은혜로운 치유책을 묘사할 때 이 두 가지를 대조해서 보여 줌으로 하나님의 은혜가 돋보이게 합니다.

이미 로마서 3:10-12에서 종교적인 사람이든 비종교적인 사람이든 모든 인간에 대한 고소를 통해 성경이 그린 어두운 배경을 보았습니다. 이어 13-20절에서는 그 고소를 자세히 설명하고 나서 마지막으로 20절에서 이렇게 결론을 짓습니다. "그러므로 율법의 행위로 그의 앞에 의롭다 하심을 얻을 육체가 없나니 율법으로는 죄를 깨달음이니라."

우리의 파멸이라는 어두운 배경을 그린 후 성경은 하나님의 치유책이라는 맑고 반짝이는 다이아몬드를 그 위에 올려놓습니다. 먼저 21절이 어떻게 시작하는지를 주목해 보십시오. "그러나 이제는 율법과는 상관없이 하나님의 의가 나타났습니다. 그것은 율법과 예언자들이 증언한 것입니다"(새번역). 우리는 모두 파멸 상태에 있음이 드러났습니다. "그러나 이제는" 하나님께서 한 치유책을 마련하셨습니다. 그것은 바로 예수 그리스도를 믿음으로 말미암아 하나님으로부터 오는 의입니다. 이 의는 "율법과는 상관없는" 것이라고 했습니다. 따라서 우리가 하나님의 율법을 얼마나 잘 지켜 왔느냐 하는 것과는 무관합니다.

하나님의 은혜 아래서는 율법을 얼마나 어떻게 지켰는지는 관심의 대상이 아닙니다. 그 대신 예수 그리스도를 믿는 믿음을 가진 자들은 "하나님의 은혜로 값없이 의롭다 하심을 얻습니다"(24절). 의롭다 하심을 얻는 것은 "죄가 없다"라고 선언되는 것 이상의 의미가 있습니다. 그것은 실제로 하나님 앞에서 **의롭나고 선언되는** 것을 뜻합니다. 하나님께서 우리의 죄를 그 아들 예수 그리스도께 **돌리셨고** 그리스도의 의를 우리에게 **돌리셨다**는 의미입니다. 즉 하나님께서 그리스도의 의가 우리에게 속한 것으로 보신다는 뜻입니다.

그런데 우리가 하나님의 은혜로 의롭다 하심을 얻었다는 사실에 유의하기 바랍니다. 하나님의 은혜 때문에 우리는 하나님 앞에서 의롭다고 선언되었습니다. 우리는 모두 하나님 앞에서 죄가 있습니다. 죄인으로서 정죄 아래 있고 가증하고 무력한 존재입니다. 우리는 하나님께 선처를 요구할 권리가 없습니다. 우리 사건에 대한 처리는 온전히 하나님께 달려 있습니다. 하나님께서는 완전한 공의에 따라 우리 모두에게 유죄를 선언하실 수도 있었습니다. 우리는 실제로 그러하니까 말입니다. 그리하여 우리 모두를 영원한 형벌에 붙이실 수도 있었습니다. 하나님께서는 범죄한 천사들에게는 그렇게 하셨습니다(베드로후서 2:4 참조). 하나님의 완전한 공의로 말미암아 우리에게도 동일하게 행하실 수 있었습니다. 하나님께서는 우리에게 아무것도 빚진 것이 없습니다. 반면 우리는 하나님께 모든 것을 빚지고 있습니다.

그러나 하나님의 은혜 때문에 하나님께서는 우리 모두를 지옥에 붙이지 않으셨습니다. 그 대신 예수 그리스도를 통해 치유책을 마련해 주셨습니다. 로마서 3:25에 "이 예수를 하나님이 그의 피로 인하여 믿음으로 말미암는 화목제물로 세우셨다"라고 말씀하고 있습니다. '화목제물'이 무엇입니까? 하나님의 진노를 가라앉히고 죄를 제하는 제물이라는 말입니다.

그리스도께서 화목제물이시라는 의미는 그리스도께서 하나님의 진노를 친히 담당하여 죽으심으로 우리를 향한 하나님의 진노를 가라앉히셨다는 뜻입니다. 십자가에서 예수님은 그 몸으로 우리 죄를 짊어지셨으며, 우리 대신 하나님의 최고도의 진노를 한 몸에 다 받으셨습니다. 예수님께서는 친히 나무에 달려 그 몸으로 우리 죄를 담당하셨으며, 의인으로서 불의한 자를 대신하여 고난을 받으셨습니다(베드로전서 2:24, 3:18). 죄에 대한 형벌로 영원한 죽음을 요구하는 하나님의 공의를 예수님께서는 십자가에서 죽으심으로 완전히 만족시키셨습니다.

누가 예수님을 화목제물로 내어 주셨는지를 살펴보는 것은 중요합니다. 로마서 3:25에 보면, 하나님께서 예수님을 화목제물로 내어 주셨습니다. 구속 계획 전체가 하나님의 계획이었으며 하나님의 주도로 실행되었습니다. 왜 그렇게 하셨습니까? 하나님의 은혜 때문이었습니다. 예수님의 속죄는 은총을 입을 자격이 없고 도리어 진노를 받아 마땅한 사람들을 향한 하나님의 은혜였습니다. 속죄는 하나님을 반역한 사람들에게로 나아가기 위해 죄라는 넓고 깊은 '대협곡' 위에 하나님께서 다리를 놓으시는 것이었습니다. 그리고 이를 위해 하나님께서는 예수님을 보내셔서 우리 대신 죽게 하심으로 말로 형용할 수 없는 대가를 치르셨습니다.

에베소서 2:1-5은 인간의 절망적 상태와 하나님의 치유 사이의 놀라운 대조를 잘 보여 주고 있습니다. 4절에 나오는 "그러나"라는 말에 주목하기 바랍니다.

여러분은 불순종과 죄 때문에 영적으로 죽었던 사람들입니다. 전에는 여러분이 세상의 악한 길을 따르고 하늘 아래의 영역을 지배하고 있는 마귀에게 순종하며 살았습니다. 이 마귀는 현재 불순종하는 사람들 가운데서 활동하는 영입니다. 우리도 전에는 그들과 같이 우리 육체의 욕심대로 살며 육체와 마음이 원하는 대로 하여 다른 사람들과 마찬가지로 본래부터 하나님의 노여우심을 살 수밖에 없었던 사람들이었습니다.

그러나 자비가 풍성하신 하나님은 우리를 무척 사랑하셨기 때문에 그 크신 사랑으로 죄 때문에 영적으로 죽었던 우리를 그리스도와 함께 다시 살려 주셨습니다. 그래서 여러분은 하나님의 은혜로 구원을 받게 된 것입니다. (현대인의 성경)

다시 한 번 우리의 파멸과 하나님의 치유책 사이의 선명한 대조를 봅니다. 1-3절에서는 우리가 죄로 죽었고, 사탄의 지배하에 있었으며, 세상에 사로잡혀 있었고, 육체의 욕심의 포로였으며,

하나님의 진노의 대상이었다고 했습니다. 이보다 더 어두운 그림, 더 어두운 배경이 있을 수 있을까요? 그러나 이 어두운 그림을 배경으로 다시 한 번 하나님의 은혜라는 흠 없고 빛나는 다이아몬드가 제시되고 있습니다.

그러나 하나님께서 개입하셨습니다! 우리는 허물로 인해 죽어 있었으나 그러나 하나님께서 개입하셨습니다. 우리는 죄의 노예 상태에 있었으나 그러나 하나님께서 개입하셨습니다. 우리는 진노의 대상이었으나 그러나 하나님께서 개입하셨습니다. 긍휼과 자비가 풍성하신 하나님께서 개입하셨습니다. 우리를 사랑하신 그 큰 사랑을 인하여 하나님께서는 비록 우리가 불순종과 죄로 죽어 있을지라도 개입하셔서 그리스도와 함께 우리를 살리셨습니다. 이 모든 사실이 간결한 다음 한 마디에 요약되어 있습니다. "여러분은 하나님의 은혜로 구원을 받게 된 것입니다"(5절, 현대인의 성경). 우리는 소망이 전혀 없는 상태에 있었으나 그러나 하나님께서 은혜로 개입하셨습니다.

"그러나"라는 하나님의 이 놀라운 대조를 보여 주는 세 번째 실례가 디도서 3:3-5에 나옵니다.

> 우리도 전에는 어리석었고 불순종하였고 속았으며 온갖 정욕과 쾌락의 종이 되었고 악한 생각과 시기하는 마음으로 서로 미워하며 살았습니다. **그러나** 우리 구주 하나님은 자비와 인류에 대한 사랑으로 우리를 구원해 주셨습니다. 그것은 우리의 의로운 행위 때문이 아니라 그분의 자비 때문입니다. 그분은 우리를 깨끗이 씻어 거듭나게 하시고 성령으로 새롭게 하여 우리를 구원해 주신 것입니다. (현대인의 성경)

다시 한 번 성경은 우리의 파멸과 하나님의 치유책의 은혜로운 대조를 보여 줍니다. 대조가 이보다 더 뚜렷하고 완전할 수가 없습니다. 우리의 어리석음, 불순종, 온갖 정욕이 하나님의 자비, 사랑, 긍휼과 만났습니다. 철저히 불의한 사람들이 그러나 하나님의 은혜로 의롭다 하심을 얻었습니다(7절). 하나님의 은혜는 참으로 놀랍습니다.

이처럼 하나님의 은혜는 우리의 '선한' 행위를 보충하는 게 아닙니다. 도리어 하나님의 은혜는 우리의 '나쁜' 행위 곧 우리의 죄를 압도합니다. 하나님께서는 이렇게 하시기 위해 우리 죄를 그리스도께로 옮기시고 그리스도 위에 우리가 당해야 마땅한 진노를 쏟아부으셨습니다. 예수님께서 우리 죄의 엄청난 대가를 완전히 지불하셨으므로 하나님께서는 우리 죄를 완전히 용서하시는 은혜를 우리에게 주실 수 있었습니다.

하나님의 용서라는 다소 추상적인 이 진리가 삶에서 실제적인 의미를 가질 수 있도록 어떻게 하면 쉽게 이해할 수 있을까요? 하나님의 용서가 얼마나 완전한지는 구약성경에 나오는 네 가지 사실적인 표현을 통해 생생하게 엿볼 수 있습니다. 지금부터 하나씩 자세히 살펴보도록 하겠습니다.

동이 서에서 먼 것같이

시편 103:12에 "동이 서에서 먼 것같이 우리 죄과를 우리에게서 멀리 옮기셨으며"라고 말씀하고 있습니다. 동이 서에서 얼마나 멉니까? 우리가 지구상의 어느 지점에서 정북 방향으로 출발한다면 결국 북극점을 지나게 되고 그다음에는 남쪽으로 가게 되겠지만, 동쪽이나 서쪽을 향해 출발한다면 그렇게 되지 않습니다. 만약 서쪽으로 출발하여 그 방향으로 계속 간다면 우리는 늘 서쪽으로 가고 있을 것입니다. 북과 남은 북극점에서 만나나 동과 서는 결코 만나지 않습니다. 어떤 의미에서 동과 서는 무한대의 거리만큼 떨어져 있다고 볼 수 있습니다. 그러므로 하나님께서 동이 서에서 먼 것같이 우리 죄과를 우리에게서 멀리 옮겼다고 말씀하실 때, 그 죄과들이 우리로부터 무한대의 거리로 옮겨졌다고 말씀하고 계신 것입니다. 우리 죄에 대한 용서의 정도를 나타내는 이 비유적인 표현을 통해 하나님께서는 자신의 용서가 전폭적이고 완전하고 무조건적이라는 사실을 말씀하고 계십니다.

하나님께서는 우리의 죄와 관련하여 점수를 기록하고 계시지 않습니다. "그가 우리의 죄에 따라 처벌하지 않으시고 우리의 잘못을 그대로 갚지 않으시니"(시편 103:10, 현대인의 성경). 그렇습니다. 하나님께서 실제로 그렇게 말씀하고 계십니다! 이 말씀이 너무나 좋아서 믿기지 않을 수도 있습니다. 솔직히 이 말씀이 상벌에 대해 그동안 내가 가지고 있던 생각과 너무나 달라 그대로 받아들이기가 망설여질 정도였습니다.

그러나 이 은혜로운 말은 다른 데 있는 게 아니라 바로 성경에 있습니다. 따라서 이는 하나님의 말씀입니다. 도대체 하나님께서는 어떻게 우리 죄과를 무한대의 거리로 멀리 옮기셨다고 말하실 정도로 우리 죄를 완전하게 용서하실 수 있으실까요? 예수 그리스도를 통한 하나님의 은혜 때문입니다. 이 장의 앞부분에서 살펴보았듯이 하나님께서는 우리의 죄를 그리스도 위에 지우셨고, 그리스도께서는 우리가 받아야 할 형벌을 대신 받으셨습니다. 그리스도께서 우리 대신 죽으심으로 하나님의 공의가 이제 온전히 만족되었습니다. 하나님께서는 이제 자신의 공의 또는 법을 어기지 않고도 우리를 자유롭게, 완전히, 절대적으로 용서하실 수 있습니다. 하나님께서는 이제 우리에게 은혜를 베푸실 수 있습니다. 본질상 오직 진노를 받아 마땅한 자들에게 은총을 보이실 수 있습니다.

하나님의 등 뒤에

이사야 38:17에는 하나님께서 어느 정도로 우리 죄를 용서하시는지를 생생하게 보여 주는 또 다른 표현이 있습니다. 히스기야는 하나님에 대해 "주께서 나의 영혼을 사랑하사 멸망의 구덩이에서 건지셨고 나의 모든 죄는 주의 등 뒤에 던지셨나이다"라고 했습니다. 어떤 것이 우리 등 뒤에 있으면 우리의 시야 바깥에 있습니다. 우리는 더 이상 그것을 볼 수 없습니다. 하나님께서는 우리 죄에 대해 그렇게 하셨다고 말씀하십니다. 우리가 그리스도인으로서 죄를 씻지 않았거나 혹은 계속 죄를 짓지 않는다는 게 아닙니다. 알다시피 우리는 매일, 사실 하루에도 여러 차례 죄를 짓습니다. 우리의 최선의 노력마저도 불완전한 실행과 불순한 동기로 인해 손상됩니다. 그러나 하나님께서는 더 이상 우리의 고의적인 불순종이나 손상된 업적을 "보시지 않습니다." 그 대신 하나님께서 이미 우리에게로 옮기신 그리스도의 의를 "보십니다."

이 말은 지나치게 응석을 받아 주고 관대하여 자녀들이 훈련되지 않고 제멋대로 행동하도록 키우는 그런 아버지처럼 우리 죄를 묵과하신다는 의미일까요? 천만에요. 하늘에 계신 우리 아버지로서 하나님께서는 우리의 죄를 분명히 다루십니다. 그러나 오직 우리에게 선이 되는 방향으로만 다루십니다. 하나님께서는 우리 죄에 마땅한 대로(형벌을 줌) 우리를 다루시는 것이 아니라, 하나님의 은혜를 따라(우리의 선을 구함) 우리를 다루십니다.

공의로운 통치자요 심판자이신 하나님께서 우리 죄를 자신의 등 뒤로 던지셨습니다. 반역한 백성을 다루시는 데 있어서 대주재이신 하나님께서는 더 이상 우리 죄를 "보시지 않습니다." 그리고 우리의 죄가 우연히 하나님의 등 뒤에 있게 된 것이 아니라는 점에 유의하십시오. 성경은 하나님께서 그 죄들을 하나님의 등 뒤로 던지셨다고 말씀합니다. 그렇게 하시고도 어떻게 하나님께서는 공의로우시고 거룩하신 하나님이 되실 수 있을까요? 다시 말하거니와 예수 그리스도께서 우리가 마땅히 받아야 할 형벌을 대신 받으셨기 때문입니다. 이에 대해 한 찬송가에서 이렇게 표현했습니다. "무엇이 나의 죄를 씻어 버릴 수 있는가? 예수님의 피밖에 없다네."

깊은 바다에 던지시리이다

하나님의 용서의 완전성을 보여 주는 비유 또 하나가 미가 7:18-19에 나옵니다. 거기서 선지자 미가는 하나님에 대해 "주께서는… 다시 우리를 긍휼히 여기셔서 우리의 죄악을 발로 밟으시고 우리의 모든 죄를 깊은 바다에 던지시리이다"라고 했습니다. 해군 장교 시절 나는 작은 보트 사고로 수심이 깊은 바다에서 그만 장비 하나를 잃어버린 경험이 있습니다. 갈고리들을 바다 밑바닥에 드리우고 그 장비를 회수하기 위해 하루 종일 훑고 다녔지만 결국 헛수고만 했습니다. 그 장비는 영원히 잃어버렸습니다.

우리 죄도 그와 마찬가지입니다. 하나님께서는 우리 죄를 깊은 바다에 내던지셨습니다. 이는 영원히 잃어버리고, 결코 회수할 수 없고, 결코 우리를 고소하는 데 사용할 수 없도록 하기 위함입니다. 앞에서는 하나님께서 우리 죄를 하나님 등 뒤로 던지셨다고 하셨는데, 여기서는 깊은 바다에 **던지실** 것이라고 말씀하십니다. 우리의 죄는 어쩌다가 배에서 바다로 떨어지는 것이 아니라 하나님께서 깊은 바다에 내던지십니다. 하나님께서는 그 죄를 예수 그리스도 안에서 충분히 다루셨기 때문에 다시는 찾을 수 없게 되기를 원하십니다.

실상이 파악되기 시작합니까? 하나님의 용서는 완전하며 돌이킬 수 없는 것이라는 사실을 깨닫고 있습니까? 우리가 얼마나 나빴든 혹은 얼마나 자주 동일한 죄를 범했든 상관없이 하나님께서는 그리스도로 말미암아 우리를 값없이 완전히 용서해 주신다는 사실을 이해하기 시작했습니까? 하나님께서 그리스도 안에서 우리 죄를 이미 다루셨기 때문에, 하나님께서 우리를 축복하시거나 사용하실 수 있기 위해서 먼저 우리가 고행이나 속죄의 행위를 하거나 보호 감호 기간을 채워야 하거나 할 필요가 없다는 사실을 알게 되었습니까?

요한일서 1:9에 "만일 우리가 우리 죄를 자백하면 저는 미쁘시고 의로우사 우리 죄를 사하시며 모든 불의에서 우리를 깨끗케 하실 것이요"라고 약속하고 있습니다. 어떤 사람이 자기는 용서에 대한 하나님의 이 은혜로운 약속을 더 이상 주장할 수 없을 것 같다고 했습니다. 이유인즉 자신은 하도 죄를 자주 범해서 하나님과의 관계에서 "신용"을 다 잃어버렸다는 것입니다. 그리

은혜 – 정말 놀라운가

스도 안에 있는 하나님의 끊임없는 용서를 잘 알지 못하여 많은 그리스도인들이 그 사람처럼 생각하고 있습니다. 그러나 하나님 앞에서의 '우리의' 신용이란 원래부터 조금도 없으니 마땅히 하나님 앞에서의 '그리스도의' 신용만을 생각해야 합니다. 그러면 그리스도의 신용은 어떻습니까? 최고의 신용입니다. 그런 까닭에 사도 바울은 "죄가 더한 곳에 은혜가 더욱 넘쳤다"(로마서 5:20)라고 말하였습니다.

허물을 도말하는 자니

우리 죄에 대한 하나님의 완전하고도 절대적인 용서를 강조하는 네 번째 구절은 이사야 43:25입니다. "나 곧 나는 나를 위하여 네 허물을 도말하는 자니 네 죄를 기억지 아니하리라." 여기서 하나님께서는 두 가지를 말씀하셨습니다. 하나는, 하나님께서는 우리의 허물을 도말하신다는 사실입니다. 도말한다는 것은 '겉에다 무엇을 칠하거나 덮어서 본래 모습이 드러나지 않게 하다. 때나 얼룩을 깨끗이 닦아서 말끔히 제거하다. 어떤 존재를 완전히 없애다'라는 뜻입니다. 즉 하나님께서는 우리의 모든 허물을 기록에서 지워 버리십니다. 그리고 또 하나는 우리의 죄를 기억지 아니하신다는 사실입니다.

한 캐나다 친구는 십대 시절 장난삼아 한 행동 때문에 중죄로 유죄 선고를 받은 적이 있습니다. 그 후에 여왕으로부터 사면을 받았습니다. 이제 형사상의 범죄가 있었는지 전과 기록을 조회해 보면 "이 사람에 관한 범죄 기록이 없음"이라는 회신을 받습니다. 그에 대한 기록에 단지 "사면"이라는 도장이 찍혀 있는 것이 아니라 그 기록 자체가 서류철에서 제거되고 파기된 것입니다. 그것은 완전히 지워서 없애 버렸기에 결코 다시 볼 수 없습니다. 하나님께서 우리 죄에 대해 이렇게 하십니다. 우리가 예수 그리스도를 구세주로 믿을 때 하나님께서는 서류철에서 우리의 기록을 제거하십니다. 하나님께서는 그 기록을 다른 곳에 보관하시거나, 우리가 그리스도인으로서 계속 짓는 죄의 긴 목록을 날마다 거기에 첨가하거나 하지 않으십니다.

하나님께서는 하나님의 기록에서 우리 죄를 도말하실 뿐 아니라 그 죄들을 더 이상 기억지 않으십니다. 이 말은 하나님께서 결코 그 죄들을 다시 언급하거나 우리에게 책임 추궁을 하지 않으신다는 의미입니다. 우리의 허물을 도말하시는 것은 **법률적** 행위입니다. 그것은 최고 통치자에 의한 공식적인 사면입니다. 우리의 죄와 허물을 더 이상 기억하지 않는다는 것은 **관계적** 행위입니다. 피해자 측에서 피해 본 것이나 기분 상했던 것을 생각지 않거나 거론하지 않는 것입니다. 당신의 죄를 상기하거나 결코 당신에게 꺼내지 않겠다는 약속입니다.

제이 애덤스는 기억하지 않는 것과 잊는 것의 차이점을 이렇게 말했습니다.

잊는 것은 소극적인 것으로, 전지한 존재가 아닌 우리 인간들이 하는 것입니다. 기억지 않는 것은 적극적인 것으로, 그것은 하나의 약속으로서 이로 인해 어떤 이(여기서는 하나님)가 자신에게 범한 다른 이의 죄를 기억하지 않기로 결심하는 것입니다. "기억지 않겠다"는 것은 간단히 말하면 "나는 앞으로 이 문제를 당신이나 다른 사람에게 꺼내지 않겠다"라는 말을 생생하고 알아듣기 쉽게 표현한 것입니다.

어떤 학급에 반항적이고 다루기 어려운 학생이 하나 있다고 해 봅시다. 선생님께 대한 그 학생의 대담한 반항은 법적인 결과와 관계상의 결과를 가져올 것입니다. 법적으로 그는 교칙에 따라 퇴학을 당할지 모릅니다. 관계상으로 선생님은 그 학생에 대해 강한 적대감을 느낄지 모릅니다. 복학이 허용된다 해도(사면과 비슷하게) 선생님은 그 학생의 반항과 도전을 "기억하고" 여전히 적대감을 가질 것입니다. 이 반항적인 학생이 학급에서 제대로 지내려면 학교 당국의 사면(복학 조치)과 선생님의 용서, 이 둘이 다 필요합니다. 선생님이 도전받는다는 생각을 버리고 또 학생의 형편없는 행동을 "기억지 않기로" 즉 다시는 거론하지 않기로 동의해 주는 것이 그 학생에게 필요한 것입니다. 확실히 이렇게 되려면 앞으로 그 학생의 태도와 행동이 바뀌어야 합니다. 그러나 그렇게 바뀐 경우에도 선생님은 그의 과거를 기억지 않기로 결심해야 합니다.

이것은 하나님께서 우리의 허물을 도말하고 우리 죄를 더 이상 기억하지 않으실 때 행하시는 바와 유사합니다. 최고의 통치자요 재판장으로서 하나님은 우리를 **사면**하십니다. 피해를 당한 측으로서 하나님은 우리를 **용서**하시고 우리 죄를 다시는 결코 거론하지 않기로 약속하십니다. 예수님께서는 십자가상에서의 죽음을 통하여 하나님으로부터의 우리의 사면을 보장하셨을 뿐만 아니라 우리를 하나님과 화목하게 하셨습니다. 그러나 이 모든 것은 하나님으로 말미암습니다. "모든 것이 하나님께로 났나니 저가 그리스도로 말미암아 우리를 자기와 화목하게 하시고 또 우리에게 화목하게 하는 직책을 주셨으니"(고린도후서 5:18). 이렇게 화목하게 하는 데는 하나님께서 주도권을 쥐셨습니다. 즉 우리를 위해 그 아들을 보내셔서 우리 대신 죽게 하시는 은혜로운 일을 하신 것입니다.

구원을 위해 오직 그리스도만을 믿고 의뢰했다면 당신은 의롭다 하심을 받았고(법적인 해결) 또 화목케 되었습니다(관계상의 해결). 당신은 더 이상 하나님으로부터 정죄를 받지 않습니다. 로마서 8:1에서는 "그러므로 이제 그리스도 예수 안에 있는 자에게는 결코 정죄함이 없나니"라고 말씀합니다. 뿐만 아니라 당신은 더 이상 하나님과 멀어지거나 서먹서먹해지지 않습니다. 하나님께서는 더 이상 당신을 대적하지 않으십니다. 하나님은 이제 당신 편입니다(로마서 8:31). 이 모든 놀라운 변화가 다 우리의 죄에도 불구하고 하나님의 은혜로 말미암아 일어났습니다. "율법이 가입한 것은 범죄를 더하게 하려 함이라. 그러나 죄가 더한 곳에 은혜가 더욱 넘쳤나니"(로마서 5:20).

책망할 것이 없음

성경에는 예수 그리스도를 믿고 의뢰하는 자들에 대한 하나님의 용서를 확실히 보여 주는 말씀이 가득합니다. 우리의 끔찍한 상태와 우리를 찾아오신 하나님의 사랑과 자비와 은혜의 대조를 보여 주는 데는 단 한 구절로도 족할 것 같습니다. 이것은 우리의 상태와 하나님의 치유 사이의 놀라운 대조를 보여 줍니다.

전에 악한 행실로 멀리 떠나 마음으로 원수가 되었던 너희를 이제는 그의 육체의 죽음으로 말미암아 화목케 하사 너희를 거룩하고 흠 없고 책망할 것이 없는 자로 그 앞에 세우고자 하셨으니. (골로새서 1:21-22)

이 구절에서 "책망할 것이 없는 자"라는 말씀에 주의를 기울여 보십시오. 당신은 이 말씀대로 진정으로 자신이 책망할 것이 없는 자라고 생각합니까? 아니면 종종 마음속으로 하나님 법정의 피고석에 앉아 하나님께서 "유죄!"라고 선고하시는 것을 듣고 있습니까? 만약 그렇다면 은혜에 의해 살고 있지 않다고 할 수 있습니다.

그리스도 예수를 믿고 의뢰함으로 받는 구원이라는 값없는 선물을 받지 않았다면 당신은 당연히 죄가 있습니다. 분명히 은혜와 무관하며, 하나님의 진노 아래 있고, 결국은 하나님의 진노를 한껏 경험하고야 말 것입니다. 이 진노는 자기감정을 다스리지 못하는 한 폭군의 분노가 아닙니다. 오히려 가장 난폭하고 반역적인 범죄자에게 가장 준엄한 선고를 내리는 최고 재판관의 냉정하고 객관적이고 적법한 진노입니다. 당신에게 가장 필요한 점은 구원과 죄 사함과 영생의 선물을 받기 위해 예수 그리스도를 믿고 의지하는 것입니다.

한편 그리스도를 당신의 구세주로 받아들였다면 하나님의 용서에 관한 모든 말씀이 당신에게 이루어졌습니다. 하나님께서는 동이 서에서 먼 것같이 당신의 죄를 멀리 옮기셨습니다. 또한 당신의 죄를 자신의 등 뒤로 던지셨으며, 깊은 바다에 내던지셨습니다. 하나님께서는 당신의 죄를 자신의 기록부에서 지워 버리셨으며, 그것을 다시는 입에 올리지 않기로 약속하셨습니다. 기억지도 않겠다고 하셨습니다. 당신은 당신 안에 있는 어떤 것 때문이 아니라 예수 그리스도로 말미암은 하나님의 은혜 때문에 하나님 앞에서 책망받을 것이 없는 자입니다.

당신은 기꺼이 이 놀라운 진리를 믿고 의지하며 사시겠습니까? 아마도 "나는 그 사실을 믿습니다. 내 죄가 용서되었고 죽으면 하늘나라에 갈 것을 확실히 믿습니다"라고 대답할 것입니다. 하지만 당신은 이 세상에서 **오늘** 그 진리를 따라 살겠습니까? 하나님께서 그 은혜를 인하여 그리스도로 말미암아 당신을 **구원하셨을** 뿐만 아니라 매일매일 하나님의 은혜로 당신을 대하신다는 사실을 받아들이겠습니까?

당신은 '자격 없는 죄인들에게 하나님께서 값없이 베푸시는 은총'이라는 은혜의 정의가 구원뿐 아니라 매일의 삶에도 해당된다는 사실을 받아들이십니까? 은혜의 의미는 결코 변하지 않습니다. 이미 말했듯이 은혜란 하나님께서 우리를 구원하실 때 베푸시든 하나님의 자녀인 우리를 다루실 때 베푸시든 언제나 동일합니다.

예수님께서는 "도적이 오는 것은 도적질하고 죽이고 멸망시키려는 것뿐이요 내가 온 것은 양으로 생명을 얻게 하고 더 풍성히 얻게 하려는 것이라"(요한복음 10:10)라고 하셨습니다. 당신은 '생명' 즉 영원한 생명을 소유하고 있습니까? 자신의 도덕적 혹은 종교적 노력에 대한 모든 신뢰를 포기하고 **예수님의 의**를 옷 입기 위해 온전히 예수님만을 믿고 있습니까? 그렇다면 당신은 진정으로 영생을 가지고 있습니다. 그러나 그 영생을 풍성하게 누리고 있습니까? 당신은 구원과 더불어 오는 하나님과의 **평화**를 경험하며, 은혜로 매일을 살 때 오는 하나님의 **기쁨**을 누리고 있습니까? 그렇지 않다면 아마도 은혜로 구원은 받았으나 행위로 살고 있을 것입니다.

은혜를 다른 사람에게

　은혜는 우리가 받을 뿐 아니라, 어떤 의미에서는 우리를 통해 다른 사람들에게로 전달되어야 하는 것이기도 합니다. "어떤 의미"라고 한 것은 우리와 다른 사람들과의 관계는 하나님과 우리의 관계와 다르기 때문입니다. 하나님은 더할 나위 없이 높으신 재판관이요 우주의 도덕적인 통치자이십니다. 우리는 모두 죄인이요 서로 같은 수준에 있습니다. 그러므로 우리는 하나님께서 베푸시듯이 은혜를 베풀 수는 없지만, 은혜를 받은 자로서 그리고 은혜의 원리를 따라 살기를 원하는 자로서 이에 합당하게 다른 사람들을 대해야 합니다.

　사실 우리는 은혜를 기꺼이 다른 사람들에게 베풀지 않는다면 하나님과의 평화와 기쁨을 경험하지 못할 것입니다. 이것이 마태복음 18:21-35에 나오는 악한 종의 비유의 핵심입니다. 이 비유에서 그 종은 1만 달란트나 되는 빚을 탕감받았으나 자기에게 100데나리온을 빚진 동료를 기꺼이 용서하지 않았습니다. 1달란트가 노동자 한 사람의 하루 품삯인 1데나리온의 약 6,000배에 상당하는 금액이었으므로 1만 달란트가 얼마나 되는지 짐작이 갈 것입니다. 이 비유에서 보여 주고 있는 진리는, 말할 것도 없이 우리가 하나님께 진 죄의 빚은 1만 달란트 즉 도저히 갚을 길 없는 어마어마한 금액이지만, 다른 사람들이 우리에게 진 죄의 빚은 상대적으로 적어서 100데나리온이라는 금액에 불과하다는 것입니다.

　은혜로 말미암아 사는 사람은 자신이 하나님께 지은 죄와 다른 사람들이 자신에게 지은 죄의 이 현저한 차이를 알고 있습니다. 그가 다른 사람들을 용서하는 것은 자신이 하나님으로부터 너무나 큰 은혜를 입어 용서를 받았기 때문입니다. 자신이 그리스도를 통해 하나님의 용서를 받은 사람이기에 다른 사람들이 자신의 감정을 상하게 할 때 분을 낼 권리를 상실했다는 사실을 알고 있습니다. 그는 에베소서 4:32에 있는 권면을 실행합니다. "서로 인자하게 하며 불쌍히 여기며 서로 용서하기를 하나님이 그리스도 안에서 너희를 용서하심과 같이 하라."

4
은혜로운 포도원 주인

자기 아들을 아끼지 아니하시고 우리 모든 사람을 위하여 내어 주신 이가 어찌 그 아들과 함께 모든 것을 우리에게 은사로 주지 아니하시겠느뇨? (로마서 8:32)

하나님께서 우리의 공과에 관계없이 은혜에 기초하여 우리를 대하신다는 것은 실로 깜짝 놀랄 만한 사실입니다. 그것은 우리가 살면서 시금까지 배워 온 바와는 빈데가 됩니다. 일반직으로 열심히 일하고 의무를 다하면 우리의 노력이나 수고에 비례하여 보상을 받게 되리라고 생각합니다. "당신이 얼마만큼 하면 얼마만큼 받을 만하다"라는 것이 일반적으로 받아들여진 삶의 원리입니다.

그러나 하나님의 은혜는 행한 일을 토대로 보상으로 주어지는 게 아닙니다. 하나님께서는 측량할 수 없고 비교할 수 없을 정도로 후하십니다. 하나님은 세상을 너무나 사랑하셔서 독생자를 주셨습니다(요한복음 3:16). 이는 말로 다 표현할 수 없는 하나님의 은혜의 선물입니다(고린도후서 9:15). 그러나 말로 다 표현할 수 없을 정도로 후하신 하나님께서는 우리를 구원하시는 데 그치지 않고 우리의 전 생애를 통해 모든 필요를 공급하시며 축복을 베풀어 주십니다. 이에 대해 로마서 8:32에서 잘 말해 줍니다.

자기 아들을 아끼지 아니하시고 우리 모든 사람을 위하여 내어 주신 이가 어찌 그 아들과 함께 모든 것을 우리에게 은사로 주지 아니하시겠느뇨?

이 구절은 하나님의 후하심을 우리에게 가르치기 위해 "큰 것을 준다면 작은 것은 두말할 필요도 없이 준다"는 논법을 사용했습니다. "하나님께서 우리의 구원을 위해 자신의 독생자[큰 것]를 주셨다면 어찌 모든 축복[작은 것]을 주시지 않겠는가?"라고 말하고 있는 것입니다. 우리가 받게 될 어떤 축복도 우리를 위해 죽으신 하나님의 독생자라는 선물과는 감히 비교할 수 없습니다. 하나님께서는 자신의 후하심을 십자가에서 분명하게 보여 주셨습니다. 그리고 우리의 일생 동안 하나님께서 우리의 모든 필요를 공급해 주시리라는 확신의 근거는 하나님께서는 이미 우리의 가장 큰 필요를 채워 주셨다는 사실입니다.

하나님께서 모든 것을 "은사로" 즉 **은혜로** 값없이 우리에게 주실 것이라고 한 말씀에 유의하십시오. 구원이 그리스도를 믿는 모든 사람에게 값없이 주어지는 것과 똑같이 모든 축복도 그리스도를 믿는 믿음을 통해 값없이 우리에게 주어집니다. 우리의 노력으로 구원을 얻어 낼 수 없고 다만 선물로 받는 것과 마찬가지로 하나님의 축복도 노력으로 얻어 낼 수 없고 다만 그리스도를 통해 주어지는 선물로 받게 됩니다.

은혜에 대한 비유

오랫동안 포도원 주인의 비유가 그리스도인들의 삶에서 하나님의 은혜를 설명하는 가장 좋은 예화로 내 마음속에 자리 잡고 있었습니다. 이 비유의 초점은 포도원 주인과, 품꾼들에 대한 그의 후함에 있다고 믿습니다. 이 비유의 제목을 "은혜로운 포도원 주인"이라고 붙여 봅니다.

예수님의 비유 전체를 여기에 소개합니다. 기도하는 마음으로 주의 깊게 읽어 봅시다.

천국은 마치 품꾼을 얻어 포도원에 들여보내려고 이른 아침에 나간 집주인과 같으니, 저가 하루 한 데나리온씩 품꾼들과 약속하여 포도원에 들여보내고, 또 제삼 시에 나가 보니 장터에 놀고 섰는 사람들이 또 있는지라 저희에게 이르되 "너희도 포도원에 들어가라. 내가 너희에게 상당하게 주리라" 하니 저희가 가고, 제육 시와 제구 시에 또 나가 그와 같이 하고, 제십일 시에도 나가 보니 섰는 사람들이 또 있는지라, 가로되 "너희는 어찌하여 종일토록 놀고 여기 섰느뇨?" 가로되 "우리를 품꾼으로 쓰는 이가 없음이니이다." 가로되 "너희도 포도원에 들어가라" 하니라.

저물매 포도원 주인이 청지기에게 이르되 "품꾼들을 불러 나중 온 자로부터 시작하여 먼저 온 자까지 삯을 주라" 하니, 제십일 시에 온 자들이 와서 한 데나리온씩을 받거늘 먼저 온 자들이 와서 더 받을 줄 알았더니 저희도 한 데나리온씩 받은지라, 받은 후 집주인을 원망하여 가로되 "나중 온 이 사람들은 한 시간만 일하였거늘 저희를 종일 수고와 더위를 견딘 우리와 같게 하였나이다." 주인이 그중의 한 사람에게 대답하여 가로되 "친구여, 내가 네게 잘못한 것이 없노라. 네가 나와 한 데나리온의 약속을 하지 아니하였느냐? 네 것이나 가지고 가라. 나중 온 이 사람에게 너와 같이 주는 것이 내 뜻이니라. 내 것을 가지고 내 뜻대로 할 것이 아니냐? 내가 선하므로 네가 악하게 보느냐? 이와 같이 나중 된 자로서 먼저 되고 먼저 된 자로서 나중 되리라." (마태복음 20:1-16)

예수님께서 이 비유를 말씀하시게 된 배경은 부자 청년을 만나신 사건과 관계가 있습니다. 그때 예수님께서는 그에게 모든 소유를 다 팔아 가난한 자들에게 주고 자신을 따르라고 말씀하셨습니다(마태복음 19:16-22). 이 모든 것을 깊이 생각하던 베드로는 "우리가 모든 것을 버리고 주를 좇았사오니 그런즉 우리가 무엇을 얻으리이까?"라고 예수님께 물었습니다. 그 당시의 다른 유대인들과 마찬가지로 베드로도 공로의 토대 위에서 행동하고 있었으며, 그래서 이미 자신의 공로 점수를 매기고 있었습니다.

예수님께서는 베드로가 공로 중심의 사고방식을 가지고 있다고 책망하지 않으셨습니다. 도리어 베드로 및 다른 제자들에게 보상이 정말로 있게 될 것을 확신시켜 주셨습니다. 뿐만 아니라 예수님을 위해 희생한 사람은 누구나 "여러 배"를 받게 될 것입니다. 퍼센트로 나타내면 여러 배란 수백%가 됩니다. 비즈니스계에서는 몇 년 만에 배를 남길 수 있는 투자라면 훌륭한 투자로 간주합니다. 그렇지만 그것은 겨우 100%를 남기는 것입니다. 예수님께서는 우리에게 100%가 아니라 수백%의 보상을 약속하십니다.

예수님께서는 왜 수백%라는 엄청난 양을 말씀하실까요? 하나님의 보상은 너무도 커서 우리의 봉사와 희생에는 전혀 어울리지 않는다고 말씀하시는 것입니다. 또한 하늘나라에서 하나님의 보상 체계는 공로가 아니라 은혜에 토대를 두고 있다는 말씀입니다. 그리고 은혜는 늘 우리가 수고한 것보다 훨씬 더 많이 베풀어 줍니다. 리처드 렌스키는 이렇게 썼습니다.

> 하나님께서는 너무나 후하고 관대하셔서 우리에게서 무엇을 받으실 때는 반드시 모든 계산을 초월하여 보상을 해 주십니다.… 우리의 선한 행위와 이에 대한 하나님의 보상 사이에 존재하는 불균형은 이미 하나님의 무한한 은혜를 나타냅니다. 우리가 무슨 선한 행위를 하기 시작하기도 전에 주어진 구원이라는 선물은 말할 것도 없습니다.

예수님의 비유에 나오는 포도원 주인은 매우 은혜롭고 후한 사람이었으며 분명히 하나님을 나타냅니다. 애초부터 그는 자기 포도원에 관심을 가진 것만큼이나 품꾼들의 복지에 관심을 가지고 있었습니다. 그는 쉽게 첫 번째 품꾼들에게 하루의 정당한 품삯인 한 데나리온을 지불하기로 합의했습니다. 당시의 문화에서 품삯는 대개 가속을 위한 낭일분의 음식물을 사기 위해 그날 번 돈을 필요로 했습니다. 그들은 그날 벌어서 그날을 살았습니다. 이 때문에 하나님께서는 품꾼들에게 그 품삯을 당일에 주고 해 진 후까지 끌지 말라고 고용주들에게 명하셨던 것입니다. 이는 품꾼들이 빈궁하므로 마음에 품삯을 사모하기 때문이라고 하셨습니다(신명기 24:15).

그 포도원 주인은 품꾼들과의 관계에서 공평했을 뿐 아니라 그날 고용한 각 그룹의 품꾼들에게 점점 더 후했습니다. 각 품꾼은 얼마나 오랫동안 일을 했느냐에 관계없이 하루 품삯을 받았습니다. 각 사람은 일한 시간을 토대로 하여 자신이 일한 만큼 받은 것이 아니라 그날 가족을 부양하는 데 **필요한 것**

을 다 받았습니다. 포도원 주인은 그들이 일한 만큼만 줄 수도 있었으나 그들이 한 일의 양이 아니라 그들의 필요에 따라 지불하기로 선택했습니다. 그는 빚이 아니라 은혜로서 지불했습니다.

이 비유는 특히 제십일 시에 고용된 품꾼들에게 초점을 맞춥니다. 그들은 최고로 후한 대우를 받았습니다. 그들은 각기 노동 시간을 토대로 했을 때의 열두 배를 받았습니다. 왜 포도원 주인은 이 사람들을 제십일 시에 고용했을까요? 어쩌면 그 날 중으로 일을 마치기 위해서는 한층 더 밀어붙여야 할 필요가 있었을지도 모릅니다. 더욱 가능성이 있는 이유로는, 예수님께서는 유대 지방의 농업에 대해서가 아니라 하늘나라에 대해 가르치고 계셨으므로, 제십일 시에 고용된 사람들은 그들에게도 하루 품삯이 필요했기 때문에 고용된 것 같습니다. 그들은 가족을 부양할 돈을 벌기 위해 누군가가 자기들을 고용해 주기를 기다리며 하루 종일 서 있었습니다. 포도원 주인은 자신의 필요 때문이 아니라 그들의 필요 때문에 그들을 고용했습니다. 여기서 포도원 주인은 우리의 필요를 잘 아시며 그 필요를 채워 주시기 위해 계속 역사하시는 은혜로우신 하나님을 나타냅니다. 하나님께서 자신을 섬기도록 우리를 부르시는 이유는 하나님이 우리를 필요로 해서가 아니라 우리가 하나님을 필요로 하기 때문입니다. 그런 다음 우리의 섬김에 대해 해 주시는 보상은 언제나 우리의 노력과 수고에 걸맞지 않을 정도로 엄청납니다. 예수님께서 베드로에게 말씀하셨듯이 "백 배"를 받는 것입니다(마가복음 10:30).

은혜롭고 후하심

거듭거듭 성경은 하나님을 은혜로우시고 후하시고 너그러우시고 자기 백성을 그들의 공로나 과실과 무관하게 값없이 축복하시는 분으로 묘사하고 있습니다. 에덴동산에서의 타락 이전 즉 아무 공로나 과실이 있기 전에도 하나님의 은혜로운 성품을 볼 수 있습니다. "여호와 하나님이 그 땅에서 보기에 아름답고 먹기에 좋은 나무가 나게 하시니"(창세기 2:9).

선악을 알게 하는 나무만 먹음직하고 보암직한 게 아니었습니다(창 3:6 참조). 하나님께서는 동산에 탐스러운 나무는 단 한 그루만 두시고 거기에 "보아도 되나 먹지는 말 것!"이라는 경고문을 걸어 놓아 아담과 하와를 유혹하신 게 아니었습니다. 오히려 하나님은 보기에 아름답고 먹기에 좋은 **모든 종류의 나무를** 동산에 두셨습니다. 나는 신선한 과일을 즐깁니다. 그래서 복숭아, 배, 딸기, 멜론 등이 진열장에 모습을 나타낼 때면 슈퍼마켓에 가기를 좋아합니다. 그 과일들의 탐스러움에 감탄합니다. 그리고 각 종류마다 얼마씩 사오고 싶어 합니다. 맛있는 열매를 맺을 뿐 아니라 보기에도 아름다운 모든 종류의 나무를 가진 아담의 기분이 어떠했겠는지 상상해 보십시오. 내가 오늘날 감탄한다면 아담의 반응이 어떠했을까요?

그러나 하나님께서는 이에 그치지 않고 아담을 위해 또 다른 것을 해 주셨습니다. "사람의 독처하는 것이 좋지 못하니 내가 그를 위하여 돕는 배필을 지으리라"(창세기 2:18). 아담에게 짝이 필요하다는 것을 아셨고 은혜롭게 그 필요를 채워 주셨습니다. 하나님께서는 원래 후한 분이시기 때문입니다. 아담에게 있을 수 있는 모든 필요를 예견하시고 대비해 주셨습니다.

그 후 아담이 범죄했습니다. 이제 하나님의 은혜로우시고 후하신 성품에 어떤 변화가 일어날까요? 하나님께서는 은혜롭기를 중단하셨을까요? 하나님께서는 "나는 너를 후히 대하여 네게 필요한 것은 다 주었건만 넌 내게 불순종했다. 이제부터는 네가 알아서 살아가도록 해라. 네 힘으로 살아가라"라고 하셨습니까? 그렇게 말씀하지 않으셨습니다. 대신 아담과 하와에게 계속 자비롭고 은혜롭게 대하셨습니다. 그렇습니다. 오늘날 우리는 여전히 그 당시의 타락의 결과를 감수하며 살고 있습니다. 하나님께서는 경고하셨던 대로 아담을 심판하셨습니다. 그러나 이 와중에서도 한 가지 일을 더 하셨습니다. "여호와 하나님이 아담과 그 아내를 위하여 가죽옷을 지어 입히시니라"(창세기 3:21). 재판관으로서의 역할을 수행하시는 중에도 아담과 하와에게 옷이 필요하다는 사실에 유의하셨고, 잠시 동안 재봉사의 역할을 맡으셨습니다.

하나님께서는 왜 중요하고 영원한 문제를 다루고 계시는 중에 시간을 내서서 바로 얼마 전에 뻔뻔스럽게 하나님께 불순종하고 또 이를 통해 전 인류에게 죄와 불행을 가져온 두 사람을 위해 옷을 지으셨을까요? 이는 은혜로우시고 우리의 공로에 상관없이 우리의 필요를 채우시는 것이 하나님의 성품이기 때문입니다. 아담의 됨됨이로 인해 하나님께서 은혜를 베푸신 것이 아니었습니다. 하나님께서 은혜로우신 것은 그게 하나님의 영원한 성품이기 때문입니다.

선을 베풀기를 즐기시는 하나님

우리 부부의 결혼식 때 예레미야 32:38-41 말씀이 하나님께서 우리에게 주신 약속의 말씀으로 생각되어 이 말씀을 결혼식 때 읽어 주도록 주례 목사님께 부탁했습니다.

> 그들은 내 백성이 되겠고 나는 그들의 하나님이 될 것이며, 내가 그들에게 한 마음과 한 도를 주어 자기들과 자기 후손의 복을 위하여 항상 나를 경외하게 하고, 내가 그들에게 복을 주기 위하여 그들을 떠나지 아니하리라 하는 영영한 언약을 그들에게 세우고, 나를 경외함을 그들의 마음에 두어 나를 떠나지 않게 하고, 내가 기쁨으로 그들에게 복을 주되 정녕히 나의 마음과 정신을 다하여 그들을 이 땅에 심으리라. (예레미야 32:38-41)

이 말씀에 하나님의 선하심이 어떻게 표현되어 있는지 주목해 보십시오. 하나님께서는 우리 자신과 우리 자손들의 복을 위하여 우리에게 한마음을 주실 것입니다. 하나님께서는 우리에게 복을 주시기 위해 우리를 떠나지 아니하실 것이며, 사실 기쁨으로 우리에게 복을 주실 것입니다. 전임사역자로서 하나님을 섬기기로 헌신한 두 젊은이에게 이 말씀은 약속의 말씀으로 어울리는 것 같습니다.

하지만 하나님의 선하심을 보여 주는 이 말씀은 원래 하나님을 잘 섬기고 있었거나 하나님의 복을 받기에 합당한 그런 사람들에게 주신 게 아니었습니다. 오히려 이 말씀은 하나님께서 "예로부터 내 목전에 악만 행하였다"(30절)라고 말씀하신 사람들에게 주어졌습니다. 이 사람들은 여러 세대에 걸친 그들의 죄로 말미암아 바벨론에 포로로 잡혀 가 있었습니다.

이보다 몇 장 앞에서 하나님께서는 이 사람들에게 다음과 같이 말씀하셨습니다.

> 나 여호와가 이같이 말하노라. 바벨론에서 칠십 년이 차면 내가 너희를 권고하고 나의 선한 말을 너희에게 실행하여 너희를 이곳으로 돌아오게 하리라. 나 여호와가 말하노라. 너희를 향한 나의 생각은 내가 아나니 재앙이 아니라 곧 평안이요 너희 장래에 소망을 주려 하는 생각이라. (예레미야 29:10-11)

하나님의 선하심은 그들에게 재앙이 아니라 평안을 주겠다는 약속 가운데 분명히 나타나 있습니다. 10절에서 하나님께서 자신의 "선한 말" 즉 은혜로운 약속에 대해 언급하고 계신 것에 유의하십시오. 그 약속은 합당치 않은 그들에게 값없이 주어졌기에 은혜로운 약속입니다. 여기서 우리는 "인간적인 과실이 있다고 하나님께서 거두어들이시는 것이라면 은혜는 더 이상 은혜가 아니다"라는 새무얼 스톰스의 말처럼 인간적인 과실에도 불구하고 베푸시는 하나님의 은혜를 보게 됩니다. 포로로 잡혀 가 있는 이스라엘 백성이야말로 과실이 있는 사람들의 좋은 예입니다. 그럼에도 하나님께서는 그들에게 평안을 주시고 번성케 하시기로 약속하셨습니다. 기쁨으로 그들에게 복을 주겠다고 약속하셨습니다.

요엘서에서도 하나님의 은혜로운 성품에 대해 배울 수 있습니다. 요엘은 모든 나무와 풀을 먹어 치울 무서운 메뚜기 떼의 침입으로 그 땅에 광범위한 기근이 임하게 되는 심판을 예언했습니다. 그러고 나서 회복의 날 즉 나무들이 다시 열매를 맺고 마당에는 밀이 가득하고 독에는 새 포도주와 기름이 넘치게 될 날을 바라보았습니다. 회복에 대한 이 예언 가운데서 하나님께서는 다음과 같은 약속을 하셨습니다.

> 내가 전에 너희에게 보낸 큰 군대 곧 메뚜기와 늣과 황충과 팟종이의 먹은 햇수대로 너희에게 갚아 주리니, 너희는 먹되 풍족히 먹고 너희를 기이히 대접한 너희 하나님 여호와의 이름을 찬송할 것이라. 내 백성이 영영히 수치를 당치 아니하리로다. (요엘 2:25-26)

하나님께서 얼마나 후하신 분인지 깊이 생각해 보십시오. 하나님께서는 땅이 이전처럼 산물을 내도록 회복시켜 주시겠다고만 약속하신 게 아닙니다. 메뚜기와 늣와 황충과 팟종이의 먹은 햇수대로 즉 하나님의 심판을 받아 그들이 아무것도 거두지 못한 햇수대로 갚아 주겠다고 말씀하십니다. 하나님께서는 "나는 너희 땅이 이전처럼 산물을 내도록 회복시켜 주겠다. 하지만 너희들이 아무것도 거두시 못한 세월들에 대해서는 안됐시만 어쩔 수 없다. 이미 영원히 흘러가 버린 세월이니까. 그건 너희들의 죄의 대가이다"라고 말씀하실 수도 있습니다. 하나님께서는 단지 회복시켜 주시기만 하실 수도 있었으나 그 이상을 하셨습니다. 소출이 풍성하게 하셔서 기근으로 인한 손해를 메울 수 있게 해 주셨습니다. 하나님께서는 비록 아무 빚도 지시지 않았지만 갚아 주겠다고 말씀하십니다.

종종 나는 세월을 허비해 버린 사람들을 만나 개인적으로 영적 도움을 주는 기회가 있습니다. 어떤 사람은 그리스도인이 되기 전에 허비했고, 어떤 사람은 그리스도인이 된 후에 허비했습니다. 대개 이러한 사람들은 자신의 '잃어버린' 세월, 다시 말해 자신이 하나님을 섬기지 않고 죄 가운데 있었던 세월이나, 그리스도인이지만 주님께 자신을 드리지 않았던 세월에 대해 한탄합니다.

나는 이러한 사람들에게 하나님의 은혜를 말하고 격려해 주려고 합니다. 나는 하나님께서 이스라엘 백성에게 하셨던 것처럼 그들의 잃어버린 세월을 갚아 주실 것이라고 말해 줄 수는 없으나 하나님의 성품이 은혜롭다고 확신시켜 줄 수는 있습니다. 당신이 이런 사람이라면 기도 가운데 하나님의 은혜를 간절히 구하십시오. 그리고 기도할 때, 과실로 인해 은혜를 거두어들이시지 않는 하나님께 나아가고 있다는 사실을 꼭 기억하기 바랍니다.

모든 은혜의 하나님

하나님은 공의롭고 거룩하신 분이십니다. 죄를 심판하시며 자녀들을 징계하십니다. 그러나 또한 "모든 은혜의 하나님"이십니다(베드로전서 5:10). 이에 대해 베드로만큼 잘 아는 사람도 드물 것입니다. 그는 예수님을 부인했던 밤 이전에도 '그르친' 역사가 있었습니다. 그때는 예수님과의 동행에 첫발을 내딛기 전이었습니다.

어느 날 사람들이 호숫가에서 가르치고 계신 예수님을 에워싸고 있었습니다. 무리들이 밀기 때문에 예수님께서는 베드로의 배 위에 올라 거기서 사람들을 가르치셨습니다. 말씀을 마치시고 예수님께서는 베드로에게 "깊은 데로 가서 그물을 내려 고기를 잡으라"(누가복음 5:4)라고 하셨습니다. 그러자 베드로는 이렇게 대답했습니다.

> 선생님, 우리가 밤새도록 애써 봤지만 한 마리도 잡지 못했습니다. 그러나 선생님이 말씀하시니 한 번 더 그물을 쳐 보겠습니다. (누가복음 5:5, 현대인의 성경)

베드로의 반응에서 의심과 회의, 내키지 않은 듯한 태도를 느낄 수 있습니다. 사실상 그는 "선생님, 당신은 우리가 밤새도록 고기만 잡았다는 사실을 모르시는 것 같습니다. 하지만 당신이 그렇게 말씀하시니 말씀대로 한번 해 보기는 하겠습니다"라고 말한 것입니다. 관계의 출발이 멋있지는 않지요?

그리고 베드로가 기적적으로 물 위를 걷다가 그만 물속으로 빠져들면서 살려 달라고 외친 사건이 있었습니다(마태복음 14:29-30). 경쟁심이 많았던 나머지 제자들은 아마도 베드로가 물 위를 걸어갈 때 놀라면서도 시기심 어린 눈으로 유심히 바라보았을 것입니다. 그러나 놀라움은 베드로가 물속으로 빠져들기 시작하자 틀림없이 비웃음으로 바뀌었을 것입니다. 그는 망신을 당했습니다. 이미도 제자들은 기회기 있을 때미디 베드로에게 그 얘기를 하며 놀려 댔을 것입니다.

또 한번은 예수님께서 다가오는 자신의 죽음에 대해 예언을 하시자 베드로는 나름대로의 충성심으로 만류하다가 예수님의 호된 책망을 받고 창피를 당했습니다. "예수께서 돌이키시며 베드로에게 이르시되 '사단아, 내 뒤로 물러가라. 너는 나를 넘어지게 하는 자로다. 네가 하나님의 일을 생각지 아니하고 도리어 사람의 일을 생각하는도다' 하시고"(마태복음 16:23).

베드로와 제자들은 심지어 예수님께서 잡히시던 날 밤에도 자기들 중에 누가 가장 큰지 다툼을 벌였습니다(누가복음 22:24 참조).

다시 한 번 베드로는 예수님께서 잡히시던 밤에 주님을 지킨다고 성급하게 검을 휘둘렀다가 또 예수님으로부터 꾸중을 들었습니다(요한복음 18:10-11).

그리고 물론 사람들의 입에 자주 오르내리는, 예수님을 세 번 부인한 사건이 있는데, 이 사건은 "내가 주와 함께 죽을지언정 주를 부인하지 않겠나이다"(마태복음 26:35)라고 단호하게 말한 직후에 일어났습니다. 틀림없이 주님을 부인한 데 따른 베드로의 쓰라린 아픔은 자신의 교만하고 어리석게 장담했던 것을 상기할 때 더욱 깊어졌을 것입니다(마태복음 26:69-75).

베드로는 무엇 하나 제대로 할 수 없는 사람처럼 보이지 않습니까? 오늘날까지도 그는 교만하고 충동적이고 의기양양하게 덤벙거리다 궁지에 빠져들기를 잘하는 사람의 대명사로 여겨지고 있습니다.

하지만 하나님께서는 오순절 날 설교자로 누구를 선택하셨습니까? 누가 첫 설교를 하여 3천명을 구원하는 특권을 누렸습니까? 그것은 바로 베드로, 아무것도 제대로 말하거나 행하지 못하는 것 같던 베드로였습니다(사도행전 2:14-41). 하나님께서는 이방인을 향해 구원의 넓은 문을 처음으로 여실 때 누구를 사용하셨습니까? 바로 고넬료의 집에 간 베드로였습니다(사도행전 10:34-44). 예루살렘 회의에서, 새롭게 믿은 이방인 그리스도인들에게 할례를 주고 모세의 율법을 지키게 해야 한다고 주장하는 바리새파 출신 그리스도인들에 대항하여 형세를 일변시키는 결정적인 발언을 한 사람이 누구였습니까? 바로 베드로였습니다(사도행전 15:6-11). 이제 베드로의 실패나 실수, 결점은 모두 옛날이야기가 된 것 같지 않습니까? 하지만 그렇지 않습니다.

얼마 후 베드로는 다시 실패를 맛봅니다. 안디옥에서 그는 할

례자들을 두려워하여 스스로 신용을 떨어뜨리는 외식적인 행동을 하였고, 이로 인해 다른 사람들 앞에서 바울에게 책망을 들었습니다(갈라디아서 2:11-14). 아무것도 제대로 할 수 없었던 사람, 반대로 이제는 결코 잘못을 행하지 않을 것 같았던 사람이 또다시 엎드러졌습니다.

하지만 이야기가 여기서 끝나는 게 아닙니다. 하나님께서는 베드로가 신약성경 중 두 책의 저자가 되게 하셨습니다. 그러니 베드로가 하나님을 "모든 은혜의 하나님"(베드로전서 5:10)이라고 언급한 것이 조금도 놀라운 일이 아닙니다. 그의 마지막 권면이 "오직 우리 주 곧 구주 예수 그리스도의 은혜와 저를 아는 지식에서 자라 가라"(베드로후서 3:18)인 것이 당연하게 여겨집니다.

베드로는 "그러나 죄가 더한 곳에 은혜가 더욱 넘쳤나니"(로마서 5:20)라는 진리를 개인적으로 경험했습니다. "더욱 넘쳤나니"라는 말은 "넘쳐흘렀다"는 말입니다. 하나님의 은혜의 풍성함을 묘사하고 있습니다. 죄의 결과와 은혜의 결과 사이의 확연한 대소가 생생하게 나타나 있습니다.

예를 들어, 물 한 컵에 검은 잉크를 몇 방울 떨어뜨리면 물 전체가 검어집니다. 그러나 그 컵을 수도꼭지 아래 가져가 물을 최대한 틀면 금세 모든 검은색은 사라지고 컵에는 맑은 물만 가득하게 될 것입니다. 물에 대한 잉크의 영향은 커서 물을 검게 물들였습니다. 그러나 수도꼭지에서 나온 물은 "넘쳐흐릅니다." 그것은 너무도 풍부하고 큰 힘으로 흘러 잉크의 모든 영향을 다 지워 버렸습니다.

베드로가 바로 그런 경험을 했습니다. 그의 실패와 죄는 너무나 많았습니다. 이에 대해서는 의문의 여지가 없습니다. 그러나 그의 죄가 아무리 많다 해도 하나님의 은혜는 그보다 훨씬 더 많앉습니다. 넘쳐흘렀습니다. 하나님께서는 베드로에게 그의 죄에도 불구하고 축복하신 정도가 아니라 그의 **죄와 상관없이** 축복하셨습니다. 하나님의 은혜는 이런 식으로 주어집니다. 하나님께서는 우리의 죄나 선행을 보지 않으시며, 오직 그리스도의 공로만을 보시고 은혜를 베푸십니다.

베드로가 어떤 사람이며 어떤 실패를 했으며, 하나님께서 그에게 어떤 은혜를 주셨는지를 살펴보았는데, 여기서의 핵심은 무엇입니까? 우리는 대부분 베드로와 비슷하다는 점입니다. 우리가 다른 사람들에게는 얼마나 "성공적으로" 그리스도인의 삶을 살고 있는 것으로 비치고 있든 우리 마음은 진실을 알고 있습니다. 우리는 실패해 왔으며 영적으로 너무 많이 엎드러졌었습니다. 베드로와 똑같이 우리는 마음속으로 하나님이 모든 은혜의 하나님이시며, 또한 우리에게 복을 주시고 우리를 사용하시되 우리의 공로에 따라서가 아니라, "하나님의 한없는 선하심과 절대주권적인 목적에 따라" 하신다는 사실을 확신할 필요가 있습니다.

은혜 위에 은혜

사도 요한은 예수님께서 "은혜와 진리가 충만"(요한복음 1:14)하시며, 또 "우리가 다 그의 충만한 데서 받으니 은혜 위에 은혜"(요한복음 1:16)라고 했습니다. 은혜 위에 은혜는 해변에 부딪치는 바다 물결과 유사합니다. 한 물결이 사라지기가 무섭게 또 다른 물결이 밀려옵니다. 물결은 동이 나지 않는 공급처로부터 끊임없이 밀려옵니다. 그리스도를 통한 하나님의 은혜가 바로 그러합니다. 주님은 은혜와 진리가 충만하시며, 우리는 결코 동이

나지 않는 주님의 충만하심으로부터 한 축복 다음에 또 다른 축복을 받는 것입니다.

우리는 단지 '은혜'만을 받는 것이 아니라 '은혜 위에 은혜'를 받는다는 사실에 유의하십시오. 윌리엄 헨드릭슨은 다음과 같이 말합니다. "'은혜 위에 은혜'라는 표현은 문자적으로 '은혜 대신에 은혜'라는 말입니다. '하나의 축복 뒤에 또 다른 축복'(NIV)이라는 의미입니다. 마치 하나의 축복이 오고 그다음 축복이 오는 것 사이에 약간의 틈도 없이 영속적으로 신속히 오는 축복의 연속을 나타냅니다. 그리스도 안에 있는 하나님의 과분한 은총은 하나가 사라지기 무섭게 또 다른 게 도달합니다. 그래서 은혜 위에 은혜입니다.⋯ 그리스도의 은혜는 넘쳐흐르는 충만함으로 인하여 성도에게 끊임없이 이어지는 은혜입니다. 따라서 단순히 은혜라는 말보다는 은혜 위에 은혜, 즉 은혜의 끊임없는 공급이라는 표현이 그의 **충만한 데서**라는 말과 조화를 더 잘 이룹니다. 이 말은 무한한 공급처 혹은 저장소를 가리키는데 한량없이 흘러나오는 것임을 암시합니다. 말 그대로 **은혜** 위에 **은혜**입니다."

하나님의 은혜를 경험함

그러면 우리는 하나님께서 이렇게 무한히 공급해 주시는 은혜를 왜 경험하지 못할까요? 왜 예수님께서 약속하신 풍성한 삶(요한복음 10:10)을 경험하기보다는 그토록 자주 영적 빈곤 가운데 살고 있을까요? 어떤 그리스도인에게는 해당되고 어떤 이에게는 해당되지 않는 요인도 있지만, 대부분의 그리스도인에게 해당되는 두 가지 요인을 살펴보고자 합니다.

첫째, 우리는 종종 하나님을 스크루지 영감 같은 분으로 잘못 생각하고 있습니다. 자기 백성에게 피땀 흘려 일하기를 요구하면서도 보수는 아주 짠 그런 하나님으로 생각하는 것입니다. 너무 과장해서 표현했다고 할지 모르나 많은 그리스도인의 생각을 꽤 정확하게 나타낸 것이라 생각합니다.

존 뉴턴의 찬송시 가운데 다음과 같은 가사가 있습니다. 깊이 생각해 보십시오.

> 내 영혼아 너의 간구를 준비하여라
> 예수님은 기도에 응답하기 좋아하신다
> 친히 기도하라고 말씀하셨기에
> 절대 거절하지 않으시리
>
> 아주 큰 소원을 가지고
> 한 왕에게 나아갑니다.
> 왕의 은혜와 능력은 무한하시므로
> 아무도 너무 많이 구할 수 없네

이 말을 진정으로 믿는 그리스도인들이 얼마나 될까요? 우리 가운데 얼마나 예수님께서 기도에 응답하기를 좋아하신다고 진정으로 믿을까요? 하나님의 은혜와 능력은 너무도 커서 우리가 아무리 구해도 너무 많이 구한 것은 아님을 믿고 있는 그리스도인이 얼마나 될까요? 오히려 주님께서는 마지못해 기도에 응답하시며 주님의 은혜와 능력은 우리의 큰 요청은 고사하고 기본적인 필요를 채우기에도 충분치 못하다고 생각하는 경향이 있습니다.

우리는 인간에 대한 사탄의 최초의 유혹이 하나님의 선하심과 후하심을 의심하게 하는 것이었음을 잊어서는 안 됩니다(창세기 3:1-5). 그리고 사탄이 욥에게 사악한 공격을 가한 것도 하나님의 선하심에 의심을 품어 하나님을 저주하도록 하기 위한 것이었습니다(욥 1:6-11). 사탄은 오늘날도 그 전략을 바꾸지 않았습니다. 하나님은 주기를 꺼려하시는 분이라는 생각은 사탄으로부터 왔습니다. 하나님의 충만한 은혜를 경험하려면 마땅히 이러한 생각을 버려야 합니다.

이전에 노예였던 한 노인에 대한 이야기가 있습니다. 이 노인의 주인이었던 사람이 세상을 떠나면서 노인에게 5만 달러를 유산으로 남겨 놓았는데, 당시로선 엄청나게 큰 돈이었습니다. 은행에서는 이 노인 앞으로 유산이 주어져 그의 계좌에 입금되어 있다는 사실을 알려 주었습니다. 그 후 시간이 한참이나 흘렀는데도 그 노인이 한 푼도 인출해 가지 않자 은행에서는 그를 불러 마음대로 사용할 수 있는 돈 5만 달러가 그에게 있다는 사실을 다시 한 번 설명했습니다. 5만 달러가 얼마나 큰 돈인지 제대로 알지 못하는 그 노인은 "나으리, 제가 밀가루 한 포대를 사기 위해 50센트를 꺼내 써도 된다는 말씀인가요?" 하고 물었습니다.

많은 그리스도인이 그 노인처럼 살고 있습니다. 하나님의 은혜와 후하심에 대해 이해가 부족하여, 하나님의 모든 풍성함을 이용할 수 있는데도 쥐꼬리만 한 축복, 50센트짜리 잡동사니를 하나님께 요청합니다. 하나님 아버지께서는 그리스도 안에서 하늘에 속한 모든 신령한 복으로 우리에게 복 주셨습니다(에베소서 1:3). 또한 "그리스도 예수 안에서 영광 가운데 그 풍성한 대로 너희 모든 쓸 것을 채우시리라"(빌립보서 4:19)라고 말씀하셨습니다. 이 두 말씀을 통해 하나님께서는 우리의 모든 필요 즉 영적인 필요와 일반적인 필요 모두를 채워 주시겠다고 약속하고 계십니다.

타락 전뿐만 아니라 타락 후에도 아담과 하와에게 은혜로우셨던 하나님, 포로로 잡혀가 있던 유대 민족에게 기쁨으로 복을 주신 하나님, 베드로에게 "모든 은혜의 하나님"이셨던 하나님, 이 하나님은 오늘날에도 동일하게 은혜롭고 후하신 하나님이십니다. 은혜는 하나님의 성품이며, 하나님은 변하실 수가 없습니다. 하나님은 실로 예수님의 비유에 나오는 그 포도원 주인과 같아서, 끊임없이 삶이라는 시장터에 찾아오셔서 "하루 품삯"을 필요로 하는 사람들을 찾아내어 자신의 포도원으로 들여보내시고 그들의 수고에 걸맞지 않게 과분한 품삯을 지불해 주십니다.

우리가 아마도 하나님의 은혜를 풍성히 경험하지 못하는 더 큰 이유는, 은혜로 구원받았으니 이제는 적어도 어느 정도는 "자활"을 해야 하며 매일의 삶에서 하나님의 축복을 얻어 내기 위해 노력해야 한다는 잘못된 생각을 하고 있기 때문일 것입니다. 오늘날 사람들이 흔히 받아들이고 있는 "공짜는 없다"라는 원리가 하나님과의 관계에서도 동일하게 적용된다고 생각하는 것입니다.

사실 우리가 자활해야 한다는 이 잘못된 생각은 틀린 견해 그 이상입니다. 그것은 실제로 우리 마음속의 비뚤어진 성향인 교만에 기인합니다. 저명한 신학자인 로버트 스프라울은 이렇게 썼습니다.

> 아마도 우리에게 있어서 가장 어려운 일은, 구원을 위해 오직 하나님의 은혜만을 의지하는 것입니다. 우리의 교만 때문에 은혜를 의지하기란 어렵습니다. 은혜는 다른 사람들 즉 구걸하는 사람들에게나

필요하다고 생각합니다. 우리는 하늘나라의 복지 체계를 따라 살기를 원하지 않습니다. 자활하기를 원하며 우리 죄에 대해 보상하려고 합니다. 자신이 천국에 갈 만하기 때문에 그곳에 가게 될 것이라고 생각하기를 좋아합니다.

비록 이 글은 구원에 있어서의 하나님의 은혜라는 주제를 다루고 있지만, 여기서 말하고 있는 교만 내지 자존심의 문제는 그리스도인의 삶 가운데도 있습니다. 우리는 자활을 해야 한다고 생각할 뿐 아니라, 적어도 어느 정도는 자기 힘으로 스스로 살아가겠다고 교묘히 고집을 부립니다. 은혜는 다른 사람들 즉 스스로 살아갈 능력이 없는 사람들을 위한 것이지, 자신을 위한 것은 아니라고 생각합니다.

예를 하나 들어 보겠습니다. 대니얼은 아내를 병으로 잃었습니다. 아내가 주님께로 간 지 얼마 되지 않아 하나님께서는 대니얼 부부와 오랫동안 알고 지낸 한 경건한 자매를 그의 삶 가운데로 이끌어 오셨습니다. 그 후 1년 남짓 되었을 때 그들은 결혼했습니다. 하나님께서 그들의 결혼을 인도하셨다는 확신이 있었습니다. 그럼에도 불구하고 몇 개월이 지나자 대니얼은 희미한 죄의식을 느끼게 되었습니다. 어느 날 그 죄의식이, 배우자를 잃은 다른 친구들과는 달리, 오랜 기간의 슬픔과 고독을 맛보는 "대가를 치르지 않고" 축복을 얻었다는 생각 때문임을 깨달았습니다. 아내의 죽음 후 그렇게 빨리 그런 큰 축복을 "받을 만하지" 못하다고 느끼고 있었던 것입니다. 사실 하나님께서 아주 명백하게 주신 축복을 왠지 자기도 모르게 한껏 누리지 못하고 있음을 발견했습니다. 고난이나 희생 또는 수고를 통해 하나님의 축복을 얻어야 한다는 식의 생각에 빠져 있었습니다.

우리가 자활하지 않았다는 것, 대가를 치르지 않았다는 것을 알게 되면 겸손해지거나 때로는 창피스러움을 느낄 수도 있습니다. 예수님의 비유에서 1시간만 일한 그 일꾼들을 생각해 보십시오. 더위와 싸우며 11시간이나 일한 사람들과 자기들이 동일한 품삯을 받았음을 알았을 때 어떻게 느꼈을까요? 자기들이 받은 후한 선물에 대해 감사했을까요, 아니면 자신들의 삶에 합당한 수고를 하지 않았다고 죄책감을 느꼈을까요? 그들이 흔히 우리가 그러하듯이 행위 중심의 사고방식을 지니고 있었다면 죄책감을 느꼈을 것입니다. 그들은 포도원 주인의 은혜로움과 후함을 경험은 했으나 이를 즐기지는 못했을 것입니다.

우리는 자신이 깨닫고 있는 것보다 훨씬 더 많이 실제로 하나님의 은혜를 삶에서 경험합니다. 그러나 너무나 자주 은혜가 아니라 공로에 의해 살고자 애쓰기 때문에 하나님의 은혜를 누리지 못합니다. 우리의 선함에 의해 하나님의 축복을 얻어 내려고 하다가 삶 가운데서 하나님의 선하심과 은혜가 넘쳐흐르는 것을 보지 못합니다.

5
하나님의 절대주권

"나중 온 이 사람들은 한 시간만 일하였거늘 저희를 종일 수고와 더위를 견딘 우리와 같게 하였나이다." 주인이 그중의 한 사람에게 대답하여 가로되 "친구여, 내가 네게 잘못한 것이 없노라. 네가 나와 한 데나리온의 약속을 하지 아니하였느냐? 네 것이나 가지고 가라. 나중 온 이 사람에게 너와 같이 주는 것이 내 뜻이니라. 내 것을 가지고 내 뜻대로 할 것이 아니냐? 내가 선하므로 네가 악하게 보느냐?" (마태복음 20:12-15)

어떤 대학교에 졸업반 학생을 위한 강좌가 있었습니다. 이 강좌의 통과 여부는 "합격" 또는 "불합격"으로 결정되었는데, 만일 "불합격"을 받으면 졸업을 할 수 없기에 아주 중요한 과목이었습니다. 존은 아주 착실하게 열심히 공부했습니다. 고등학교 때부터 공부를 잘했습니다. 과제도 꾸준히 잘하고, 시험 준비도 열심히 하며, 학기말 보고서도 잘 작성하여 항상 기한 내에 제출했습니다. 한편 릭은 공부를 제대로 하지 못했습니다. 자기 학비를 자기가 벌어서 대야 하고 또 집안 형편이 어려워 여러 개의 시간제 일을 하느라 공부할 시간도 여력도 거의 없었습니다. 과제를 해 오는 일도 드물었고, 시험 준비도 거의 하지 못했으며, 한 번도 제때에 보고서를 제출한 적이 없었습니다.

드디어 학기말 시험 날이 되었습니다. 예상했던 대로 착실히 공부한 존은 잘 치렀고 그렇지 못한 릭은 형편없이 치렀습니다. 며칠 후 교수는 자기 연구실 문 바깥쪽에 성적을 게시했습니다. 자기들이 어떤 평가를 받았는지 보려고 몰려온 학생들은 기절할 뻔했습니다. 모든 학생의 성적란에 "합격"이라고 적혀 있었던 것입니다. 릭은 당연히 불합격하리라 생각했었기에 그 결과가 믿기지 않았습니다. 반면 존은 자신이야 합격한 게 당연하지만, 낙제를 해야 마땅한 사람까지 자기와 같은 평가를 받은 것을 알고는 분노를 느꼈습니다.

당신은 아마도 성실하게 열심히 공부한 존의 분노에 공감이 갈 것입니다. 열심히 노력한 사람과 그렇지 않은 사람이 동일한 평가를 받는다는 것은 분명히 불공정해 보입니다. 하지만 이 이야기는 바로 앞 장에서 살펴본 포도원 주인 비유를 현대판으로 바꾼 것에 불과합니다. 비록 오늘날의 상황으로 바꾸어 쓰기는 했지만, 두 이야기의 핵심 요소는 똑같습니다. 한 사람은 실제의 수고와 노력에 합당한 보상을 받았고, 한 사람은 자기가 받아 마땅한 것보다 훨씬 더 많이 받았습니다.

많은 사람들은 성경에 나오는 이 포도원 주인의 비유에서 보여 주는 교훈이 불공평하다고 느낍니다. 말씀을 전하는 기회에 나는 몇 차례 이 비유에 대해 어떻게 느끼는지 손을 들어 보도록 요청했습니다. 대다수의 사람들은 그 포도원 주인이 불공평하다는 데 손을 들었습니다. 사람들은 더위와 싸우면서 꼬박 열두 시간 동안 수고한 사람들의 생각에 동의하면서, 그들이 한 시간밖에 일을 하지 않은 사람들보다 품삯을 더 많이 받아야 한다고 했습니다. 노사 관계만 엄밀하게 따진다면 그들의 견해는 일리가 있다고 할 수 있습니다. 수고에 비례하여 임금이 지불되어야 마땅합니다. 그 포도원 주인은 공정하지 않은 것처럼 보입니다.

그러나 예수님께서는 노사 관계의 원리를 가르치고 계신 게 아닙니다. 은혜의 원리를 가르치고 계셨습니다. "천국은 마치 … 와 같으니"라고 하시면서 이 비유를 말씀하셨습니다. 사실상 베드로에게 "천국에서 실행되고 있는 원리는 공로가 아니라 은혜다"라고 말씀하신 것입니다.

일부 사람들은 포도원 주인이 불공평하다고 생각지 않았습니다. 바로 몇 시간만 일한 일꾼들입니다. 예수님께서 그들의 반응에 대해 말씀하시지는 않았지만 그들이 고마워했으리라는 것을 쉽게 짐작할 수 있습니다. 특히 한 시간만 일한 사람들은 일자리를 얻지도 못한 채 하루 종일 시장터에서 서성이다가 하루가 서서히 저물어 가면서 그날 가족을 먹일 양식을 살 희망도 서서히 사라져 갔습니다. 오후 다섯 시, 이제 저녁 식사를 하지 못할 지경이 되었습니다. 마침내 돈을 벌 수 있는 기회가 주어지긴 했지만 단지 얼마 안 되는 수입 즉 하루 품삯의 1/12만을 기대할 수 있을 뿐이었습니다. 가족을 먹일 양식을 사기에는 턱없이 부족한 금액이었습니다. 그럴 때 가족을 먹이기에 충분할 정도의 하루 품삯 전부를 받았으니 그들의 기쁨이 얼마나 컸을지 상상하기란 어렵지 않습니다. 그들은 포도원 주인이 절대 불공정하다고 생각하지 않았습니다. 주인을 매우 후한 사람으로 여겼습니다.

받아 마땅하다는 태도

왜 그토록 많은 사람들이 이 비유를 이해하지 못하며 포도원 주인을 공정치 못하다고 생각할까요? 내가 믿기로 그것은 우리가 본능적으로 하루 종일 일한 그 일꾼들과 동일시하기 때문입니다. 우리는 한 시간만 일한 사람들의 입장에 서기보다는 열두 시간 일한 사람들의 입장에 섭니다. 예수 그리스도를 바라보기보다는 주위 세상을 바라보며, 그 결과 자신을 꽤 선하다고 느끼기 시작합니다. 자신을 열두 시간 일한 일꾼으로 간주하며 이에 따른 보상을 기대합니다.

바로 베드로가 그렇게 느꼈으며 오늘날에도 많은 사람이 그렇게 느낍니다. 어느 날 나는 40년 이상 하나님의 충성된 종으로 수고하다가 고통스런 암으로 죽어 가는 어머니를 둔 어떤 사람과 대화를 나누고 있었습니다. 그는 이렇게 말했습니다. "어머니는 그토록 열심히 하나님을 위해 수고했건만 고작 이게 보답이랍니다." 그의 말이 불손하게 들리기는 했지만 일부러 악한 마음을 품고 한 말은 아니었습니다. 그는 하나님께서는 자기 어머니에게 더 나은 삶을 살게 해 주셔야 할 빚을 지고 있다고 생각했습니다. 그는 단지 많은 사람의 마음속에 자리 잡고 있는 생각을 말로 표현했을 뿐입니다.

우리는 자신이 하나님을 섬기기 위해 치렀던 희생을 하나님께 상기시켜 드리는 경우가 있습니다. "하나님, 저는 하나님을 섬기기 위해 이러 이러한 희생을 감수해 왔습니다. 그러니 저는 지금 이 특별한 기도에 대한 응답이 필요합니다." 그러한 태도를 취하면 우리 자신을 열두 시간 일한 일꾼들의 위치에 두는 것입니다. 이는 자신의 희생적 섬김 때문에 이 기도에 대한 응답을 받기에 **합당하다**고 하나님께 넌지시 말씀드리는 셈입니다. 그러한 태도를 지니고 있으면 받은 축복에 대해 감사하기보다는 받지 못한 것에 대해 불평하게 됩니다.

누가복음 7장에 나오는 로마 백부장의 태도를 본받을 필요가 있습니다. 그는 유대인의 장로 몇 사람을 예수님께 보내어, 오셔서 자기 종의 병을 고쳐 달라고 요청했습니다. 그 장로들은 예수님께 와서 간청했습니다. "이 일을 하시는 것이 이 사람에게는 합당하니이다. 저가 우리 민족을 사랑하고 또한 우리를 위하여 회당을 지었나이다"(4-5절). 유대인의 장로들은 그가 **합당**하다는 점을 강조했습니다.

그 로마 백부장은 분명 예사롭지 않은 사람이었습니다. 점령군의 장교였지만 점령지 사람들을 위해 회당을 지었습니다. 유대 민족을 사랑하고 물심양면으로 지원했습니다. 오늘날의 점령군을 생각해 볼 때 그러한 일을 할 "적군"의 장교가 얼마나 될지 상상해 보십시오.

그러나 그 백부장이 한 일보다 더욱 예사롭지 않은 점은 자기 자신에 대한 태도였습니다. 자기가 한 일로 인해 마땅히 받아야 할 것을 생각하기보다는 자신은 아무것도 받기에 합당하지 않다고 스스럼없이 고백했습니다. 그는 예수님께 사람을 보내어 말씀드렸습니다. "주여, 수고하시지 마옵소서. 내 집에 들어오심을 나는 감당치 못하겠나이다. 그러므로 내가 주께 나아가기도 감당치 못할 줄을 알았나이다. 말씀만 하사 내 하인을 낫게 하소서. 저도 남의 수하에 든 사람이요 제 아래에도 군병이 있으니 이더러 가라 하면 가고 저더러 오라 하면 오고 제 종더러 이것을 하라 하면 하나이다"(6-8절). 그는 제십일 시에 온 일꾼들의 입장에 섰습니다. 이 때문에 자기의 요청이 받아들여지는 기쁨을 누렸을 뿐만 아니라, 받기에 합당치 않은 것 곧 받을 만한 자격이 없는 것을 받았다는 사실을 아는 기쁨도 누렸습니다. 빚을 돌려받은 게 아니라 선물을 받았다는 사실을 아는 즐거움을 경험했습니다.

하나님께 의무를 지우지 말라

우리의 순종이나 희생적인 섬김으로 결코 하나님께 의무를 지워서는 안 됩니다. 비록 우리가 그리스도인으로서의 모든 의무를 완벽하게 이행한다 하더라도 여전히 "우리는 무익한 종이라. 우리의 하여야 할 일을 한 것뿐이라"라고 해야 마땅합니다(누가복음 17:10).

당신이 나라의 교통법규를 완전히 지킨다고 가정합시다. 언제나 제한 속도를 지키며, 정지 신호에는 언제나 정지하고, 언제나 규정된 차로를 이용하며, 언제나 올바르게 미등을 켭니다. 언제나 모든 교통법규를 지키는 것입니다. 그렇다고 무슨 보상을 받습니까? 전혀 그렇지 않습니다. 그것은 당신이 하기로 되어 있는 것입니다. 당신은 하여야 할 일을 한 것뿐입니다. 교통법규를 완전히 지킴으로 당신은 어떤 식으로 당신에게 보상을 하도록 나라에 의무를 지우지는 않습니다. 당신은 오직 "나는 나의 하여야 할 일을 한 것뿐이라"라고 말할 수 있을 뿐입니다.

우주의 절대주권적인 통치자로서 하나님께서는 우리에게 대한 아무 의무를 지시지 않고도 우리 모든 사람에게 온전하게 순종하며 충성스럽게 섬기도록 요구하실 권한을 가지고 계십니다. 우리는 주님께 그러한 순종과 봉사를 해야 할 의무를 지고 있습니다. 만일 우리가 하나님께서 주신 모든 계명에 순종하고 모든 의무를 성실하게 이행하는 일이 있어도, 물론 결코 그렇게 하지도 않지만, 여전히 "나는 나의 할 일을 한 것뿐입니다"라고만 말할 수 있을 뿐입니다. 우리는 어떤 식으로든 하나님께 의무를 지울 수가 없습니다.

하나님께서는 욥에게 말씀하시면서 친히 어떤 의무로부터도 자유롭다는 사실을 분명히 하셨습니다. "누가 먼저 내게 주고 나로 갚게 하였느냐? 온 천하에 있는 것이 다 내 것이니라"(욥기 41:11). 하나님께서는 단지 추상적이고 신학적인 어떤 원리를 말씀하고 계시지 않습니다. 하나님께서는 "나는 마땅한 대우를 받지 못하고 있다"는 식의 욥의 태도를 책망하고 계십니다. 욥은 친구들의 그릇된 고소에 대해 자신을 변호하는 가운데, 은혜의 태도로부터 하나님에게서 더 나은 대우를 받아 마땅하다고 생각하는 쪽으로 빠져들었습니다. 그는 "내가 모태에서 적신이 나왔사온즉 또한 적신이 그리로 돌아가올지라. 주신 자도 여호와시요 취하신 자도 여호와시오니 여호와의 이름이 찬송을 받으실지니이다"(욥기 1:21)라고 생각하는 태도에서 "사람이 하나님을 기뻐하나 무익하다"(욥기 34:9)라고 생각하는 태도로 바뀌었습니다.

욥은 시련을 거치는 동안, 제십일 시에 온 일꾼들의 위치에서 지기는 "종일 수고와 더위를 견디었다"(마태복음 20:12)라고 느끼는 사람들의 위치로 옮아갔습니다. 그리고 하나님께서는 직접적으로 욥의 태도를 다루셨습니다. 만약 하나님께서 욥에게 하셨던 것처럼 오늘날 우리를 다루신다면 얼마나 많은 사람이 비슷한 책망을 받게 될까요?

사도 바울을 통해 다시 한 번 성령께서는 하나님은 어떤 사람에게도 의무를 지지 않으신다는 사실을 분명히 밝히셨습니다. "누가 주께 먼저 드려서 갚으심을 받겠느뇨?"(로마서 11:35). 이 말씀은 갑자기 나온 게 아닙니다. 바울은 하나님께서 이방인들을 구원하시고 유대인들은 버리시는 상황에서 유대인들의 장래는 어떻게 될 것인가 하는 어려운 문제를 다루어 왔습니다. 로마서 9-11장에 나오는, 이스라엘 백성에 관한 가르침을 우리가 어떻게 이해하든, 성령께서 바울을 통해 말씀하신 원리는 아주 분명합니다. 즉 하나님께서는 누구에게 어떤 것도 해야 할 의무를 지지 않으신다는 사실입니다.

오늘날 우리 사회에서는 각 연령층마다 나름대로의 어떤 '자격' 내지 '권리'가 있다고 느낍니다. 노인들은 정부로부터 어떤 수당을 받을 자격과 권리가 있다고 느낍니다. 중년층은 고용주로부터 더 많은 건강 수당 및 퇴직 수당을 받을 자격과 권리가 있다고 느낍니다. 30대는 부모 세대에서는 오랜 세월이 걸려 도달했던 수준의 삶을 즉시로 누릴 자격과 권리가 있다고 느낍니다. 그리고 20대들은 자신들이 원하는 사치품을 소유할 자격과 권리가 있다고 느낍니다.

이러한 문화를 알고 있는 많은 사람들은 사회 전반에 깔려 있는 이러한 "권리" 의식 및 기대에 대해 매우 염려합니다. 그러나 그리스도인들에게 있어서 그러한 의식은 특히 영적인 삶에 해롭습니다. 한 가지 이유는, 우리가 필요로 하는 것과 원하는 것에 대한 궁극적인 공급자는 하나님이시기 때문입니다. 어떤 통로로 주어지든 모든 좋은 선물은 다 하나님께로부터 옵니다. 그래서 야고보서 1:17에서는 "각양 좋은 은사와 온전한 선물이 다 위로부터 빛들의 아버지께로서 내려오나니…"라고 했습니다. 그런데 하나님께서는 섭리 가운데 거의 언제나 어떤 사람이나 제도 또는 다른 매체를 통해 우리의 필요를 채우십니다. 그럴지라도 궁극적으로는 우리가 원하는 것이나 필요로 하는 것을 공급하시거나 하지 않으시는 분은 오직 하나님이십니다.

그러므로 어떤 권리를 강하게 느끼거나 어떤 기대를 하는 게 어떤 사람이나 제도를 대상으로 하는 것 같으나 실제로는 하나님과 우리 삶에서의 하나님의 섭리를 대상으로 하는 것입니다. 우리가 기대할 권리가 있다고 생각하는 어떤 것을 받지 못했다면 이는 궁극적으로 하나님께서 주시지 않은 것입니다.

더욱 중요한 것은 처음에는 다른 사람이나 제도를 향해 자신의 권리를 주장할지 모르나 거의 예외 없이 곧바로 하나님을 향해 주장하게 됩니다. 우리는 사람들에게 하듯 하나님 앞에서 자신의 "권리"를 요구하기 시작합니다. "내가 누군데. 이런 내게 세상은 어떤 것을 해 주어야 할 의무가 있어"라고 생각하는 것은 그리스도인답지 않고 나쁘지만, 하나님께서 우리에게 어떤 것을 해 주어야 할 의무를 지고 있다는 식의 태도를 갖는 것은 더욱 나쁘고 영적 건강에 아주 해롭습니다. 그것은 하나님과의 관계를 파괴하며, 사역에서 효율성을 앗아 가고, 아마도 쓴 뿌리나 원망을 품게 합니다. 정부나 학교, 가족, 또는 고용주와는 달리 하나님께서는 우리의 권리 의식에 "항복"하지 않으시며, 압력을 가하려는 술책에 반응을 보이지도 않으십니다. 우리는 결코 "권리"에 관한 하나님과의 싸움에서 승리하지 못합니다. 하나님께서는 우리의 영적 성장에 너무나 관심을 많이 기울이시기 때문에 우리가 어떤 권리를 주장한다고 해서 따라 주실 수가 없습니다.

하나님께 드림

우리는 사실상 하나님께서 먼저 우리에게 주시지 않은 것을 하나님께 드릴 수가 없습니다. 다윗은 이스라엘의 지도자들이 성전 건축을 위해 아주 후하게 드렸을 때 이 사실을 인정했습니다. 하나님을 찬양하는 기도 가운데 이렇게 말했습니다.

> 나와 나의 백성이 무엇이관대 이처럼 즐거운 마음으로 드릴 힘이 있었나이까? 모든 것이 주께로 말미암았사오니 우리가 주의 손에서 받은 것으로 주께 드렸을 뿐이니이다. 우리 하나님 여호와여, 우리가 주의 거룩한 이름을 위하여 전을 건축하려고 미리 저축한 이 모든 물건이 다 주의 손에서 왔사오니 다 주의 것이니이다. (역대상 29:14,16)

다윗은 자신과 백성들이 하나님께 드린 것이 원래부터 하나님의 것이었다는 사실을 알고 있었습니다. 우리가 하나님을 섬기기 위해 한 일조차도 하나님으로부터 왔습니다. 그래서 선지자 이사야는 "여호와여, 주께서 우리를 위하여 평강을 베푸시오리니 주께서 우리 모든 일을 우리를 위하여 이루심이니이다"(이사야 26:12)라고 했습니다. 다른 번역본으로 읽어 봅시다. "여호와여, 우리에게 평화와 번영을 주시는 분은 주님이십니다. 우리가 애써서 이룩해 놓은 모든 일도 사실은 주께서 친히 우리를 위하여 이루신 것입니다"(현대어 성경). 바울은 우리가 하나님께 무엇을 드렸는가 하는 질문에 대해 결론에 가까운 답을 제공합니다. "또 무엇이 부족한 것처럼 사람의 손으로 섬김을 받으시는 것이 아니니 이는 만민에게 생명과 호흡과 만물을 친히 주시는 자이심이라"(사도행전 17:25). 또한 인간의 손으로는 하나님이 원하시는 바를 채워 드릴 수조차 없습니다. 왜냐하면 하나님은 부족한 게 하나도 없으시기 때문입니다. 오히려 하나님 자신이 모든 인간에게 생명과 호흡을 주시고 모든 필요한 것을 만족하게 채워 주십니다. 우리의 한 호흡 한 호흡이 하나님께로부터 온 선물이라면, 하나님께서 먼저 우리에게 주신 것이 아니고는 하나님께 드릴 것이 아무것도 없습니다.

그러므로 하나님께서 우리에게 어떤 것도 주셔야 하는 의무가 없다면 우리는 어떤 위치에 있습니까? 우리는 하나님의 나라에서 제십일 시에 온 일꾼의 복된 위치에 있습니다. 이로 인해 우리는 하나님의 포도원에서 날이 저물 때 은혜로운 주인은 우리에게 한없이 후했다는 사실을 알고는 마음 깊이 감사하며 집으로 향하게 됩니다. 우리는 **만족**을 느낍니다. "그러나 지족하는 마음이 있으면 경건이 큰 이익이 되느니라"(디모데전서 6:6).

재산이든 사회적 지위든 혹은 지적인 능력이나 육체적인 능력이든 우리가 가지고 있는 것으로 만족하는 것은 자신이 가지고 있지 않은 모든 것보다 훨씬 더 가치가 있습니다. 어떤 백만장자에게 돈을 얼마나 더 가지면 만족하겠는지 물었더니 "1달러만 더"라고 대답했다고 합니다.

공로의 토대 위에서 살아가는 사람은 이 백만상사와 같습니다. 그는 결코 만족하지 못합니다. 하루는 하나님으로부터 정당한 보상을 받지 못하고 있다고 불평하고, 다음날은 어떤 보상에 대한 소망도 다 사라졌다고 두려워합니다. '은혜는 우리의 공로에 전혀 좌우되지 않으며 오직 하나님의 한없는 선하심과 주권적인 목적에 달려 있다'는 이 성경적인 태도를 갖는 편이 훨씬 더 복됩니다. 이제는 내가 따서 모을 수 있는 모든 공로 점수를 의지하기보다는 차라리 하나님의 한없는 선하심과 나의 삶을 위한 하나님의 주권적인 목적을 의지해야겠습니다. 하나님께서 이미 나의 선을 위한 것이라고 천명하신 목적에 의지하여 축복과 기도 응답에 대한 기대를 가지겠습니다. 우리는 하나님께서는 너무도 은혜롭고 후하신 포도원 주인이라는 사실을 기억해야 합니다. 그러한 은혜를 깨닫기 위해 해야 할 일은, 오직 자신이 제십일 시에 온 일꾼에 지나지 않는다는 사실을 인정하는 것입니다.

이처럼 만족 내지 자족을 강조한다고 해서 언제나 삶의 모든 영역에서 현 상황에 만족해야 하고 개선을 위해 기도하거나 추구해서는 안 된다는 말은 아닙니다. 하나님께서는 본래 모든 좋은 것을 우리에게 주고 싶어 하시는 은혜로운 분이십니다. "자기 아들을 아끼지 아니하시고 우리 모든 사람을 위하여 내어 주신 이가 어찌 그 아들과 함께 모든 것을 우리에게 은사로 주지 아니하시겠느뇨?"(로마서 8:32). 그러나 모든 사람에게는 저마다 변하지 않을 영역이 있게 마련입니다. 그러한 영역에서는 하나님께서 우리에게 다른 것을 주셔야 할 의무를 지고 있지 않으시다는 사실을 겸손히 받아들이고 만족하는 법을 배워야 합니다.

솔직히 말해서 나 역시 이 교훈을 배우기 위해 많은 씨름을 해야 했습니다. 하나님께서는 여러 가지 면에서 평균 이하의 신체를 나에게 주셨습니다. 또 나를 네비게이토 선교회로 부르신 분은 하나님이십니다. 그런데 하나님께서 내게 주신 은사는 네비게이토 사역의 본류와는 직접적인 연관이 적습니다. 이는 어느 것도 변하지 않을 것입니다. 그래서 나는 하나님께서 주신 것에 만족하는 법을 배워야 했습니다. 나는 두 가지 사실에 초점을 맞춤으로 이를 배워 갔습니다. 하나는 하나님께서는 내게 어떤 것도 주실 의무를 지고 있지 않다는 것이며, 다른 하나는 지금까지 내게 주신 것은 오직 하나님의 은혜로 주신 것이라는 사실입니다.

비교의 위험

포도원 주인의 비유에서 배워야 할 교훈이 아직도 더 있습니다. 하나님께서는 후하실 뿐 아니라 절대주권을 가지고 계신다는 사실입니다. 다시 말해 하나님께서는 자신이 원하시는 대로 축복을 나누어 주실 권한을 가지고 계십니다. 예수님께서는 포도원 주인의 질문을 통해 하나님의 이 특권을 확고하게 말씀하셨습니다. "내 것을 가지고 내 뜻대로 할 것이 아니냐?"(마태복음 20:15).

우리는 주위에서 하나님의 축복을 자신보다 더 많이 받은 것 같은 그리스도인들을 종종 만납니다. 더 많은 은사나 능력을 지닌 사람도 있고, 늘 더 적은 노력으로 성공을 거두는 사람도 있으며, 문젯거리나 걱정거리가 더 적어 보이는 사람도 있습니다. 다른 사람이 받은 축복을 부러워하며 남모르게 하나님을 불평하거나, 혹은 심지어 우리보다 그 사람에게 더 많은 것을 주신 것은 불공평하다고 하나님을 비난하고픈 유혹을 누구나 받을 수 있습니다.

그러나 하나님께서는 절대주권 가운데 원하시는 대로 각 사람에게 축복하실 권한을 가지고 계십니다. 로마서에 있는 이 말씀을 깊이 묵상해 보십시오.

> 그러나 우리가 누군데 감히 하나님께 항의할 수 있겠습니까? 만들어진 물건이 그것을 만든 자에게 '왜 나를 이렇게 만들었습니까?' 하고 말할 수 있습니까? 토기장이가 같은 흙으로 귀하게 쓰일 그릇과 천하게 쓰일 그릇을 만들 권리가 없습니까? (로마서 9:20-21, 현대인의 성경)

이 말씀에 나오는 기본적인 원리는 명확합니다. 즉 하나님께서 절대주권을 가지고 계신다는 사실입니다. 하나님은 우리 삶의 모든 영역에서 절대주권을 가지고 계십니다. 우리를 창조하신 분으로서 우리가 태어날 때 각 사람에게 서로 다른 신체적 능력과 지적 능력, 서로 다른 기질과 성격, 서로 다른 재능을 주시는 권한을 지니고 계십니다. 하나님께서는 또한 우리 각 사람에게 서로 다른 영적 은사를 주시는 권한도 가지고 계십니다. 하나님께서는 그러한 권한을 가지고 계실 뿐만 아니라 분명 그 권한을 사용하고 계십니다. 각 사람은 똑같이 창조된 것이 아니며, 삶에서 동일하게 기회가 주어지는 것도 아닙니다. 각 사람은 제각각 독특한 환경 가운데 있으며, 어떤 사람의 환경은 다른 사람의 환경보다 훨씬 더 유리하기도 합니다. 하나님께서는 어느 누구에게 어떤 의무도 없으므로 하나님의 선택에 따라 자유롭게 어떤 사람에게 다른 사람보다 더 축복을 하십니다. 하나님은 자신의 것으로 자신이 원하시는 일을 하실 권한을 가지고 계십니다.

하나님께서는 절대주권을 가지고 각 사람에게 어떻게, 어느 정도로 축복하실지를 결정하실 뿐만 아니라, 종종 우리 생각에는 아주 무가치해 보이는 사람들을 축복하시기도 합니다. 우리는 이러한 예를 예수님께서 열거하신 구약의 사건들 가운데서 찾아볼 수 있습니다. 누가복음 4:25-27에서 예수님께서는 다음과 같이 말씀하셨습니다.

> 내가 참으로 너희에게 이르노니, 엘리야 시대에 하늘이 세 해 여섯 달을 닫히어 온 땅에 큰 흉년이 들었을 때에 이스라엘에 많은 과부가 있었으되, 엘리야가 그중 한 사람에게도 보내심을 받지 않고 오직 시

돈 땅에 있는 사렙다의 한 과부에게뿐이었으며, 또 선지자 엘리사 때에 이스라엘에 많은 문둥이가 있었으되 그중에 한 사람도 깨끗함을 얻지 못하고 오직 수리아 사람 나아만뿐이니라.

28절에서 "회당에 있는 자들이 이것을 듣고 다 분이 가득"하였다고 기록하고 있습니다. 또 29절에 보면, 예수님의 이 말씀을 들은 유대인들이 분이 가득하여 예수님을 죽이려고까지 했습니다. 왜 그랬을까요? 그 과부와 나아만이 멸시받는 이방인이었기 때문입니다. 그들의 반응은 사실상 "어떻게 하나님께서, 축복을 받기에 더 합당한 유대인들을 놔두고 개와 같은 이방인들을 축복하실 수 있단 말인가?" 하는 것이었습니다.

사실 하나님께서는 자기 백성은 제쳐 놓고 그 두 이방인을 축복하셨습니다. 사렙다 과부와 수리아 사람 나아만이 어떤 이스라엘 사람보다 더 복을 "받을 만한" 사람들이었습니까? 전혀 그렇지 않습니다. 구약성경에서 이 사건을 기록하고 있는 부분을 보면, 나아만은 오만하고 쉽게 화를 내는 것으로 보아 축복을 받을 만한 사람이 아님을 알 수 있습니다. 하나님께서는 흔히 우리가 보기에는 아주 무가치해 보이는 사람들도 축복하십니다.

우리는 하나님의 후하신 은혜가 자신이나 가족 또는 친구들에게 베풀어지는 한 이에 대해 기뻐합니다. 그러나 받을 만하지 못하다고 생각되는 사람이 하나님의 축복을 받을 때는 어떻게 느낍니까? 그에 대한 하나님의 후하심 때문에 시기하게 됩니까? 포도원 비유에 나오는 그 일꾼들처럼 우리는 "종일 수고와 더위를 견디었는데" 다른 사람이 우리보다 더 축복을 받았다고 느낍니까?

하루 종일 일한 그 일꾼들은 자신들이 품삯을 너무 적게 받았다고 불평한 게 아니라 덜 받아야 마땅한 사람들이 자기들과 동일하게 받았기 때문에 불평한 것입니다. 앞에서 예를 들었듯이, 존과 같이 착실하게 공부한 학생이 분노를 느낀 이유는 자신이 합격을 받지 않아서가 아니라 분명히 자격이 안 되는 학생들도 동일하게 합격을 했기 때문이었습니다.

하지만 그리스도인의 삶의 실상을 보면 하나님의 나라에서는 "합격점"을 받을 만한 사람이 하나도 없다는 사실입니다. 다른 사람들보다 더 순종을 잘한 사람들도 있고, 남들보다 더 수고하고 더 희생을 치른 사람들도 있지만 아무도 "합격점"을 받을 만하지는 않습니다. 실제로 우리가 받아 마땅한 것만을 받기 원하는 사람은 아무도 없습니다. 우리는 모두 은혜를 원하나, 비교하는 태도가 있으면 은혜를 즐거워하고 누리지 못합니다.

윌리엄 아노트(1808-1875)는 비교의 위험성에 대해 다음과 같이 말했습니다. "그날 저녁 각기 집으로 돌아가는 두 그룹의 일꾼을 보십시오. 그들의 호주머니에는 있는 돈의 액수는 모두 동일합니다. 그러나 마음속의 만족의 크기는 엄청난 차이가 있습니다. 나중에 온 사람들은 집으로 돌아갈 때 호주머니에는 1데나리온이 있고, 마음속에는 큰 감사와 기쁨이 있습니다. 따라서 그들의 보상은 1데나리온 이상입니다. 이와 대조적으로 먼저 온 사람들은 집으로 돌아갈 때 각자 호주머니에는 1데나리온이 있고, 마음속에는 기쁨을 좀먹는 불만족이 자리 잡고 있습니다. 따라서 그들의 보상은 1데나리온 이하입니다."

아노트는 "나중 된 자로서 먼저 되고, 먼저 된 자로서 나중 된다"(마태복음 20:16)는 말은 바로 이런 의미라고 했습니다.

즉 가장 나중에 고용된 일꾼들은 그들의 하루 품삯과 더불어 만족을 가지고 있었기 때문에 결국 "먼저"가 되었으며, 반면 가장 먼저 고용된 일꾼들은 그들의 불만족으로 말미암아 결국 "나중"이 되고 말았습니다. 삶을 바라보는 유익한 관찰이라고 할 수 있습니다.

하지만 "이와 같이 나중 된 자로서 먼저 되고, 먼저 된 자로서 나중 되리라"는 예수님의 말씀을 늘 모든 것이 그렇게 되는 양 절대적인 의미로 받아들여서는 안 됩니다. 마태복음 19:30과 20:16에서 예수님께서는 그 기뻐하시는 대로 은총을 베푸시는 하나님의 절대주권적인 특권을 강조하고 있다고 믿습니다. 오히려 어떤 사람이 "받을 만한 것"으로 여겨지는 것과 "실제로 받는 것" 사이에는 종종 분명한 상관관계가 없다는 점을 말씀하신 것으로 생각됩니다. 그 비유는 "우리가 더 많이 행할수록 우리는 더 많이 획득하며, 그리고 하나님은 더 많이 우리에게 의무를 지신다"는 식의 베드로의 태도를 다루기 위한 것이었음을 기억하십시오.

하나님의 은혜에 의해 사는 삶을 살려면 우리는 하나님께서 은혜를 베푸시는 데 있어서 절대주권을 가지고 계시며, 하나님의 행동이 우리의 보상 체계와 일치하지 않을 때도 우리에게 무슨 설명을 해 주셔야 할 의무가 없다는 사실을 받아들여야 합니다. 실로 "깊도다, 하나님의 지혜와 지식의 부요함이여. 그의 판단은 측량치 못할 것이며 그의 길은 찾지 못할 것이로다. 누가 주의 마음을 알았느뇨? 누가 그의 모사가 되었느뇨?"(로마서 11:33-34) 라는 말씀과 같은 것입니다. 우리는 하나님의 오묘한 뜻을 알 수가 없으며 하나님의 의논 상대가 될 수도 없습니다.

우리는 하나님께로부터 받는 대우에 대해 불평할 아무런 근거가 없습니다. 하나님께서는 결코 우리에게 의무를 지시지 않으며, 따라서 언제나 우리에게 "친구여, 내가 네게 잘못한 것이 없노라"라고 말씀하실 수 있습니다(마태복음 20:13). 동시에 하나님께서는 우리 각 사람을 다르게 대우하시며, 절대주권 가운데 원하시는 대로 축복을 나누어 주실 권한을 가지고 계십니다. 포도원 주인과 같이 하나님께서는 우리에게 "내 것을 가지고 내 뜻대로 할 것이 아니냐? 내가 선하므로 네가 악하게 보느냐?"라고 말씀하십니다(15절).

하나님의 약속

물론 하나님께서는 모든 자녀에게 은혜롭고 후하신 게 사실입니다. 그 비유는 은혜를 베푸시는 데 있어서 하나님의 절대주권에 대해 가르칠 뿐 아니라, 하나님의 은혜로우심과 후하심에 대해서도 아주 많은 교훈을 가르쳐 줍니다. 성경은 하나님께서 우리의 영적 필요와 물질적 필요를 채워 주시겠다는 약속, 우리를 결코 버리지 않으시겠다는 약속, 역경 가운데서도 평안을 주시겠다는 약속, 모든 환경이 합력하여 선을 이루게 해 주시겠다는 약속, 그리고 마침내 우리를 본향으로 안전하게 인도하여 영화롭게 해 주시겠다는 약속 등 하나님의 은혜로운 약속으로 가득 차 있습니다. 이 약속 가운데 어느 하나도 우리의 행동이나 성취나 공로에 좌우되지 않습니다. 그 약속의 성취는 예수 그리스도를 통해 우리에게 주신 하나님의 은혜에 달려 있습니다.

고린도후서 1:20에서 "하나님의 약속은 얼마든지 그리스도 안에서 예가 되니 그런즉 그로 말미암아 우리가 아멘 하여 하나님께 영광을 돌리게 되느니라"라고 했습니다. 하나님의 모든 약속은 그리스도 안에서 "예"가 된다는 말씀은 무슨 의미일까요?

먼저 메시야적 사명을 띤 그리스도는 구세주와 오실 왕에 대한 구약의 모든 약속의 성취입니다. 필립 휴스는 이렇게 썼습니다.

> 그리스도 안에는 "예" 즉 하나님의 모든 약속에 대한 최고의 긍정이 들어 있습니다. 그리스도는 "주께서 예로부터 거룩한 선지자의 입으로 말씀하신 바와 같이"(누가복음 1:70) 우리를 위해 하나님께서 일으키신 구원의 뿔입니다. 그리스도 안에서 모세의 율법과 선지자의 글과 시편에 그리스도를 가리켜 기록된 모든 것이 이루어졌습니다(누가복음 24:44). 아브라함과 그 자손에게 말씀하신 언약의 약속들이 그리스도 한 분 안에서 성취되었습니다(갈라디아서 3:16).

그리스도께서는 자신에 관한 모든 약속의 실제적인 성취에 그치지 않고 더 나아가 하나님의 다른 모든 약속의 성취를 위한 훌륭한 토대이시기도 합니다. 칼빈은 고린도후서 1:20에 대해 이렇게 썼습니다.

> 하나님의 모든 약속은 오직 그리스도께만 달려 있습니다. 이것은 주목할 만한 사실이며, 우리 신앙의 주된 핵심 가운데 하나입니다. 그것은 다시 또 다른 원리에 의존합니다. 오직 그리스도 안에서만 아버지의 마음이 은혜롭게 우리에게로 향하게 된다는 사실입니다. 하나님의 약속은 아버지로서 우리를 향해 가지고 계시는 하나

님의 선한 뜻을 증거합니다. 따라서 그 약속은 오직 그리스도 안에서만 성취됩니다.… 둘째로, 우리는 죄 용서를 받기까지 즉 그리스도를 통해 죄 용서가 우리에게 주어지기까지는 그 약속을 받을 자격이 없습니다.

지금 바로 당신 자신의 가장 큰 필요는 어떤 것인지 생각해 보되, 영적인 필요와 일반적인 필요를 모두 생각해 보십시오. 이 필요를 기도로 하나님께 가지고 나아갈 때 그 필요를 채워 주시기 위해 참작해야 할 것으로 어떤 것을 하나님께 제시하겠습니까? 당신의 영적인 훈련이나 연단, 순종, 희생 등 비록 부족하기는 하지만 그런 것을 제시하겠습니까? 아니면 예수님의 크고도 완전한 공로를 제시하겠습니까? 물어보나 마나 한 질문이 아닙니까?

이는 영적인 훈련이나 헌신 또는 희생을 가볍게 여기려는 것이 아닙니다. 이 모든 것은 은혜로 사는 삶에서 나름의 중요성과 역할이 있습니다. 그러나 그것을 하나님의 축복이나 기도 응답을 받기 위한 자랑의 근거로 삼아서는 결코 안 됩니다. "또 두렵건대 네가 마음에 이르기를 내 능과 내 손의 힘으로 내가 이 재물을 얻었다 할까 하노라. 네 하나님 여호와를 기억하라. 그가 네게 재물 얻을 능을 주셨음이라. 이같이 하심은 네 열조에게 맹세하신 언약을 오늘과 같이 이루려 하심이니라"(신명기 8:17-18). 마르틴 루터는 이 구절을 해설하면서, 하나님의 축복은 "때로는 우리의 수고를 통해 오고, 때로는 우리의 수고 없이 오기도 하나, **결코 우리의 수고 때문에 오지는 않는다**"라고 했습니다. 하나님께서는 언제나 하나님의 과분한 자비로 말미암아 축복을 주시지, 결코 우리의 수고 때문에 주시지는 않는다는 것입니다.

 자신의 공로를 의뢰하지 않고 예수 그리스도의 공로만을 온전히 의뢰하는 법을 배워 갈 때 비로소 우리는 땀이 아니라 은혜로 사는 삶의 즐거움을 배우게 됩니다.

6
사랑의 강권

> 그리스도의 사랑이 우리를 강권하시는도다. 우리가 생각건대 한 사람이 모든 사람을 대신하여 죽었은즉 모든 사람이 죽은 것이라. 저가 모든 사람을 대신하여 죽으심은 산 자들로 하여금 다시는 저희 자신을 위하여 살지 않고 오직 저희를 대신하여 죽었다가 다시 사신 자를 위하여 살게 하려 함이니라. (고린도후서 5:14-15)

행위가 아니라 은혜로 산다는 것은 당신이 성취라는 쳇바퀴에서 벗어나 자유롭다는 것을 의미합니다. 이는 곧 당신은 "불합격짐"을 믿기에 힘딩한데 하나님께서는 이미 당신에게 "합격점"을 주셨다는 의미입니다. 하나님께서는 당신이 비록 한 시간밖에 일하지 않았지만 하루 품삯 전부를 주셨습니다. 이는 당신이 하나님의 인정을 받기 위해 무슨 영적인 훈련이나 수양을 통해 합격 수준에 도달하기 위해 고군분투할 필요가 없다는 뜻입니다. 예수 그리스도께서 당신을 위해 벌써 그것을 다 행하셨습니다.

당신은 예수님의 공로로 말미암아 하나님께 사랑받고 용납되며, 예수님의 공로로 말미암아 하나님의 축복을 받습니다. 당신이 행하는 그 어떤 것도 하나님으로 하여금 당신을 더 사랑하시게 하거나 덜 사랑하시게 하지 않습니다. 하나님은 순전히 예수님을 통해 당신에게 주신 은혜로 인해 당신을 사랑하십니다.

이렇게 하나님의 값없고 절대주권적인 은혜에 대해 강조를 하니 어떤 느낌이 듭니까? 좀 초조해지지 않습니까? 당신이 행할 어떤 것도 하나님으로 하여금 당신을 더 사랑하시게 하거나 더 축복하시게 하지 않는다니 좀 두렵지 않습니까? '그런 식으로 부담을 없애 주고, 또 나의 모든 노력은 결코 축복을 하나도 얻어 내지 못한다고 하니, 그러면 해이해져서 규모 있는 그리스도인의 삶을 사는 데 필요한 것을 힘써 훈련하지 않을 것 같다'는 생각이 듭니까?

성경은 하나님의 은혜가 오해되고 심지어 남용될 가능성을 인정합니다. 유다서 1:4에서는 "경건치 아니하여 우리 하나님의 은혜를 도리어 색욕거리로 바꾸는" 사람들에 대해 말합니다. 갈라디아서 5:13에서는 은혜를 더하게 하려고 죄에 거해야 한다고 주장하는 사람이 있을 것을 예상하고 자유를 육체의 기회 즉 죄악 된 본성을 만족시키는 기회로 삼지 말라고 경고합니다. 이 모든 구절은 오직 은혜만이 하나님의 축복의 토대가 된다는 성경의 가르침을 게으르고 적당히 살기 위한 핑계거리로 삼을 수 있는 가능성을 인정합니다.

사도 바울은 "은혜를 더하게 하려고 죄에 거하겠느뇨?"(로마서 6:1)라는 질문에 답하기 위해 로마서 6장 전부를 할애했습니다. 왜 그러한 질문을 다루어야 했습니까? 그가 무슨 말을 했기에 이러한 문제를 다루어야 했습니까? 로마서의 가르침의 핵심은 오직 예수 그리스도를 믿음으로 말미암아 의롭다 하심을 받는다는 것입니다. 이는 로마서 5:20에서 절정을 이룹니다. "…그러나 죄가 더한 곳에 은혜가 더욱 넘쳤나니."

바울은 철저히 하나님의 은혜만을 제시하면 오해를 불러일으킬 수 있음을 깨달았습니다. 우리 쪽의 헌신이나 훈련, 수양, 순종 등이 섞이지 않은 순수한 하나님의 은혜만을 강조하는 것이 사람들로 하여금 오해하게 할 수 있음을 알고 있었습니다. 자신의 서신을 읽는 사람들이 다음과 같은 반응을 나타낼 수 있음을 알았습니다. "음, 그게 사실이라면 짓고 싶은 죄는 다 짓자. 죄를 많이 지을수록 하나님의 은혜가 더 풍성해지니까 말이야."

이런 식의 반응을 보일 가능성은 언제나 존재합니다. 사실 은혜에 대한 우리의 개념이 이러한 오해를 불러일으킬 가능성이 있을 때, 우리는 은혜를 제대로 이해하고 있다고 볼 수 있습니다. 오히려 이런 오해를 두려워하기 때문에 은혜의 교리를 행위의 교리로 변질시킨다고 믿습니다.

"은혜를 더하게 하려고 죄에 거하겠느뇨?" 이러한 질문에 대하여 성경 주석가인 로이드 마틴 존스는 이렇게 말했습니다. "오직 은혜만으로 구원을 얻는다는 복음을 제대로 전파하면 언제나 이러한 비난을 받을 가능성이 있습니다. 신약성경의 구원의 복음을 신성으로 전파하고 있는지 알아보는 테스드로시 이보다 더 좋은 게 없습니다. 즉 복음을 오해하고 잘못 해석하여, 오직 은혜로 구원받기 때문에 자신의 행동은 전혀 문제가 되지 않으며, 자신이 죄를 많이 지을수록 더욱 은혜의 영광이 되기 때문에 마음대로 실컷 죄를 지어도 된다고 생각하는 사람이 생긴다면 복음을 진정으로 전파한 셈입니다."

그는 분명 우리가 복음을 전함으로 사람들을 혼란에 빠뜨려야 한다고 말하고 있지는 않습니다. 단지, 아무 전제 조건이 없이 오직 은혜에 의해서만 구원을 받는다는 사실을 전하면 사람들이 "당신의 행동이 아무 문제가 되지 않는다면 마음대로 죄를 짓지 그래요"라고 비난할 수도 있다고 한 것입니다. 이러한 비난은 마르틴 루터를 비롯하여 종교 개혁시의 위대한 설교자들이 그리스도를 믿음으로 말미암아 오직 은혜로 받는 구원을 전파할 때 모두 다 받았던 비난이었습니다. 사도 바울도 그러한 비난을 받았습니다. "또는 그러면 선을 이루기 위하여 악을 행하자 하지 않겠느냐? (어떤 이들이 이렇게 비방하여 우리가 이런 말을 한다고 하니) 저희가 정죄받는 것이 옳으니라"(로마서 3:8).

구원의 은혜는 그리스도인의 삶을 살아가게 하는 은혜와 동일합니다. 로마서 5:2에서 이렇게 말씀하고 있습니다. "또한 그로 말미암아 우리가 믿음으로 서 있는 이 은혜에 들어감을 얻었으며 하나님의 영광을 바라고 즐거워하느니라." 우리는 믿음으로 말미암아 은혜로 의롭다 하심을 얻었을 뿐 아니라, 이 동일한 은혜로 날마다 서 있습니다. 그리고 은혜로 의롭다 하심을 받는다는 가르침이 오해를 받을 여지가 있듯이, 은혜로 살아간다는 가르침도 오해를 받을 가능성이 있습니다.

사람들은 그리스도 안에 있는 하나님의 복음에다 "해야 할 것들"을 많이 첨가해 왔습니다. "나는 이것을 해야 합니다", "나는 저것을 해야 합니다", "나는 더 헌신되고, 더 훈련되고, 더 순종해야 합니다." 이런 식으로 생각하거나 가르칠 때 하나님의 은혜에 사랑으로 반응해야 할 것을 의무감으로 행하고 있는 것입니다. 이 문제에 대한 해결책은 은혜에 율법주의를 첨가하는 것이 아닙니다. 오히려 해결책은 하나님의 놀라운 은혜에 온전히 사로잡혀 의무감이 아니라 감사하는 마음으로 행하는 것입니다.

오해가 없도록 좀 더 명확히 하도록 하겠습니다. 이는 헌신, 훈련, 순종의 가치를 부정하는 게 아닙니다. 나 역시 그 가치를 굳게 믿으며 또한 이를 실행하려고 열심히 노력하고 있습니다. 삶의 모든 영역에서 예수 그리스도의 주재권에 온전히 굴복하기

를 힘씁니다. 이 기본적인 헌신에 부수하는 다른 헌신들에 대해
서도 그 중요성을 믿으며 또 실행하려 애씁니다. "죽음이 우리를
갈라놓을 때까지" 아내에게 헌신합니다. 업무에서 온전성과 정
직성과 공정성을 지키는 데 헌신합니다. 모든 사람을 사랑으로
대하는 데 헌신합니다. 그러나 이러한 모든 영역에서 헌신하는
것은 하나님의 은혜에 대한 사랑의 반응으로 하는 것이지 하나
님의 축복을 얻어 내기 위함이 아닙니다.

나는 성경의 진리를 대부분 개인적인 성경공부와 설교자들과
기타 훌륭한 교사들의 가르침을 통해 서서히 이해하게 되었습니
다. 드물게 몇몇 경우에 주님께서는 캄캄한 방에 불을 켜듯이 어
떤 진리를 별안간 깨닫게 해 주셨습니다. 그러나 대개 갑작스럽
게 어떤 새로운 영적인 진리를 배우기보다는 이미 알고 있던 어
떤 진리를 새로운 측면에서 이해하거나 성경적으로 보다 더 깊
이 이해했습니다.

하나님의 절대주권적인 은혜에 대해 이해한 것도 바로 그러
했습니다. 나는 고실석인 율법주의사였으며 그런 식으로 그리스
도인의 삶을 살기 위해 성실하게 노력해 왔습니다. 때때로 그리
스도인의 삶에서 "해야 하는 것"이라는 생각 때문에 마음이 짓
눌리기도 했습니다. 그러다가 어느 날 하나님의 은혜에 대해 전
혀 새롭게 이해하게 되었고, 많은 세월이 지난 지금도 그것이 올
바른 성경적 이해라고 확신하고 있습니다.

그러면 하나님의 은혜에 대해 새롭고 더 나은 이해를 했을 때
어떤 반응을 나타냈을까요? 헌신을 내팽개치거나 지금까지 힘
써 해 오던 영적 훈련을 포기했을까요? 천만에요. 나는 그때 일
을 명확히 기억하고 있습니다. 그때 바닥에 단단한 타일이 깔려
있는 차가운 지하실 방에서 하나님과 함께 한나절을 보내고 있

사랑의 강권   113

었습니다. 하나님의 은혜에 대해 올바르게 이해하게 되었을 때 로마서 12:1 말씀이 마음에 떠올랐습니다.

그러므로 형제들아, 내가 하나님의 모든 자비하심으로 너희를 권하노니 너희 몸을 하나님이 기뻐하시는 거룩한 산제사로 드리라. 이는 너희의 드릴 영적 예배니라.

나는 그 차갑고 딱딱한 바닥에 무릎을 꿇고 하나님께 이렇게 말씀드렸습니다. "하나님, 저는 이전에 하나님께 제 몸을 산제사로 드려 왔지만 지금처럼 하나님의 자비와 은혜에 대해 이해한 적이 한 번도 없었습니다. 이제 하나님의 은혜에 대해 더 깊이 이해했으니 더 새롭고 깊은 차원으로 제 자신을 하나님께 드립니다. 제 자신을 남김없이 하나님께 바칩니다."

수십 년도 더 흐른 지금도 그날 아침 지하실에서 한 헌신의 토대 위에서 살아가고 있습니다. 하지만 이에 그치지 않고 여전히 하나님의 은혜를 아는 데서 발전해 가고자 노력하고 있습니다. 하나님의 은혜에 대한 이해가 더 깊어질 때만 나의 헌신이 더 견고해진다는 사실을 잘 알고 있기 때문입니다.

우리는 흔히 믿지 않는 사람들에게는 은혜를 전파하고, 믿는 사람들에게는 의무를 전파합니다. 리처드 길버트는 이렇게 썼습니다. "당신이 그리스도인이 아닐 때는 당신을 위해 풍성한 은혜가 있는 듯이 보이나, 그리스도인이 되고 나면 순종해야 할 온갖 종류의 법이 있어 믿기 전이 더 행복했던 것처럼 느낄 수도 있습니다."

우리가 사용하는 용어마저도 그리스도인의 삶을 어떻게 "은혜"의 방과 "행위"의 방으로 양분하고 있었는지를 은연중에 나타냅니다. 예를 들면, 우리는 흔히 **구원의 선물**과 **제자의 삶의 대가**에 대해 이야기합니다. 제자의 삶의 대가라는 말이 잘못된 표현은 아니지만 거기에 비성경적인 의미를 내포할 수도 있습니다. 그 결과 하나님의 은혜가 우리를 간신히 하나님 나라의 문을 들어서게 해 주고, 그 후에 있는 것은 오로지 피와 땀과 눈물이라는 생각을 할 수도 있는 것입니다.

사도 바울은 헌신과 훈련이라는 주제에 어떻게 접근했습니까? 로마서 12:1을 다시 한 번 생각해 봅시다. 바울이 로마 성도들에게 보낸 이 로마서는 구원에 관한 성경의 가르침의 토대가 됩니다. 이 편지에는 그리스도를 믿음으로 말미암아 의롭다 하심을 받는다는 사실이 가장 힘 있고 설득력 있고 완전하게 설명되어 있습니다. 그러나 바울의 이 편지는 이미 예수님을 믿고 있는 사람들에게 쓴 것입니다. 바울은 그들을 "하나님의 사랑하심을 입고 성도로 부르심을 입은" 자들이라고 불렀습니다(1:7). 바울은 그들의 "믿음이 온 세상에 전파"된 것으로 인해 하나님께 감사드렸으니(1:8), 그들과 자신이 서로의 "믿음을 인하여 피차 안위함을" 얻기를 간절히 원했습니다(1:11-12). 그는 명백히 예수님을 믿는 자들에게 편지를 쓰고 있습니다.

바울은 그들로 하여금 이미 소유하고 있는 구원을 더욱 온전히 이해하도록 돕기 위해 이 편지를 쓴 것입니다. 그는 열한 장에 걸쳐 복음을 상세히 고찰하면서, 구원은 오직 예수 그리스도를 믿음으로 말미암아 온전히 하나님의 은혜로 받는 것임을 보이고, 하나님의 은혜에 관한 가르침이 불러일으킬 수 있는 여러 질문을 다루었습니다.

바울은 이미 예수님을 믿고 있는 사람들에게 하나님의 은혜의 복음을 열한 장에 걸쳐 가르친 다음에야 비로소 하나님을 향한 온전한 헌신이라는 응답을 그들에게 요구했습니다. "그러므로 형제들아, 내가 하나님의 모든 자비하심으로 너희를 권하노니 너희 몸을 하나님이 기뻐하시는 거룩한 산제사로 드리라. 이는 너희의 드릴 영적 예배니라"(12:1)라고 촉구했습니다.

바울은 "너희 몸을 하나님이 기뻐하시는 거룩한 산제사로 드리라"라고 강하게 호소했습니다. "너희 몸을 산제사로 드리라"라는 말에는 "한 번으로 영원한 봉헌", "결코 등한시되거나 철회될 수 없는 영속적인 제사" 및 "꾸준한 헌신" 등의 의미가 함축되어 있습니다. 그러므로 바울은 다시 꾸준히 시인되고 새로워져야 하는, 단호하고도 최종적인 헌신을 요구했습니다. 그보다 더 높은 수준의 헌신은 없습니다.

그러한 전폭적인 헌신을 위한 동기 내지 기초로 바울이 제시한 것은 무엇입니까? 의무감이 아니라 "하나님의 모든 자비하심"이었습니다. 그는 의무가 아니라 진정한 감사에 토대를 둔 반응을 요구했습니다.

사실 우리는 의무와 책임을 하나님 앞에서 가지고 있습니다. 하나님께서는 이 세계에 대한 절대주권을 가지신 통치자이시며, 그 자격으로 "주의 법도로 명하사 우리로 근실히 지키게" 하셨습니다(시편 119:4). 그러나 하나님께서는 우리가 하나님의 절대주권적인 통치 때문이 아니라 예수 그리스도 안에서 우리를 향한 자비 때문에 순종하도록 우리에게 동기를 주십니다.

마르틴 루터는 로마서 12:1에 대해 이렇게 썼습니다. "법률 집행자는 위협과 형벌로 순종을 요구하지만, 은혜의 전파자는 우리에게 보여 주신 하나님의 선하심과 긍휼을 알게 하여 순종하고픈 마음을 불러일으킵니다. 왜냐하면 그는 자발적으로 하지 않는 일이나 마지못해 하는 섬김을 원치 않기 때문입니다. 그는 기쁘고 즐겁게 하나님을 섬기길 원합니다."

어떤 수양회에서 "그리스도의 주재권"에 대해 말씀을 전해 달라는 부탁을 받았습니다. 그 의도가 참석자들로 하여금 매일의 삶에서 그리스도의 주재권에 굴복하도록 도전하려는 것임을 알고 있었습니다. 그러나 나는 하나님의 선하심을 설명하는 것으로 메시지를 시작했습니다. 하나님의 선하심에 대해 15분 내지 20분 동안 설명한 후 우리 삶에서의 그리스도의 주재권에 대해 말씀을 전하기 시작했습니다.

그런 식으로 메시지를 전한 이유는, 예수 그리스도의 주재권에 대한 굴복은 마땅히 하나님의 사랑과 자비에 대한 응답이어야 하기 때문입니다. 하나님의 모든 자비하심에 비추어 바울은 로마 성도들에게 그들의 몸을 하나님께 산제사로 드리라고 촉구했습니다. 우리도 이와 같은 동기로 오늘의 삶에서 그리스도의 주재권에 응답해야 합니다.

하나님께서는 헌신, 훈련, 순종에 대한 우리의 **동기**를 그 **실행 사체**보다 더 중요하게 생각하십니다. 어니스트 케번은 "율법의 요구는 단지 외적인 행동과만 관계있는 것이 아닙니다. 내적인 동기 및 욕구와도 관계가 있습니다"라고 했습니다.

다윗은 솔로몬에게 "내 아들 솔로몬아, 너는 네 아비의 하나님을 알고 온전한 마음과 기쁜 뜻으로 섬길지어다. 여호와께서는 뭇 마음을 감찰하사 모든 사상을 아시나니…"라고 말했습니다(역대상 28:9). 사도 바울도 예수님이 오시면 사람들의 마음의 뜻을 나타내신다고 함으로써 동기의 중요성을 강조했습니다(고린도전서 4:5).

하나님께서는 뭇 마음을 감찰하시며 모든 동기를 아십니다. 하나님께 받으심 직하려면 하나님께 대한 사랑과 하나님을 영화롭게 하려는 열망이 동기가 되어야 합니다. 율법적인 동기로 하는 순종 즉 결과가 두려워서 하는 순종이나 하나님의 은총을 이끌어 내려고 하는 순종은 하나님을 기쁘시게 하지 않습니다. 영국의 목사요 저술가인 에이브러햄 부스(1737-1806)는 이렇게 썼습니다. "진정으로 좋은 일이 되려면, 올바로 행동 지침대로 행해지고, 올바른 규칙을 따라 실행되고, 올바른 목적으로 의도되어야 합니다." 그러면서 하나님을 향한 사랑이 올바른 행동 지침이요, 성경에서 밝혀 주신 하나님의 뜻이 올바른 규칙이요, 하나님의 영광이 올바른 목적이라고 했습니다.

그러므로 우리의 선행이란, 하나님을 향한 사랑과 하나님을 영화롭게 하려는 열망에 의해 동기 부여가 되지 않은 것이라면 진정으로 선한 게 아닙니다. 하지만 순종에 의해 하나님의 은총을 얻어야 한다고 생각하거나 불순종하면 하나님의 은총을 잃어버릴 것이라고 두려워한다면 앞서 말한 바와 같은 하나님을 향한 올바른 동기를 가질 수가 없습니다. 공로 지향적인 동기로 순종하는 것은 기본적으로 자기를 섬기는 것이며, 예수 그리스도를 통해 이미 우리에게 주신 하나님의 은혜에 대한 감사보다는 하나님으로부터 얻거나 잃을 수 있다고 생각하는 그 어떤 것에 의해 더 동기 부여가 됩니다.

의무감이 아니라 하나님의 은혜 아래 살게 되면 그런 식으로 자기를 섬기는 동기로부터 자유로워집니다. 그것은 우리를 해방하여, 구원으로 인해, 그리고 은혜에 의해 이미 보장된 축복들로 인해, 하나님께 감사하고 사랑하게 되어 하나님께 순종하고 또 섬기게 합니다. 하나님의 은혜에 진정으로 사로잡히는 것만이 실제로 하나님을 기쁘시게 하는 올바른 동기를 유발합니다. 그리스도인의 삶은 전적으로 은혜에 의해서 된다는 사실을 온전히 확신할 때라야 비로소 우리는 감사하고 사랑하는 마음에서 하나님을 섬길 수 있습니다.

아주 엄격하게 십일조를 드리는 한 사람을 알고 있습니다. 그는 자기 수입의 정확히 10%를 하나님의 일에 드리는데, 내가 알고 있는 한 결코 한 푼도 덜 드리거나 더 드리지 않습니다. 왜 그렇게 정확하게 십일조를 드리는지 묻자 "그렇게 하지 않으면 두려워서요"라고 대답했습니다. 나는 이 사람을 꽤 잘 아는 편인데, 그의 동기는 혼합되어 있었습니다. 그는 수입의 10%를 드리는 것을 어느 정도는 즐겼습니다. 하지만 근본적인 동기는 십일조를 드리지 않았을 때의 결과에 대한 두려움이었습니다. 순수하게 즐겁고 감사한 마음에서 십일조를 드리는 것이 아니었습니다.

이와는 대조적으로 사도 바울은 그리스도의 은혜가 헌금의 동기가 되어야 한다는 점을 상기시켰습니다. "우리 주 예수 그리스도의 은혜를 너희가 알거니와 부요하신 자로서 너희를 위하여 가난하게 되심은 그의 가난함을 인하여 너희로 부요케 하려 하심이니라"(고린도후서 8:9). 바울은 고린도 성도들에게 죄책감이라는 올무를 놓지 않았습니다. 오히려 그들이 후하게 드릴 뿐만 아니라 하나님의 은혜에 감사하는 마음에서 드리기를 원했습니다. 사람들이 의무감에서 인색함이나 억지로가 아니라, 그리스도 안에서 이미 모든 축복을 주신 하나님께 대한 사랑과 감사로 인해 기쁨으로 드리기를 원했습니다.

우리 중에도 많은 사람들이 앞에서 말한 그 사람과 같습니다. 우리는 하나님을 향한 사랑에 의해서보다는, 하나님께서 우리에게 벌을 주시거나 어떤 축복을 보류하실지도 모른다는 두려움에 의해 더 동기 부여를 받습니다. 경건의 시간을 갖기 위해 아침에 일찍 일어나는 것도 진정으로 하나님과의 교제를 열망해서가 아니라 경건의 시간을 갖지 않으면 그날 하나님의 축복을 잃을지도 모른다는 두려움 때문인 경우가 허다합니다.

한번은 "거룩한 삶의 추구"에 대해 말씀을 전하기 위해 어떤 주말 수양회에 가고 있었습니다. 탑승을 할 때 어떤 불경건한 장면으로 자꾸 눈이 갔습니다. 그 즉시 '넌 그래서는 안 돼! 지금 거룩한 삶에 대해 말씀을 전하러 가는 중이잖아!' 하는 생각이 떠올랐습니다. 그때 나는 진정으로 거룩한 삶을 사는 데 신경을 쓰고 있는 것이 아니라, 오히려 하나님께서 나의 메시지를 축복하지 않으실까 봐 두려워하고 있었습니다. 그릇된 동기를 깨닫자 즉시 고개 숙여 "하나님, 제가 말씀을 전하는 일이 없다 해도 오직 하나님으로 인해 여전히 유혹에 대해 '아니오'라고 하겠습니다"라고 말씀드렸습니다. 순종의 동기를 자기중심적인 데서 하나님 중심으로 재빨리 바꾸었습니다.

내 말을 오해하지 않도록 한 가지 분명히 해 두어야 하겠습니다. 훈련과 순종의 동기가 하나님 중심이어야 함을 강조할 때 나의 의향이나 감정 또는 느낌에 대해 말하고 있지 않습니다. 우리는 경건의 시간을 갖고 싶은 마음이 들 때까지 기다려서는 안 됩니다. 또한 하나님의 명령에 순종하고픈 마음이 간절할 때까지 기다려서도 안 됩니다. 동기는 감정 또는 느낌이나 의향과는 무관합니다. 오히려 그것은 우리가 어떤 것을 하거나 하지 않는 이유와 관계가 있습니다. 은혜로 살아가는 사람들에게는, 훈련이나 순종을 하는 이유는 그리스도 안에서 이미 나타내신 하나님의 풍성한 은혜에 대해 사랑으로 응답하기 위해서라야 합니다.

사랑의 강권

고린도후서 5:14-15에서 이렇게 말씀하고 있습니다.

> 그리스도의 사랑이 우리를 강권하시는도다. 우리가 생각건대 한 사람이 모든 사람을 대신하여 죽었은즉 모든 사람이 죽은 것이라. 저가 모든 사람을 대신하여 죽으심은 산 자들로 하여금 다시는 저희 자신을 위하여 살지 않고 오직 저희를 대신하여 죽었다가 다시 사신 자를 위하여 살게 하려 함이니라.

이 구절에는 많은 영적 진리가 담겨 있지만 핵심적인 가르침은 그리스도의 사랑이 우리를 강권하여 우리로 더 이상 우리 자신을 위해 살지 않고 우리를 위해 죽으셨다가 다시 사신 주님을 위해 살게 한다는 것입니다.

여기서도 우리 삶의 모든 영역에서 예수 그리스도의 주재권에 헌신하는 것이 주제입니다. 우리는 더 이상 자신을 위해 살지 말고 예수님을 위해 살아야 합니다. 주님의 뜻을 우리 삶의 규칙으로 삼아야 하며, 주님의 영광을 우리 삶의 목적으로 삼아야 합니다. 그러나 이러한 헌신의 원천은 무엇입니까? 어떤 사람으로 하여금 더 이상 자신을 위해 살지 않고 하나님을 위해 살게 하는 동기는 무엇입니까?

그리스도의 사랑입니다. 바울은 "그리스도의 사랑"이 자신을 강권하여 그러한 헌신을 할 동기를 주며 그 헌신을 날마다 실행하게 한다고 했습니다. 강권이란 말은 강한 의미를 가진 단어로 흔히 힘이나 강제력과 관계가 있습니다. 따라서 부정적인 느낌을 갖게 합니다. 그러나 여기서는 그 의미가 긍정적입니다. 다른 번역본을 보면 '강권한다'는 말이 '사로잡다. 휘어잡다. 이끌리다. 지배하다. 강요하다' 등 여러 가지로 표현되어 있습니다. 이처럼 그리스도의 사랑은 바울의 삶을 제어하고 지배하는 영향력이었습니다. 바울에게 동기를 주는 것은 결과에 대한 두려움이나 보상에 대한 기대가 아니었습니다. 오히려 바울 자신을 위해 죽으신 그리스도의 사랑이 그의 삶을 추진하는 원동력이었습니다. 이는 바울의 헌신적인 삶이 그리스도의 사랑에 의해 불가항력적으로 이루어진 것임을 보여 줍니다. 사도 바울은 그리스도의 변함없는 확고부동한 사랑을 일컬어 '강권하시는 사랑'이라 하였습니다.

어떤 번역본에는 헬라어 동사의 시제가 더 자세히 나타나 있는데, 고린도후서 5:14의 첫 부분이 "그리스도의 사랑이 계속 나를 강권합니다"라고 되어 있습니다. 계속이라는 말에 유의하기 바랍니다. 그리스도의 사랑이 매일 바울에게 끊임없이 동기를 부여해 주는 원천임을 나타냅니다. 바울은 자기를 위한 그리스도의 죽음을 결코 시야에서 놓치거나 잊거나 당연한 것으로 받아들이지 않았습니다. 그는 그리스도의 죽음에서 분명하게 나타난 이 무한한 사랑을 깊이 생각할 때, 자기를 위해 죽었다가 다시 사신 주님을 위해 살고자 하는 동기를 받았으며, 그런 삶을 살도록 강권을 받았습니다.

때때로 행위로 살지 않고 은혜로 사는 삶에 대해 이야기하면 사람들이 신경과민이 되기 시작하는 것을 봅니다. 어떤 사람들은 "너무 멀리 나간다"고 경고하면서 하나님의 은혜에 대한 메시지를 듣고 심각한 죄를 범한 사람들의 이야기도 들려주었습니다. 나는 은혜가 그런 식으로 오해될 수 있는 가능성을 인정했습니다.

그러나 내가 믿기로, 명백히 은혜를 오용하는 사람들의 경우는 대부분 은혜에 대한 메시지를 들은 것이 아니라 율법으로부터의 해방에 대한 메시지를 들은 것입니다. 율법으로부터의 해방은 은혜의 결과 가운데 하나이며, 은혜에 관한 진리의 중요한 적용이기도 하지만, 은혜와 동일한 것은 아닙니다. 은혜를 먼저 가르치지 않고 율법으로부터의 해방을 가르친다면 마치 기초를 놓지 않고 집을 짓는 것과 같습니다. 이러한 접근은 실로 오용에 이를 수 있습니다. 그러나 그리스도 안에 있는 하나님의 은혜를 진실로 이해한 사람이라면 그 은혜를 오용하지 않습니다.

유다서 1:4에서는 "경건치 아니하여 우리 하나님의 은혜를 도리어 색욕거리로 바꾸고 홀로 하나이신 주재 곧 우리 주 예수 그리스도를 부인하는 자들"에 대해 말합니다. 분명히 이 구절은 믿지 않는 사람들 즉 "경건치 아니하며, 예수 그리스도를 부인하는 자들"을 언급하고 있어 이 구절의 내용이 그리스도인들에게는 해당되지 않습니다.

하나님의 은혜를 참으로 이해하고 있는 사람들, 다시 말해 단지 머리로가 아니라 그 중심으로 이해하고 있는 사람들은 은혜를 오용하여 마음대로 살지 않습니다. 이 장을 쓰고 있을 때 성경 읽기를 하다가 로마서 4:7-8에서 다음과 같은 말씀을 읽었습니다.

> 그 불법을 사하심을 받고 그 죄를 가리우심을 받는 자는 복이 있고 주께서 그 죄를 인정치 아니하실 사람은 복이 있도다.

"주께서 그 죄를 인정치 아니하실 사람은 복이 있도다"라는 말씀을 읽으면서 나는 기쁨과 감사의 눈물을 흘렸습니다. 하나님께서 나의 어떠한 죄도 결코 심판하지 않으신다는 이 말씀이 얼마나 격려가 되었는지 모릅니다! 나는 자신이 어느 누구 못지않게 사악하고 죄악 된 본성을 지니고 있음을 잘 알고 있습니다. 나의 삶에서 거룩케 하시는 성령의 역사가 없다면 이른바 '큰' 죄라고 부르는 음란, 술 취함, 도둑질 등과 같은 죄도 범할 수 있다는 것을 알고 있습니다. 그러나 그것이 지금 나를 괴롭히는 죄는 아닙니다. 오히려 나는 이른바 '세련된' 죄라고 부르는 죄, 그래서 언뜻 보면 죄처럼 보이지 않는 죄 곧 이기심, 교만, 조급함, 비판적인 태도 등과 씨름하고 있습니다.

그래서 하나님께서 나의 이기심, 교만, 조급함, 기타 등등을 죄로 인정치 않으신다는 말씀을 읽었을 때 나는 기쁨의 눈물을 흘렸으며, 읽기를 멈추고 하나님의 은혜로운 용서에 대해 진심으로 감사하는 기도를 드렸습니다. 그다음에 무엇을 했을까요? '자, 하나님께서 이러한 죄를 인정치 않으신다면 그것을 범하든 않든 정말 아무 문제가 안 되는군'이라고 생각했을까요? 혹은 '하나님께서 어쨌든 그것을 죄로 인정치 않으시니 이제 불경건한 옛 성품을 죽이느라 고생하지 않아도 되겠군'이라고 생각했을까요?

물론 둘 다 아닙니다. 대신 하나님께서 나의 성품 가운데서 그러한 죄 된 성향을 싹 없애 주시도록 기도했습니다. 그리고 내가 그러한 죄를 범할 때 더 잘 깨닫게 해 주셔서 그 죄를 이길 수 있게 해 주시도록 기도했습니다(로마서 8:13). 나는 하나님의 사랑에 강권되어 그러한 죄를 버리기 위해 노력합니다.

하나님을 경외하는 마음

하나님의 은혜에 대한 깊은 감사와 더불어 하나님께 대한 경외심 또한 순종의 동기를 부여해 줍니다. 요셉은 보디발의 아내로부터 부도덕한 죄를 짓자는 유혹을 받았을 때 "내가 어찌 이 큰 악을 행하여 하나님께 득죄하리이까?"라고 했습니다(창세기 39:9). 그는 보디발의 진노나 하나님의 축복의 상실을 생각하지 않았습니다. 그는 하나님께 대한 경외심으로부터 동기를 얻었습니다. 비록 하나님께서 자기가 형들에 의해 노예로 팔리는 것을 허용하셨지만 그는 절대주권을 가지고 계시고 거룩하신 하나님께 불순종하기를 원하지 않았습니다.

사도 바울은 하나님을 향한 동기의 두 가지 요소인 이 감사와 경외심을 고린도 성도들에게 보내는 편지에서 결합시켰습니다. "그런즉 사랑하는 자들아, 이 약속을 가진 우리가 하나님을 두려워하는 가운데서 거룩함을 온전히 이루어 육과 영의 온갖 더러운 것에서 자신을 깨끗게 하자"(고린도후서 7:1).

바로 앞 구절인 고린도후서 6:18에서는 하나님께서 우리의 아버지가 되시고 우리를 자녀로 삼으시겠다고 하신 약속을 언급했었습니다. 필립 휴스는 이 구절을 이렇게 해설했습니다. "그러한 약속을 가진 데 따른 당연한 결과는 모든 형태의 불경건한 타협에서 완전히 떠나는 것입니다." 여기서 다시 한 번 우리는 약속이 의무보다 앞에 오며, 그 의무는 하나님의 약속에 대한 진심어린 반응으로서 행하는 것임을 봅니다.

그러나 계속해서 "하나님을 두려워하는 가운데서"라고 말씀합니다. 여기서 두려워한다는 것은 깊이 경외하고 존경하고 헌신한다는 의미입니다. 그것은 하나님의 존귀하심, 한없이 위엄에 찬 하나님의 존재, 하나님의 온전한 성품을 인정하는 것입니다. 내가 비록 하나님으로부터 단 하나의 축복도 받지 못한다 하더라도, 하나님이 누구시며 어떠한 분이시냐 하는 것 때문에 하나님께서는 내가 사랑으로 부지런히 순종해야 마땅한 분이십니다. 물론 하나님으로부터 나는 헤아릴 수 없을 만큼 많은 축복을 받아 왔습니다. 그러나 하나님의 가치는 하나님 속에 있는 고유한 것이지, 당신이나 내가 하나님으로부터 받는 축복의 분량에 달려 있는 것이 아닙니다.

사도 요한은 환상 가운데서 하나님의 보좌를 보았는데, 이십사 장로들이 "우리 주 하나님이여, 영광과 존귀와 능력을 받으시는 것이 합당하오니 주께서 만물을 지으신지라 만물이 주의 뜻대로 있었고 또 지으심을 받았나이다"라고 쉬지 않고 찬양하고 있었습니다(요한계시록 4:11). 하나님께서는 무엇을 하시느냐가 아니라 누구시냐 하는 것 때문에 나의 사랑의 순종을 받기에 합당하십니다.

로마서 12:1에서는 하나님의 모든 자비하심에 비추어 우리 몸을 산제사로 하나님께 드리라고 권면합니다. 하나님은 그런 제사를 받으시기에 합당한 분이십니까? 물론입니다! 하나님은 한없이 존귀한 분이십니다. 그러나 하나님께 순종하고 하나님을 섬기고자 하는 우리의 동기가 높은 수준에 도달하려면 먼저 우리는 날마다 은혜로 살며, 성취라는 쳇바퀴의 속박에서 벗어나 매일 자유를 맛보는 법을 배워야 합니다.

하나님의 존귀하심에 대한 마음으로부터 우러나오는 반응이 하나님께 순종하고 하나님을 섬기는 데 있어 최고의 동기라고 믿습니다. 그러한 수준의 동기를 얻으려면 먼저 하나님의 은혜와 자비와 사랑에 의해 동기를 부여받아야 합니다. 하나님의 인정을 받기 위해 애쓰고 있는 한 하나님의 존귀하심과 영광에 대해서는 생각할 여유가 없습니다.

은혜 안에서 자라 감

은혜 안에서 자라 간다는 말은 종종 그리스도인의 성품에 있어서의 성장을 나타내기 위해 사용됩니다. 그렇게 사용하는 것도 좋지만 보다 정확한 의미는 하나님의 은혜에 대한 이해에서 계속 자라는 것입니다. 특히 자신의 계속적인 영적 파산 상태에 대해, 그리고 공로 없이, 노력 없이, 과분하게 주어진 하나님의 은총과 사랑에 대해 점점 더 깨달아 가는 것입니다. 우리 모두는 이러한 의미에서 은혜 안에서 자라 가야 합니다.

이런 식으로 은혜 안에서 자라 갈 때 하나님께 대한 감사와 경외심으로 인한 순종의 동기도 자라게 됩니다. 이생에 사는 동안 우리의 순종은 언제나 불완전합니다. 우리는 하나님에 의해 완진케 될 때까지는 결코 완전히 순종하지는 못할 것입니다. 마찬가지로 우리의 동기도 늘 순수하지는 않으며, 하나님을 향한 진정한 사랑과 경외심에 "공로 점수" 심리가 종종 뒤섞입니다.

그러므로 자신의 동기가 주로 공로 지향적이었다는 사실을 깨닫더라도 실망하지 마십시오. 이제는 은혜의 동기를 갖도록 하십시오. 자신의 삶에서 하나님의 은혜가 어떤 의미를 갖는지 날마다 생각해 보십시오. 로마서 12:1과 고린도후서 5:14-15과 같은 성경 말씀을 암송하여 자주 묵상하십시오. 이러한 구절에 나오는 여러 가지 진리에 대해 기도하며 하나님의 자비와 사랑으로 동기를 부어 주시도록 기도하십시오. 자신 속에 공로 지향적인 동기가 있음을 깨닫게 되면 이를 버리고 하나님의 은혜와 예수 그리스도의 공로에 온전히 의지하도록 하십시오. 이런 식으로 은혜 안에서 자라 갈 때 예수님의 사랑의 강권으로 당신은 자신을 위해 살지 않고 오직 당신을 위해 죽었다가 다시 사신 주님을 위해 살게 됩니다.

7
사랑의 증거

> 하나님을 사랑하는 것은 이것이니 우리가 그의 계명들을 지키는 것이라. 그의 계명들은 무거운 것이 아니로다. (요한일서 5:3)

찰스 콜슨은 믿은 지 오래된 경험 많은 그리스도인들에게 그들은 어떻게 하나님을 사랑하는지 물어보았습니다. 그가 얻은 답변에는, 죄를 버림, 마음속에 사랑의 감정을 가짐, 성경 읽기, 기도, 교회 출석, 헌금 등 온갖 영적 활동이 포함되어 있었습니다.

나오지 않은 답변 하나는 놀랍게도, 어떻게 하나님을 사랑할 수 있는지를 묻는 질문에 예수님께서 친히 하신 답변이었습니다. 예수님께서는 하나님의 계명을 지키라고 성경의 그 어떤 진리보다도 분명하게 말씀하셨습니다. 아홉 절 정도의 말씀에서 예수님께서는 세 번이나 이 점을 강조하셨습니다. "너희가 나를 사랑하면 나의 계명을 지키리라. 나의 계명을 가지고 지키는 자라야 나를 사랑하는 자니… 사람이 나를 사랑하면 내 말을 지키리니…"(요한복음 14:15,21,23).

그리스도인들이 자주 씨름하는 문제 가운데 하나가 은혜로 사는 것과 하나님의 계명을 지키는 것 사이의 관계입니다. 예를 들면, 제6장에서 우리가 하거나 하지 않는 그 어떤 것도 하나님으로 하여금 우리를 더 사랑하시거나 덜 사랑하시게 하지 않는다고 했습니다. 오직 하나님께서는 예수 그리스도의 공로만을 통해 은혜로 우리를 받아들이십니다. 하나님의 사랑에 대한 그러한 설명은 아주 위험한 것처럼 들릴 수 있습니다. 이로 인해 사실상 "하나님께서는 우리가 죄를 짓든 짓지 않든 개의치 않으신다"라고 말했다는 비난을 받을 수도 있습니다.

하지만 그 반대를 한번 생각해 보십시오. "하나님께서는 우리가 순종하면 사랑하시고 불순종하면 사랑하지 않으신다. 하나님의 사랑은 우리의 순종에 달려 있고, 우리는 결코 완전히 순종할 수는 없기 때문에, 하나님께서는 결코 우리를 온전히 사랑하거나 용납하지 않으신다." 이렇게 말입니다. 하나님과 우리의 관계에 관한 너무나도 보편화되어 있는 행위와 공로 중심의 생각을 이렇게 적나라하게 묘사해 보니 문제가 분명히 드러납니다. 우리는 구원에서뿐 아니라 현재 하나님과의 관계에서도 예수 그리스도의 공로에 토대를 두어야 합니다. 아니면 우리의 행위에 근거하여 하나님께 용납되고자 하는 것인데 이는 불가능합니다.

그러면 우리는 은혜로 구원을 받았고 은혜로 하나님께 계속 용납되고 있기 때문에 하나님께서는 우리가 죄를 짓든 말든 개의치 않으신다고 결론을 내려야 할까요? 바울은 로마서 6:2에서 "그럴 수 없느니라!" 하고 강하게 외쳤습니다. 하나님께서 우리 죄에 개의치 않으신다는 결론은 신약성경에 나오는 모든 윤리적인 명령에 정면으로 배치됩니다. (구약성경의 명령에 대해서는 이 장의 뒷부분에서 다루도록 하겠습니다.) 그것은 또한 예수님께서 역설하신 예수님에 대한 사랑과 예수님의 계명에 대한 순종 사이의 매우 분명한 관계를 무시하는 것입니다.

순종으로 표현되는, 하나님을 향한 우리의 사랑은, 하나님의 사랑에 대한 우리의 응답이며, 결코 하나님의 사랑을 얻기 위한 수단이 되어서는 안 됩니다. 요한일서 4:19에서는 "우리가 사랑함은 그가 먼저 우리를 사랑하셨음이라"라고 했습니다. 하나님께서 먼저 우리를 사랑하셨기 때문에 우리가 하나님을 사랑한다는 뜻일 수도 있고, 하나님께서 먼저 우리를 사랑하셨기 때문에 우리가 서로 사랑한다는 뜻일 수도 있습니다. 이렇게 이해하든 저렇게 이해하든 아무 차이가 없는 것은 둘 다 사실이기 때문입니다. 예수님께서는 하나님을 향한 사랑과 서로를 향한 사랑이 하나님의 모든 계명의 핵심이라고 하셨습니다(마태복음 22:36-40 참조).

그러므로 우리가 은혜로 살고 있음을 보여 주는 분명한 증거 가운데 하나는 하나님의 명령에 사랑으로 순종하는 것입니다. '하나님의 사랑이 나의 순종에 달려 있지 않으니 내 마음대로 살아도 된다'고 생각하는 사람은 은혜에 의해 살고 있지도, 하나님의 은혜를 이해하고 있지도 않습니다. 그 사람이 은혜라고 알고 있는 것은 사실 은혜의 모조품에 지나지 않습니다.

예수님께서는 우리가 예수님을 사랑한다면 예수님의 계명을 지킬 것이라고 말씀하셨습니다. 계명은 두 가지를 제시합니다. 먼저 명확한 지침을 줍니다. 무엇을 해야 하고 무엇을 해서는 안 되는지를 말해 줍니다. 우리는 어떻게 살아야 할지 모호한 가운데 있는 것이 아닙니다. 성경에 나오는 계명들은 우리의 도덕적인 표준이 됩니다.

오늘날 인기 있는 철학 가운데 하나는 "상황 윤리"입니다. 이에 따르면 행동이란 당시 상황에서 "사랑"의 반응이었는지에 의해 평가되어야지 도덕적인 절대적 표준에 의해 평가되어서는 안 된다는 주장입니다. 상황 윤리에서는 행동에 관한 외적인 객관적 표준이 없습니다. 오히려 "그 상황에서 옳게 보이는 것"에 따라 행동합니다. 이 철학이 가지고 있는 문제는 성경에서 말해 주듯이 "만물보다 거짓되고 심히 부패한 것은 마음"이라는 데 있습니다(예레미야 17:9). 그러므로 어떤 잘못된 행동도 옳게 보이도록 만들 수 있습니다. 그리고 우리는 여전히 죄 된 본성을 가지고 있으므로 마음에 대한 이러한 설명은 정도 차이는 있겠지만 그리스도인들에게도 해당됩니다.

이른바 "기독교화된" 상황 윤리를 통해 온갖 종류의 죄 된 행동이 "사랑"이라는 이름으로 행해졌습니다. "외로운" 사람이나 "상처 입은" 사람에 대한 사랑의 행동이라는 핑계로 부도덕한 행위를 하는 경우도 있습니다. 최근에는 불치병에 걸린 아내를 "하늘나라로 보내면 더 행복해질 것이기 때문에" 살해하려고 한 사람도 있었습니다.

하나님의 말씀과 계명에 의해 사랑의 정의를 내리지 않는다면 그리스도인들도 바로 이와 같은 덫에 걸리게 됩니다. "사랑은 간음을 하지 않는다" 혹은 "사랑은 살인하지 않는다"라는 사랑에 관한 객관적인 정의가 사람들로 하여금 핑계를 대지 못하도록 해야 합니다. 하나님의 계명은 우리에게 이러한 객관적인 표준이 되며, 이를 순종하면 상황 윤리에 빠져들지 않게 됩니다.

이 때문에 에베소서 5:17에서는 "그러므로 어리석은 자가 되지 말고 오직 주의 뜻이 무엇인가 이해하라"라고 하였습니다. 여기서 말하는 "주의 뜻"이란 개인적으로 인도를 받아야 할 어떤 사안에 대한 주님의 특정한 뜻을 말하는 것이 아니라, 예를 들면

데살로니가전서 4:3에 나와 있는 것과 같은 주님의 윤리적인 뜻을 의미합니다. "하나님의 뜻은 이것이니 너희의 거룩함이라. 곧 음란을 버리고."

에베소서 5:17의 몇 구절 앞에서 "주께 기쁘시게 할 것이 무엇인가 시험하여 보라"(10절)라고 했습니다. 주님의 뜻이 무엇인가 이해하는 것과 주님께 기쁘시게 할 것이 무엇인가 시험하여 보는 것은 근본적으로 동일합니다. 두 가지 표현 모두 성경의 윤리적인 명령에 나타나 있는 구체적인 행동 방향 내지 지침과 관계가 있습니다. 즉 우리는 성경에 있는 명령을 알고 이해하라고 명령받았습니다. 그리고 하나님의 뜻에 순종하기 위해서는 당연히 하나님의 뜻을 알고자 힘써야 합니다. 무디가 말했듯이, 성경은 지식 증가를 위해 주어진 것이 아니라 우리의 행동을 변화시키기 위해 주어진 것입니다.

그러나 명령은 일련의 지침 그 이상입니다. "아무리 해도 안 되면 지침서를 읽어 보라"라는 말이 있습니다. 이 말은 지침이란 선택 가능한 것이며, 귀찮게 지침을 읽어 보시 읽고도 풍풍 혼자 힘으로 그럭저럭 헤쳐 나갈 수 있다는 것을 암시합니다. 어떤 그리스도인은 예수님의 명령이 일련의 지침 정도로 생각하는 것 같습니다. 그 지침을 따르면 우리가 넘어지고 엎어지거나 상처를 자주 입지 않고 살아 나갈 수 있다고 합니다.

하지만 **명령**이라는 말에는 권위라는 개념이 내포되어 있습니다. 이 말의 가장 기본적인 의미는 "권위를 가지고 시킨다"입니다. 명령은 받아들여도 되고 거부해도 되는 지침이 아닙니다. 명령은 그 명령을 하는 사람이 순종을 요구할 권위와 그렇게 할 의도를 가지고 있다는 것을 암시합니다. 하나님의 명령도 마찬가지입니다. 우주의 절대주권을 가지신 분으로서 하나님께서는 순종을 요구할 권위를 가지고 계시며, 또한 우리가 하나님께 순종하기를 강력히 요구하십니다.

법과 은혜

여기서는 하나님의 법과 하나님의 은혜의 관계를 이해하는 데 있어서 핵심적인 문제를 다루게 됩니다. 여기서 **법**이란 하나님의 도덕적 명령의 총체라는 뜻으로 사용됩니다. 은혜 아래 살 때에 하나님의 도덕적 의지[뜻]는 요청입니까 아니면 명령입니까? 요청이라는 단어는 요망을 암시하고, 반면 **명령**이라는 단어는 요구할 수 있는 권위를 암시합니다. 요망에 대한 반응은 선택 가능한 것이나, 명령에 대한 반응은 그렇지 않습니다.

그러므로 예수님께서 우리가 예수님의 계명 즉 명령을 지킴으로 예수님을 사랑한다고 말씀하셨는데, 이 말씀을 하실 때 계명이라는 말을 우리가 보통 이해하는 뜻으로 사용하셨을까요, 아니면 하나님의 요망을 표현하기 위해 사용하셨을까요? 은혜의 세계에서는 도덕적인 면에 관한 하나님의 뜻은 우리가 어떻게 살았으면 좋겠다는 하나님의 요망을 표현하는 것일까요, 아니면 우리가 어떻게 살아야 하는지에 대한 하나님의 요구를 표현할까요?

어떤 사람은 은혜 아래서는 하나님의 법은 더 이상 요구의 의미는 없고 하나님의 요망의 표현일 뿐이라고 믿습니다. 하나님께서는 우리가 거룩하기를 바라실 뿐 거룩하도록 요구하시는 것은 아니라고 생각합니다. 우리가 자유케 된 것은, 법을 어김으로 말미암은 고소와 정죄로부터만이 아니라, 삶의 규례로서의 법의 요구로부터도 자유케 된 것이라는 견해를 갖습니다. 순종이 그리스도인에 대한 요구 사항이라고 주장하는 것은 은혜 대신에 율법주의를 가르치는 것이라고 여깁니다. 다시 말해 하나님의 뜻에 요구 사항이라는 개념을 도입하면 율법주의요, 요망이라는 개념을 도입하면 은혜라는 것입니다.

그러한 관점은 은혜에 대한 오해에서 나온 것입니다. 하나님의 은혜는 하나님의 도덕법의 근본적인 성격을 바꾸어 놓지 않습니다. 오히려 하나님의 은혜는 그 법을 어긴 사람에게 용서와 용납을 제공합니다. 복음이라는 좋은 소식은 하나님께서, 하나님의 법을 어김으로 말미암은 우리의 죄를 제하시고, 하나님의 법을 완벽하게 지키신 그리스도의 의를 우리에게 덧입혀 주셨다는 것입니다. 법에 복종한다고 해서 율법주의가 아닙니다. 오히려 율법주의란 그리스도에 대한 믿음에 의지하지 않고 단지 자신이 법에 순종하여 행한 공로를 의지하여 의롭다 하심을 얻고 하나님과의 관계에서 좋은 조건을 얻고자 하는 것입니다.

하나님은 예수 그리스도로 말미암아 우리의 구세주와 아버지가 되실 뿐 아니라, 그분은 여전히 하나님이시요 모든 피조물을 다스리시는 최고의 통치자시요 도덕적인 지배자이시라는 사실을 늘 명심해야 합니다. 왕의 자녀들도 왕이 자기 나라를 위해 공포한 법에 복종할 의무가 있습니다. 그들이라고 해서 다른 백성보다 그 의무가 덜한 것이 아닙니다.

그 왕의 자녀들이 아버지를 사랑하고 왕이 공포한 법을 이해하며 동의하기 때문에 자유롭게 기꺼이 법에 순종할 때라도 여전히 왕국의 법의 지배를 받고 있습니다. 마찬가지로 우리는 하나님의 자녀로서 여전히 하나님 나라의 법의 지배를 받습니다. 하나님의 은혜에 대한 반응으로 우리는 사랑하고 감사하는 마

사랑의 증거

음으로 복종해야 합니다. 그리고 제8장에서 살펴보겠지만 하나님께서는 하나님의 법을 우리 마음에 기록하셨기 때문에 우리는 성경에 기록된 하나님의 법에 동의합니다. 그러나 우리는 여전히 하나님의 법을 순종해야 할 명령으로 간주해야지 단지 하나님의 요망의 표현으로 받아들여서는 안 됩니다.

미국의 고속도로에는 흰색으로 된 제한 속도 표지와 노란색으로 된 권고 속도 표지가 있습니다. 제한 속도 표지는 그 주에서 법률로 공포한 것입니다. 권고 속도 표지는 예를 들어 앞에 있는 커브 길이 합법적인 제한 속도로 돌기에는 너무 급커브인 경우 속도를 낮추라고 주의를 줍니다. 제한 속도를 초과하면 그 주의 법을 위반한 것이므로 벌금을 물 수 있습니다. 그러나 권고 속도를 초과했다고 벌금을 물지는 않습니다. 법을 위반한 것은 아니기 때문입니다.

하나님의 법은 흰색으로 된 제한 속도 표지와 같습니다. 그것은 그 나라의 법으로 공포된 것입니다. 우리는 그 법을 여러 번 위반했지만 그리스도께서 "벌금(죽음)"을 대신 내주셨습니다. 그러나 그리스도께서 우리의 "벌금"을 내주셨다고 해서 법이 폐지되지는 않습니다. 말하자면 그리스도의 죽음이 제한 속도 표지를 권고 속도 표지로 바꾸지는 않은 것입니다. 하나님의 은혜 때문에 하나님의 법이 선택 가능한 것, 즉 우리가 삶을 살아갈 때 상처를 입지 않도록 단지 권고해 주는 것으로 바뀐 것은 아닙니다.

이처럼 하나님의 법의 근본적인 특성은 변화하지 않았습니다. 변한 것은 제6장에서 살펴보았듯이 우리가 순종하는 이유 내지 동기입니다. 율법주의하에서는 구원이나 하나님의 축복을 얻어내기 위해 순종을 합니다. 은혜 아래서 하는 순종은 그리스도 안에서 이미 받은 구원에 대한 사랑의 반응입니다. 그리스도를 통해 구원을 주셨듯이 우리가 필요로 하는 다른 모든 것도 하나님께서 주실 것이라는 확신으로 말미암은 사랑의 반응입니다.

두려워서 혹은 공로를 쌓으려고 하나님의 명령에 순종하는 것은 진정한 순종이 아니라는 데는 의문의 여지가 없습니다. 하나님께서 기뻐 받으시는 순종은 오직 사랑의 강권에 의한 것입니다. 이는 사랑은 율법의 완성이기 때문입니다(로마서 13:10). 성경에 나타나 있는 하나님의 법은 우리의 의무를 규정하나, 사랑은 순종을 위한 올바른 동기를 제공합니다. 우리가 하나님께 순종하는 것은 사랑을 받기 위해서가 아니라 그리스도 안에서 사랑을 받고 있기 때문입니다.

율법주의의 덫에 걸려들지 않으면서 하나님의 뜻의 명령적인 성격을 명심한다는 것은 실로 어려운 일입니다. 새뮤얼 볼턴은 이 어려움에 대해 다음과 같이 썼습니다.

> 법 위에서 살면서 법에 따라 사는 것은 어려운 과목입니다. 그러나 그것은 그리스도인이 배워야 하는 과목입니다. 즉 의무에 관해서는 법 안에서 행하나 위로에 관해서는 법 위에서 살며, 순종에 관해서는 법을 지켰다고 무슨 호의를 기대하지도 말며, 실패에 관해서는 법을 어겼다고 법으로부터 가혹한 대우가 있을 것으로 두려워해서도 안 됩니다.

아이러니하게도 하나님의 법은 순종해야 할 명령으로 간주될 때 오히려 은혜로 사는 삶을 촉진시킵니다. 하나님의 명령을 순종해도 되고 안 해도 되는 선택 가능한 것으로 간주하거나, 혹은 하나님의 자녀로서 우리는 더 이상 도덕적인 요구 사항으로서의 법 아래 있지 않다고 생각하게 되면, 공로 지향적인 사고방식에 교묘히 빠져듭니다. 하나님의 법에 복종하는 것을 선택 가능한 것으로 여기게 되면, 우리는 마음속으로 공로를 쌓아 가기 시작합니다. 결국 "나는 순종하지 않아도 되는데 자발적으로 순종했으니 점수를 좀 따는 게 마땅하다"라고 생각합니다.

그러나 하나님의 명령에 순종하도록 요구받고 있다는 사실을 아는 사람은 자신이 비록 하나님의 자녀라 할지라도 순종하는 데 얼마나 부족한지 점점 더 깨닫게 됩니다. 그리고 은혜에 대한 성경적인 개념을 이해하면 점점 더 구세주의 팔과 그분의 공로만을 의지하게 됩니다.

무디는 그러한 효과에 대해 이렇게 말했습니다. "사람들이 구원받도록 하려면 먼저 그들이 잃어버려지도록 해야 합니다." 자기 자신이 잃어버려진 상태에 있다는 사실을 인정하는 사람만이 구세주께로 돌아온다고 말하고 있는 것입니다. 예수님께서도 동일한 원리를 말씀하셨습니다. "내가 의인을 부르러 온 것이 아니요 죄인을 부르러 왔노라"(마태복음 9:13).

이 원리는 은혜 아래서 살아가는 우리에게도 해당됩니다. 다시 "잃어버려진" 상태로 되돌아갈 필요는 없지만, 용서받은 죄인이라는 사실을 상기할 필요는 있습니다. 이를 위한 가장 좋은 길은 하나님의 명령을 삶에서 반드시 실행해야 할 법으로 진지하게 받아들이는 것입니다. 그렇게 할 때 우리 자신이 진정으로 영적 파산 상태에 있다는 사실을 거듭거듭 실감하게 됩니다. 그리고 영원히 헤어날 수 없는 파산 상태에서 구속받은 자로서 매일 하나님의 차고 넘치는 은혜를 더욱 감사하게 됩니다.

그러므로 삶의 규례로서의 하나님의 법은 은혜에 반대되지 않습니다. 오히려 올바르게 사용되면 은혜 가운데 살도록 돕는 역할을 합니다. 그것은 마치 우리가 행위나 공로라는 광야로 나가려 할 때 은혜라는 울타리 속으로 다시 몰아넣는, 양 지키는 개와 유사합니다.

법과 사랑

어떤 이들은 주장하기를, "사랑의 법"이 예수님의 도덕적인 계명까지 대체했으니, 우리가 가진 유일한 규례는 "네 이웃을 네 몸같이 사랑하라" 하는 계명뿐이라고 합니다. 그들은 다음과 같은 로마서 말씀을 인용합니다. "…남을 사랑하는 자는 율법을 다 이루었느니라. '간음하지 말라', '살인하지 말라', '도적질하지 말라', '탐내지 말라' 한 것과 그 외에 다른 계명이 있을지라도 네 이웃을 네 자신과 같이 사랑하라 하신 그 말씀 가운데 다 들었느니라. 사랑은 이웃에게 악을 행치 아니하나니 그러므로 사랑은 율법의 완성이니라"(로마서 13:8-10).

어떤 사람은 이 말씀을 신약의 사랑의 원리가 구약의 율법의 원리를 대체했다는 의미로 이해합니다. 즉 구약 시대의 유대 민족은 수많은 구체적인 도덕률하에서 살았지만, 신약 시대의 교회는 "성년"이 되었으며 이제 사랑이라는 더 높은 원리에 의해 산다는 것입니다. 사랑이란 자발적이어야 하고 강요되어서는 안 되는 것이므로 사랑과 율법은 서로 배타적이라고 생각합니다.

그러나 도덕법은 하나님의 도덕적 성품을 반영한 것이요 "하나님은 사랑"(요한일서 4:8)이신 것을 깨닫는다면 율법과 사랑을 구분할 수 없다는 사실을 알게 됩니다. 둘 다 하나님의 성품을 표현합니다. 비유컨대 그 둘은 동전의 양면과 같습니다. 사랑은 율법의 명령에 순종할 수 있는 동기를 제공하고, 율법은 사랑을 행하기 위한 구체적인 지침을 제공해 줍니다.

예를 들면 로마서 13:10에서 "사랑은 이웃에게 악을 행치 아니한다"라고 했습니다. 그러나 이것이 우리가 사랑에 대해 알고 있는 전부라고 생각해 보십시오. 우리에게 십계명이 없다고 상상해 보십시오. 9절에서 '간음하지 말라', '살인하지 말라', '도적질하지 말라', '탐내지 말라' 한 것도 다 십계명에 있는 것을 말하였습니다. 이러한 구체적인 지침이 없다면 이웃에게 악을 행치 아니한다는 말의 의미를 어떻게 알겠습니까?

대부분의 사람들이 고린도전서 13:4-7에 나와 있는 사랑에 대한 묘사를 알고 있을 것입니다.

> 사랑은 오래 참고 사랑은 온유하며 투기하는 자가 되지 아니하며 사랑은 자랑하지 아니하며 교만하지 아니하며 무례히 행치 아니하며 자기의 유익을 구치 아니하며 성내지 아니하며 악한 것을 생각지 아니하며 불의를 기뻐하지 아니하며 진리와 함께 기뻐하고 모든 것을 참으며 모든 것을 믿으며 모든 것을 바라며 모든 것을 견디느니라.

이 구절은 사랑에 대한 사전적인 정의를 내린 것이 아닙니다. 오히려 사랑을 구체적인 태도와 행동으로 묘사하고 있습니다. 이러한 태도와 행동이 무엇입니까? 그것은 하나님의 도덕법을 이런저런 모양으로 표현한 것에 지나지 않습니다.

레위기 19장은 기본적으로 출애굽기 20장의 십계명을 상세히 설명한 것입니다. 레위기 19:11-18을 살펴봅시다.

> 너희는 도적질하지 말며 속이지 말며 서로 거짓말하지 말며, 너희

는 내 이름으로 거짓 맹세함으로 네 하나님의 이름을 욕되게 하지 말라. 나는 여호와니라. 너는 네 이웃을 압제하지 말며 늑탈하지 말며 품꾼의 삯을 아침까지 밤새도록 네게 두지 말며, 너는 귀먹은 자를 저주하지 말며 소경 앞에 장애물을 놓지 말고 네 하나님을 경외하라. 나는 여호와니라. 너희는 재판할 때에 불의를 행치 말며 가난한 자의 편을 들지 말며 세력 있는 자라고 두호하지 말고 공의로 사람을 재판할지며, 너는 네 백성 중으로 돌아다니며 사람을 논단하지 말며 네 이웃을 대적하여 죽을 지경에 이르게 하지 말라. 나는 여호와니라. 너는 네 형제를 마음으로 미워하지 말며 이웃을 인하여 죄를 당치 않도록 그를 반드시 책선하라. 원수를 갚지 말며 동포를 원망하지 말며 이웃 사랑하기를 네 몸과 같이 하라. 나는 여호와니라.

자, 이제 이 말씀을 고린도전서 13장의 "사랑은… 하지 아니하고" 형식을 사용하여 한번 풀어 써 봅시다. 그렇게 하면 레위기 19:11-18은 다음과 같이 될 것입니다.

　사랑은 도적질하지 아니하고 속이지 아니하며 서로 거짓말하지 아니하며, 사랑은 하나님의 이름을 욕되게 하지 아니하며, 이웃을 압제하지 아니하며 늑탈하지 아니하며 품꾼의 삯을 아침까지 밤새도록 두지 아니하며, 사랑은 귀먹은 자를 저주하지 아니하며 소경 앞에 장애물을 놓지 아니하느니라.
　사랑은 재판할 때에 불의를 행치 아니하며 가난한 자의 편을 들지도, 세력 있는 자라고 두호하지도 아니하고 공의로 사람을 재판하며, 사랑은 백성 중으로 돌아다니며 사람을 논단하지 아니하며 이웃을 대적하여 죽을 지경에 이르게 하지 아니하느니라.
　사랑은 형제를 마음으로 미워하지 아니하며 이웃을 인하여 죄를 당치 않도록 그를 반드시 책선하며, 사랑은 원수를 갚지 아니하며 동포를 원망하지 아니하며 이웃 사랑하기를 자기 몸과 같이 하느니라.

이렇게 풀어서 써 보면 도덕법의 다양한 표현은 그것이 성경의 어디 부분에 있든지 단지 행동으로 나타나는 사랑에 대한 묘사임을 알 수 있습니다.

레위기 19장은 또한 우리의 이웃이 누구인지 이해하도록 도와줍니다. 이웃이란 품꾼, 귀먹은 자, 소경, 가난한 자, 세력 있는 자, 속이고 싶은 사람, 헐뜯거나 훔치고 싶은 유혹을 느끼는 사람입니다. 또한 이웃이란 우리에게 잘못한 사람, 우리가 원망하고 싶은 사람입니다. 우리의 조심성 없는 행동으로 말미암아 생명이 위험에 처하는 사람도 우리 이웃입니다. 이웃이란 우리가 만나게 되는 사람이라고 쉽게 말할 수 있습니다. 그러나 도덕적인 면에서 "맹점"을 가질 수 있기 때문에 구체적인 상황에 대해 생각하는 것도 도움이 됩니다.

사랑의 원리는 하나님의 도덕법보다도 "더 높은 원리"가 아닙니다. 오히려 사랑은 순종을 위한 동기를 주는 반면, 율법은 사랑의 성경적 표현을 위한 지침을 제공합니다. 하나님의 율법에 의해 규정된 여러 행동이 하나님과 이웃에 대한 사랑의 동기가 아니라면 실로 공허한 것입니다. 만일 내가 거래를 한다면 나에게 공정하게 대하는 이유가 사업에 도움이 되기 때문이 아니라 나를 사랑하기 때문인 사람과 하겠습니다. 나는 또한 그의 사랑이 성경의 도덕적이고 윤리적인 원리에 따르기를 원합니다.

구약의 법

이제 구약성경의 도덕적인 명령이 오늘날의 그리스도인들과 어떤 관련이 있는지를 살펴보기로 하겠습니다. 고든 웬험의 다음 말은 이 영역을 이해하는 데 특히 도움이 됩니다.

행동의 기본 원리에 관한 한 구약성경과 신약성경은 광범위하게 일치하고 있습니다. "네 마음을 다하고 목숨을 다하고 뜻을 다하고 힘을 다하여 주 너의 하나님을 사랑하라. 네 이웃을 네 몸과 같이 사랑하라"(마가복음 12:30-31, 신명기 6:5, 레위기 19:18). 이렇게 신명기와 레위기의 두 말씀을 인용함으로써 예수님께서는 구약성경의 율법의 핵심을 이끌어 내셨으며 거기에 인정의 도장을 찍으셨습니다. 십계명은 신약성경에 종종 인용됩니다. 베드로전서 1:16에서는 거룩하라는 레위기의 명령을 인용했습니다. 신약성경이 구약성경과 동일한 수준의 개인적인 도덕성을 요구한다는 것을 보여 주기 위해 더 많은 예를 들 수 있습니다. 이는 구약성경의 하나님이 신약성경의 하나님이시기 때문입니다. 하나님의 백성은 하나님을 닮기로 되어 있습니다. 레위기에서 "내가 거룩하니 너희도 거룩할지어다"(레위기 11:45)라고 명한다면 우리 주님께서는 "그러므로 하늘에 계신 너희 아버지의 온전하심과 같이 너희도 온전하라"(마태복음 5:48)라고 촉구하십니다. 신구약 성경에서 요구하는 개인적인 윤리가 비슷하다는 것은 명백합니다.…

구약성경의 밑바탕에 깔려 있는 원리는 그리스도인들에게 유효하고 권위를 갖지만 구약성경에서 발견되는 특정한 적용은 그렇지 않을 수도 있습니다. 도덕적인 원리는 오늘날도 동일하나 우리의 상황이 구약성경이 기록될 때와는 종종 다르기에 우리 사회에서의 적용 또한 다를 것이 당연합니다.

그 예 가운데 하나가 신명기 22:8입니다. "네가 새 집을 건축할 때에 지붕에 난간을 만들어 사람으로 떨어지지 않게 하라. 그 피 흐른 죄가 네 집에 돌아갈까 하노라." 난간은 사람들이 떨어지지 않도록 하려고 지붕 가장자리에 설치하는 것으로서 지붕을 편평하게 하는 이 지방에서는 보편적인 것이었습니다. 이 말씀이 보여 주는 원리는 안전장치를 만드는 것은 단지 하나의 좋은 아이디어 정도가 아니라 하나님의 뜻이라는 것입니다. 이 말씀은 우리가 사업장과 제품의 안전에 관한 법률에 그리스도인답게 반응하도록 도와줍니다. 비록 그러한 법률의 어떤 면은 안전 문제를 규정함에 있어서 좀 지나친 감이 없지 않으나, 그 법률은 만든 사람들이 의도한 바는 아닐지라도 신명기 22:8에서 하나님께서 말씀하신 원리의 적용입니다. 그러므로 하나님과 이웃에 대한 사랑으로 말미암아 우리의 사업장과 제품에서 최대한 안전을 도모해야 해야 합니다.

사도 바울은 고린도전서 9:9-10에서 구약의 율법에 나타나 있는 원리를 적용하는 이 방법을 사용했습니다. "모세 율법에 곡식을 밟아 떠는 소에게 망을 씌우지 말라 기록하였으니 하나님께서 어찌 소들을 위하여 염려하심이냐? 전혀 우리를 위하여 말씀하심이 아니냐? 과연 우리를 위하여 기록된 것이니 밭 가는 자는 소망을 가지고 갈며 곡식 떠는 자는 함께 얻을 소망을 가지고 떠는 것이라." 바울은 구약성경에 있는 말씀의 원리를 복음을 위해 수고하는 자들과의 관계에 구체적으로 적용을 했는데 복음 사역은 구약의 농사와는 아주 거리가 먼 것입니다. 그럼에도 이 원리는 바울 당시와 마찬가지로 오늘날도 적용할 수 있으며, 복음 사역뿐 아니라 모든 고용 관계에도 적용 가능합니다. 이러한 의미에서 구약성경에 나타나 있는 하나님의 법은 폐하여진 것이 아닙니다.

복음 안에 있는 자유

이렇게 말하는 사람도 있을 것입니다. "하지만 에베소서 2:15에서는 예수님께서 의문에 속한 계명의 율법을 자기 육체로 폐하셨다고 말하지 않았습니까? 또 갈라디아서 5:1에서는 그리스도께서 우리를 율법으로부터 자유케 하셨다고 말하지 않았습니까? 그리고 그 자유에 굳게 서라고 촉구하지 않았습니까?" 하나님의 법과 은혜의 관계를 바르게 이해하기 위해서는 이 질문을 정직하게 다루어야 합니다.

첫 번째 질문에 답하자면, 분명 사도 바울은 그리스도께서 하나님의 도덕적인 뜻을 폐하셨다는 의미로 말했을 리가 없습니다. 그런 의미이면 바울이 다른 여러 곳에서 말한 것과 모순이 됩니다. 사실 바울은 동일한 서신의 뒷부분에 분명하게 십계명을 인용했습니다. "자녀들아, 너희 부모를 주 안에서 순종하라. 이것이 옳으니라. 네 아버지와 어머니를 공경하라. 이것이 약속 있는 첫 계명이니"(에베소서 6:1-2).

그러므로 바울은 그리스도께서 하나님의 도덕적 의지의 표현으로서의 율법을 폐하셨다는 뜻으로 말했을 리가 없습니다. 또한 율법의 요구가 이제는 하나님의 요망 사항으로 바뀌었다는 의미로 말한 것도 아닙니다. 폐했다는 말이 그런 의미를 담고 있지는 않을 것입니다. 분명 바울이 말한 의미는 그리스도께서는 그를 믿는 사람들을 위해 율법의 저주와 정죄를 폐하셨다는 뜻입니다.

갈라디아서 3:10에서는 "무릇 율법 행위에 속한 자들은 저주 아래 있나니 기록된 바 누구든지 율법책에 기록된 대로 온갖 일을 항상 행하지 아니하는 자는 저주 아래 있는 자라 하였음이라"라고 말했습니다. 이 구절은 에베소서에서 율법을 폐했다고 했을 때 말하고자 한 바를 이해하는 데 실마리를 제공해 줍니다. 폐하여진 율법은 불순종하면 정죄하고 저주하는 그런 관점에서의 율법입니다. 그리스도께서는 우리를 위해 율법의 저주를 담당하심으로써 이러한 관점에서의 율법을 폐하셨습니다. 바울은 이어서 13절에서 이렇게 말했습니다. "그리스도께서 우리를 위하여 저주를 받은 바 되사 율법의 저주에서 우리를 속량하셨으니 기록된 바 나무에 달린 자마다 저주 아래 있는 자라 하였음이라." 이 구절은 또한 그리스도께서 우리에게 자유를 주셨다는 점을 이해하는 데도 도움이 됩니다(갈라디아서 5:1).

갈라디아 교회가 가지고 있던 문제는 하나님의 도덕법에 대한 불순종이 아니었습니다. 오히려 구원을 얻기 위해 도덕법과, 의식에 관한 모세의 율법을 의지하는 것이 문제였습니다. 유대 랍비들 가운데는 "이방인에게 할례 주고 모세의 율법을 지키라 명하는 것이 마땅하다"라고 주장하는 이들이 있었습니다(사도행전 15:5). 예수님께서는 모세의 율법을 지키라는 유대인의 이러한 주장으로부터 우리를 자유케 하셨습니다. 우리는 구원의 수단으로 율법에 의지하는 자들 위에 임하는 저주로부터 해방되었습니다.

오늘날 바울이 살던 당시에 새롭게 생겨나고 있던 이방인 교회들이 유대의 "율법 준수자들"과 가졌던 갈등을 제대로 안다는 것이 쉬운 일은 아닙니다. 우리는 바울이 다루고 있던 문제와 관련하여 바울이 자유라는 말을 어떤 의미로 사용했는지를 이해하려고 노력해야 합니다. 그렇지 않으면 바울이 실제로 말했던 그 이상을 말한 것으로 생각할지도 모릅니다.

미국 역사에서 유명한 한 애국자는 "내게 자유를 달라. 그렇지 않으면 죽음을 달라!"라고 외쳤습니다. 그가 이 말을 한 것은 미국의 독립과 연관하여 한 것이기 때문에 특별히 영국의 학정으로부터의 자유를 의미했음을 쉽게 알 수 있습니다. 그는 모든 민법으로부터의 자유를 외친 것이 아니라 영국의 부당한 법으로부터의 자유를 외치고 있었습니다.

마찬가지로 바울은 절대적인 의미에서의 자유를 요구하지 않았으며, 유대의 율법 체계의 속박으로부터의 자유를 요구한 것입니다. 이 율법 체계는 그리스도께서 자신의 죽음으로 말미암아 폐하셨습니다. 무제한적인 자유라는 것은 없습니다. 그러한 "자유"는 자유가 아니라 혼란이 될 것입니다. 각 사람이 자기 눈에 좋은 대로 행한다면 우리의 죄 된 성품으로 인해 완전히 무질서와 혼돈 상태에 빠지게 될 것입니다.

우리는 "자유 국가"에 살고 있다고들 말합니다. 우리는 그 자유를 정치적인 자유로 이해합니다. 즉 정부에 대해 발언권을 가지고 있는 것입니다. 따라서 나라의 법률에 마음대로 불순종해서는 안 됩니다. 예를 들면 2차선 고속도로에서 마음대로 반대편 차선으로 차를 몰아서는 안 됩니다.

한 친구의 아들은 어떤 나라를 방문했다가 거기서 "자유"의 우스운 실례 하나를 목격하게 되었습니다. 그 나라의 운전자들은 교통 법규를 지키지 않고 제멋대로 하는 경향이 있었습니다. 한번은 철길 건널목에 자동차들이 서 있었는데, 도착 순서대로 뒤로 줄서지 않고 저마다 차단기 앞에까지 고개를 들이밀더니 결국 반대 방향의 차로까지 침범하여 아예 옆으로 줄을 서게 되었습니다. 운전자마다 차단기가 올라가면 자기가 맨 먼저 출발하려고 했습니다. 열차가 지나갔을 때 보니 차들은 반대 방향 차로까지 완전히 차지하고 있었고 저쪽 편도 마찬가지였습니다. "자유"는 금세 혼란으로 바뀌어 버렸습니다! 하나님의 율법으로부터의 무제한적인 자유를 고집하면 이보다 훨씬 더 심각한 일이 벌어지고 맙니다.

갈라디아서 5:13에서는 우리가 자유를 위하여 부르심을 입었다고 말씀합니다. 진정으로 우리는 율법의 저주와 속박으로부터 해방되었습니다. 이 자유는 우리 삶을 향한 하나님의 뜻을 표현한 율법으로부터의 자유가 아니라, 하나님 앞에 인정받으려고 점수를 따기 위한 노력이나 행위로부터의 자유입니다.

바울은 "내 속사람으로는 하나님의 법을 즐거워한다"(로마서 7:22)라고 했으며, "내 자신이 마음으로는 하나님의 법을 섬긴다"(로마서 7:25)라고도 했습니다. 그리고 몇 구절 앞에서는 하나님의 율법을 "거룩하며 의로우며 선하다"고 했습니다(12절). 거룩하며 의로우며 선한 것, 더구나 자기가 즐거워하는 것으로부터 바울 자신이 해방되기를 원하거나 다른 사람을 해방시키기 원했다고 생각할 수는 없는 일입니다.

그러므로 하나님의 법은 은혜와 대립하는 것이 아니며 은혜의 적도 아닙니다. 은혜로 살아가고자 할 때 하나님의 법이 우리를 거스르는 것도 아닙니다. 은혜에 의해 산다는 것은, 우리 삶에 부어 주시는 하나님의 축복이 우리의 순종과 불순종에 달려 있는 게 아니라 그리스도의 완벽한 순종에 달려 있다는 사실을 이해하고서 살아간다는 의미입니다. 또한 그것은 하나님의 은혜에 감사하며, 그리고 축복을 받기 위해서가 아니라 이미 받았기 때문에 하나님의 뜻을 알려고 하고 하나님께 순종하려 하는 삶입니다.

8
거룩함 – 하나님의 은혜의 선물

그 후에 말씀하시기를 "보시옵소서. 내가 하나님의 뜻을 행하러 왔나이다" 하셨으니 그 첫 것을 폐하심은 둘째 것을 세우려 하심이니라. 이 뜻을 좇아 예수 그리스도의 몸을 단번에 드리심으로 말미암아 우리가 거룩함을 얻었노라. (히브리서 10:9-10)

"주님의 백성이 범하는 아주 큰 실수 가운데 하나는 오직 그리스도 안에서만 발견할 수 있는 것을 자신들 속에서 발견하려고 하는 것입니다." 아서 핑크의 이 말은 은혜로 살아가는 데 있어서 핵심적인 문제에 초점을 맞추고 있습니다. 우리는 대개 이러한 경향을 가지고 있습니다. 즉 오직 그리스도 안에서만 발견할 수 있는 것을 자신들 속에서 추구하는 것입니다.

은혜로 산다는 것은 오직 예수 그리스도의 공로에 의지하여 사는 것입니다. 은혜로 산다는 것은 하나님 앞에서의 우리의 용납과 신분을 포함하여 우리와 하나님과의 관계의 토대를 온전히 나와 예수님과의 연합에 두는 것입니다. 은혜로 산다는 것은 내게는 나와 하나님과의 관계에 합당한 그 어떤 것도 없다는 사실을 인정하는 것입니다. 나의 의로운 행동마저도 하나님 보시기에는 더러운 옷 같기 때문입니다(이사야 64:6). 나의 최선의 행위마저도 온전치 못한 동기와 불완전한 실행으로 말미암아 결함을 지니고 있습니다. 나는 결코 하나님을 마음을 다하여 진정으로 사랑하지 않으며 결코 이웃을 나 자신을 사랑하듯이 깊이 그리고 꾸준하게 사랑하지 않습니다.

그럼에도 하나님께서는 완벽함 내지 온전함을 요구하십니다. 예수님께서는 마태복음 5:48에서 "그러므로 하늘에 계신 너희 아버지의 온전하심과 같이 너희도 온전하라"라고 말씀하셨습니다. 예수님의 말씀을 진지하게 받아들일 때 우리는 시편 기자처럼 "주의 계명은 심히 넓으니이다"라고 말하지 않을 수 없습니다(시편 119:96).

이 딜레마에 대한 해결책은 무엇입니까? 모든 그리스도인은, 믿을 때 하나님께서 우리 것으로 여겨 주시는 그리스도의 의를 토대로 해서만 의롭다 하심을 얻는다는 사실을 인정합니다(로마서 3:21-25). 그러나 거룩해지는 것 또한 그리스도 안에 있는 믿음으로 된다는 사실을 제대로 인정하는 사람은 별로 없습니다.

거룩하여짐, 성화, 혹은 거룩함, 이 세 가지는 사실 서로 바꾸어 쓸 수 있는 말인데, 기본적으로 하나님의 도덕적 특성에 맞추어 가는 것입니다. 보통 우리는 성화를 점진적인 것으로 생각하며, 그것은 우리 성품의 내적 변화로서 이를 통해 점점 더 그리스도를 닮아 가는 것으로만 생각합니다. 그것이 성화의 주요한 부분임에는 틀림없으나 다는 아닙니다.

성경은 우리가 그리스도 안에서 이미 소유하고 있는 거룩함과 점점 자라 가야 할 거룩함 둘 다를 언급하고 있습니다. 전자는 우리를 위해 그리스도께서 하신 일의 결과요, 후자는 우리 안에서 성령께서 하시는 일의 결과입니다. 전자는 완전하고 더할 나위 없는 것으로 그리스도를 믿고 영접하는 그 순간 우리 것이 되며, 후자는 점진적인 것으로서 우리가 이생에 머무르고 있는 한 결코 완전한 수준에 도달하지 못하는 것입니다.

우리가 그리스도 안에서 갖는 객관적인 거룩함과 성령에 의해 이루어져 가는 주관적인 거룩함 두 가지 모두 하나님의 은혜의 선물이며 둘 다 믿음으로 말미암아 우리의 것이 됩니다. 우리의 최선의 행동마저도 결함이 있고 오염되어 있는데 어떻게 온전히 거룩하신 하나님 앞에 날마다 나아갈 수 있는가 하는 문제에 대한 해답은 우리가 그리스도 안에서 가지고 있는 완전한 거룩함입니다. 우리가 그리스도 안에서 가지고 있는 거룩함과 우리 자신 안에서 발견하기를 원하는 거룩함 사이의 구분에 대한 이해의 부족 때문에, 아서 핑크는 우리가 오직 그리스도 안에서만 발견할 수 있는 것을 우리 안에서 발견하려는 실수를 범하고 있다고 말한 것입니다.

우리의 거룩함이신 그리스도

고린도전서 1:30에서는 "너희는 하나님께로부터 나서 그리스도 예수 안에 있고, 예수는 하나님께로서 나와서 우리에게 지혜와 의로움과 거룩함과 구속함이 되셨으니"라고 기록했습니다. 예수님이 바로 우리의 "의로움과 거룩함과 구속함"이라는 것입니다. 예수님이 우리의 의로움이 되신다는 이 진리는 잘 받아들여지고 이해되고 있으며, 이는 또한 우리의 칭의의 기초입니다. 그러나 그리스도는 또한 우리의 **거룩함**이 되십니다. 이 사실은 그리 잘 이해되고 있지 않습니다. 모든 그리스도인은 의롭다 하심을 얻기 위해 오직 그리스도만을 바라보지만 하나님 앞에서의 그들의 온전한 거룩함을 위해 그리스도를 바라보는 사람은 그리 많지 않습니다. 그러나 모든 믿는 자는 그리스도 안에서 의로워진 것과 마찬가지로 그리스도 안에서 거룩해졌다는 사실이 성경의 진리입니다.

예수님을 떠나서 우리 자신을 보면 우리는 참으로 죄악 되고 더러운 존재입니다. 우리는 하나님의 율법을 범함으로 죄가 있으며, 죄의 오염시키는 성질로 인해 하나님 보시기에 더럽습니다. 우리는 죄로부터의 용서가 필요하며 또한 더러움으로부터 정결케 됨이 필요합니다. 칭의로 인해 우리는 용서받았으며 하나님의 공의의 법정에서 의롭다는 판결을 받았습니다. 그리스도 안에서 소유하고 있는 온전한 거룩함을 통해 우리의 도덕적 오염은 제하여지고, 한없이 거룩하신 하나님의 존전에 나아가 하나님과 교제를 즐기기에 합당한 자들이 됩니다.

히브리서 10:10,14은 우리가 오직 그리스도 안에서 갖고 있는 거룩함의 객관적인 면을 이해하도록 도와줍니다. "이 뜻을 좇아 예수 그리스도의 몸을 단번에 드리심으로 말미암아 우리가 거룩함을 얻었노라"(10절). 우리가 **거룩함을 얻었다**는 말씀에 주목하십시오. 이는 그 일이 완성되었다는 사실을 보여 줍니다. 이 말씀은 예수님께서 단번에 드리신 제사로 말미암아 우리가 그리스도 안에서 소유하고 있는 거룩함을 강조하고 있습니다.

한편 14절은 "저가 한 제물로 거룩하게 된 자들을 영원히 온전케 하셨느니라"라고 말합니다. 다른 번역본들을 보면 "거룩하게 된"이라는 말이 "거룩하게 되고 있는"이라고 되어 있습니다. 즉 점진적인 성화에서의 성령의 역사를 나타냅니다. 그러나 이 구절은 또한 예수님께서 우리를 **영원히 온전케 하셨다**고 함으로 그리스도 안에서 우리의 완성되고 객관적인 성화를 언급합니다.

그러므로 성화의 한 측면에서는 그리스도의 거룩함이 우리 것으로 간주되기 때문에 우리는 이미 거룩합니다. 우리는 영원히 온전케 되었습니다. 또 다른 측면에서는 우리는 그리스도의 생명을 당신의 삶에 불어넣어 주는 성령의 역사로 말미암아 하루하루 거룩해지고 있는 것입니다.

거룩함은 우리의 매일의 삶을 위한 목표가 되어야 마땅합니다. 그러나 성령께서 우리 안에서 이루어 가고 계신 이 거룩함을 우리와 하나님과의 관계의 토대로 삼아서는 안 됩니다. 그러면 흔들립니다. 은혜로 살기 위해서는 언제나 지금 우리 자신의 상태가 아니라 거룩하신 그리스도를 바라보아야 합니다. 그리스도를 의지해야 합니다. 우리는 결코 이생에서는 하나님 앞에 나아갈 수 있을 정도로 충분히 거룩해지지는 않을 것입니다. 그러나 그리스도 안에 있는 우리는 그리스도로 말미암아 하나님 보시기에 온전히 거룩합니다.

에베소서와 골로새서에 있는 두 말씀이 우리 모두에게 격려가 됩니다.

> 곧 창세전에 그리스도 안에서 우리를 택하사 우리로 사랑 안에서 그 앞에 거룩하고 흠이 없게 하시려고. (에베소서 1:4)

> 이제는 그의 육체의 죽음으로 말미암아 화목케 하사 너희를 거룩하고 흠 없고 책망할 것이 없는 자로 그 앞에 세우고자 하셨으니. (골로새서 1:22)

두 구절에서 공통된 가르침은 우리는 하나님 보시기에 거룩하고 흠이 없다는 사실입니다. 우리가 하나님께서 보시기에 거룩하다고 말하는 것은 하나의 역설처럼 들립니다. 죄가 많을 뿐 아니라 도덕적으로도 더러운 우리가 도대체 어떻게, 우리의 마음을 꿰뚫어 보시며 우리의 말과 행동뿐 아니라 모든 동기와 생각까지도 아시는 분이 보시기에 거룩할 수 있단 말입니까? 이는 우리가 그리스도와 연합되어 있기 때문입니다. 하나님께서는 그리스도의 거룩함을 우리의 거룩함으로 간주하십니다. 아서 핑크는 "그리스도 안에서 하나님께서는 아무리 면밀히 관찰해도 흠을 발견할 수 없고 하나님의 마음에 기쁨과 만족을 주는 거룩함을 보십니다. 그리고 하나님 앞에서 그리스도의 어떠하심은 모두 다 그의 백성을 위한 것입니다"라고 했습니다.

많은 사람들이 부모가 학업, 운동, 음악, 혹은 기타 영역에서 자녀들의 성적이나 성취를 아주 강조하는 가정에서 자라났습니다. 흔히 그런 환경에서는 자신이 아무리 잘해도 부모의 기대를 충족시켰다고는 느껴지지 않습니다. 그리고 그들은 자신이 미흡하다는 이러한 느낌을 하나님과의 관계에 그대로 가지고 옵니다. 그들은 끊임없이, '하나님은 나를 기뻐하실까? 하나님은 아버지로서의 애정을 가지고 내게 미소를 보내고 계실까?' 하고 궁금해합니다.

이 질문에 대한 대답은 말 그대로 "예"입니다. 하나님께서는 아버지로서의 애정을 가지고 우리를 향해 미소 짓고 계십니다. 하나님께서는 당신이 그리스도 안에서 거룩하고 흠이 없는 것으로 여기시기 때문에 당신을 기뻐하십니다. 당신의 성적이나 성취가 궁금하십니까? 그러면 예수님께서 "내가 항상 그의 기뻐하시는 일을 행한다"(요한복음 8:29)라고 말씀하셨다는 사실을 잘 생각해 보십시오. 우리 하나님 아버지께서 우리를 보실 때는 형편없는 우리의 성적을 보시는 게 아닙니다. 그 대신 하나님께서는 예수님의 완벽한 성적을 보십니다. 그리고 예수님의 온전한 거룩함을 통해서 우리를 보시기에 우리를 거룩하고 흠 없다고 여기십니다.

에베소서 3:12은 "우리가 그 안에서 그를 믿음으로 말미암아 담대함과 하나님께 당당히 나아감을 얻느니라"라고 말합니다. 하나님께서는 우리가 그리스도와 연합할 때 담대하고 당당하게 하나님 앞에 나아갈 수 있게 하셨습니다. 당신 자신만으로는 하나님께 용납되지 않습니다. 당신은 예수님을 떠나서는 결코 자신을 깨끗하게 할 수 없습니다.

나는 수양회와 여러 모임에서 말씀을 많이 전합니다. 그럴 때면 늘 주님께서 내가 전하는 메시지에 능력을 더해 주시고 사용해 주시기를 기도하며, 나의 동기가 순수하게 하나님을 영화롭게 하고 하나님의 백성을 세워 주는 것이기를 원합니다. 그러나 나의 동기가 결코 그렇지만은 않다는 사실을 압니다. 왜냐하면 내 마음 깊은 곳에는 설교자로서 성공하고 싶은 마음이 자리 잡고 있기 때문입니다. 밑바닥에 깔려 있는 그리한 동기를 물리치기 위해 노력하면 할수록 그것을 완전히는 물리칠 수가 없다는 사실을 깨달을 뿐입니다. 나는 결코 그 동기를 깨끗하게 할 수 없습니다.

이것은 우리가 거룩하신 하나님 앞에 서기 위해 필요한 거룩함을 우리 속에서 결코 찾아볼 수 없다는 사실을 입증하기 위해 내 삶에서 보여 줄 수 있는 많은 실례 가운데 하나에 지나지 않습니다. 그러나 하나님께서는 은혜로 자기 아들 안에서 완벽한 거룩함을 예비하셨습니다. 그리스도와의 연합을 통해 우리는 거룩해졌습니다.

거룩함에서의 성장

하지만 우리를 향한 하나님의 궁극적인 목표는 우리가 신분에서뿐 아니라 인격과 삶에서도 하나님의 아들을 진정으로 닮아 가는 것입니다. 이 목표는 로마서 8:29에 잘 표현되어 있습니다. "하나님이 미리 아신 자들로 또한 그 아들의 형상을 본받게 하기 위하여 미리 정하셨으니 이는 그로 많은 형제 중에서 맏아들이 되게 하려 하심이니라."

신약성경 전체를 통해 성경 기자들이 구원에 대해 말할 때 이 궁극적인 목표를 언급하고 있는 것을 봅니다. 예를 들면 디도서 2:14에서는 "그가 우리를 대신하여 자신을 주심은 모든 불법에서 우리를 구속하시고 우리를 깨끗하게 하사 선한 일에 열심하는 친 백성이 되게 하려 하심이니라"라고 말합니다. 예수님께서는 단지 우리를 죄의 형벌로부터 구하기 위해서만 죽으신 것이 아니요, 하나님 앞에서 우리의 신분을 거룩하게 하기 위해서만 죽으신 것도 아닙니다. 그분이 죽으신 것은 또한 우리를 깨끗하게 하여 그분께 순종하기를 열망하는 백성, 그분을 닮아 가기를 열망하는 백성이 되게 하기 위함이었습니다.

그러므로 거룩 혹은 성화란 하나님 앞에서의 우리의 신분 그 이상입니다. 그것은 또한 우리가 구원을 받을 때에 시작하여 하나님의 존전에서 온전해질 때 완성되는, 평생 그리스도를 닮아 가는 과정입니다. 우리를 그리스도와 일치시켜 가는 이 점진적인 과정은 우리가 구원받는 바로 그 순간 곧 성령께서 내주하시고 그리스도 안에서 새로운 생명을 주시기 위해 우리 안에 오시는 그 순간에 시작됩니다. 거룩함에서 성장해 가는 이 과정을 점진적 성화라고 부르는데, 이는 참으로 그것이 하나의 성장 과정이기 때문입니다.

　우리가 그리스도 안에서 가지고 있는 거룩함은 객관적인 것이요, 우리의 바깥으로부터 주어집니다. 그것은 우리와 그리스도의 연합으로 말미암아 우리 것이 된 그리스도의 온전한 거룩함이요, 하나님 앞에서 우리의 신분에 영향을 미칩니다. 하나님께서는 그리스도를 기뻐하시기 때문에 우리를 기뻐하십니다. 그리고 점진적인 성화는 주관적이고 경험과 관련이 있습니다. 그것은 우리에게 그리스도의 생명과 능력을 주셔서 하나님께 순종할 수 있게 해 주시는 성령의 사역입니다. 그러나 거룩함의 두 측면은 다 하나님의 은혜의 선물입니다. 우리는 하나님 앞에서의 우리의 거룩한 신분에 합당치 않으며, 우리를 점점 더 거룩해지게 하시는 성령의 역사를 힘입을 만한 자격이 없습니다. 두 가지 다 예수 그리스도의 공로로 말미암아 하나님의 은혜로 우리에게 주어진 것입니다.

　점진적인 성화는 우리가 구원을 받을 때 하나님의 즉각적인 행동으로 우리 속에서 시작됩니다. 하나님께서는 언제나 칭의와 동시에 이러한 성화의 과정을 시작하십니다. 이 진리를 히브리서 기자는 이렇게 묘사하고 있습니다. "주께서 가라사대 그날 후로는 저희와 세울 언약이 이것이라 하시고 내 법을 저희 마음에 두고 저희 생각에 기록하리라"(히브리서 10:16). 이어서 "또 저희 죄와 저희 불법을 내가 다시 기억지 아니하리라"라고 덧붙였습니다(히브리서 10:17).

　하나님께서는 하나님의 법을 우리 마음에 두고 우리 생각에 기록하기로 약속하십니다. 이것이 바로 성화이며, 내가 좋아하는 표현으로는 성화의 시작인 것입니다. 그리고 하나님께서는 우리의 죄를 더 이상 기억하지 않기로 약속하십니다. 이것이 칭의입니다. 성화와 칭의가 모두 하나님의 선물이며 하나님의 은혜의 표현인 것에 주목하십시오. 비록 그 각각이 구원의 서로 다른 측면이기는 하나 결코 분리될 수는 없습니다. 하나님께서는 칭의가 이루어짐과 동시에 성화를 시작하십니다.

  칭의와 성화는 양복 한 벌에 비유할 수 있습니다. 상의와 하의 그 둘은 늘 함께 옵니다. 한번은 친구가 내게 양복을 사 주겠다고 했습니다. 그는 나를 데리고 옷 가게로 갔고, 나는 상의와 그것에 어울리는 하의, 곧 완전한 양복 한 벌을 입고 그 가게를 나왔습니다. 상의나 하의 하나만으로는 불충분했을 것입니다. 제대로 갖추기 위해서는 둘 다가 필요했습니다.

  그러나 때때로 우리는 구원을 티셔츠나 바지와 더 비슷한 것으로 생각합니다. 우리는 하나님께서는 칭의라는 티셔츠를 은혜로 주시지만 성화라는 바지는 우리 자신의 노력으로 사야 하는 양 생각합니다. 구원은 양복과 비슷합니다. 그것은 언제나 칭의라는 상의와 성화라는 하의가 붙어 다닙니다. 구원이라는 양복 한 벌이 되기 위해서는 둘 다가 필요하기 때문에 하나님께서는 어느 하나만을 주시는 경우가 없습니다.

  성화는 성령의 즉각적인 행동에 의해 우리 속에서 시작되고, 성령의 지속적인 행동에 의해 우리 삶에서 계속 진행됩니다. 이 즉각적인 행동은 성경에서 여러 가지로 묘사되고 있습니다. 이것은 "성령의 새롭게 하심"이라고 불리며(디도서 3:5), 허물과 죄로 죽은 우리를 그리스도와 함께 살아나게 합니다(에베소서 2:1-5). 그 결과 고린도후서 5:17에서 말한 새로운 피조물이 됩니다. "그런즉 누구든지 그리스도 안에 있으면 새로운 피조물이라. 이전 것은 지나갔으니, 보라 새 것이 되었도다!"

  하나님의 이러한 최초 행동을 가장 잘 묘사하고 있는 구절 가운데 하나가 에스겔 36:26-27인데, 거기서 하나님께서는 다음과 같은 은혜로운 약속을 하고 계십니다. "또 새 영을 너희 속에 두고 새 마음을 너희에게 주되 너희 육신에서 굳은 마음을 제하고 부드러운 마음을 줄 것이며, 또 내 신을 너희 속에 두어 너희로 내 율례를 행하게 하리니 너희가 내 규례를 지켜 행할지라."

하나님께서 우리를 구원하실 때 일으키시는 우리의 내적 변화에 주목하십시오. 하나님께서는 우리에게 새 영과 새 마음을 주시는데, 이 새 마음은 의를 사랑하고 죄를 미워하는 마음입니다. 하나님께서는 자신의 영을 우리 속에 두어 우리로 하나님의 율례를 행하고 하나님의 규례를 지켜 행하게 하십니다. 다시 말해 하나님께서는 하나님께 순종하고자 하는, 점점 자라 가는 열망을 주십니다. 우리는 비록 늘 순종하지는 않겠지만 더 이상 하나님의 명령이나 계명을 싫어하지는 않습니다. 귀찮은 존재이던 그것이 이제는 마음에 맞습니다.

다윗은 시편 40:8에서 "나의 하나님이여, 내가 주의 뜻 행하기를 즐기오니 주의 법이 나의 심중에 있나이다"라고 했습니다. 다윗은 왜 하나님의 뜻 행하기를 즐겼습니까? 이는 이 구절의 나머지 부분이 알려 주듯이, 하나님의 법이 그의 심중에 있었기 때문입니다. 다윗은 성경에 기록된 법과 일치하는 하나의 법이 자신의 마음속에 기록되어 있는 것을 알았습니다. 그의 속에 있는 영적 본성과 그의 밖에 있는 하나님의 객관적인 법 사이에는 일치가 있었습니다.

그리스도 안에서 새로운 피조물이 된 사람은 다 그러합니다. 그리스도인의 마음속에 새겨진 법과 성경에 기록되어 있는 법 사이에는 기본적인 일치가 있습니다. 이 말은 우리가 성경에 기록된 법을 버려도 된다는 의미는 아닙니다. 마음에 새겨진 법은 우리가 무엇을 해야 하는지를 정확하게 말해 주지는 않기 때문입니다. 그것은 오직 성경에 기록된 법에 동의하며 반응할 뿐입니다.

우리 속에서 성화를 시작하시는 하나님의 이 즉각적인 행동은 칭의만큼이나 하나님의 은혜의 선물입니다. 하나님께서는 우리가 "모든 것을 내어 드릴 때까지", 그리스도의 주재권에 헌신할 때까지 기다리시지 않습니다. 하나님께서는 하나님의 은혜로 성화를 시작하시고 이루어 가십니다.

고린도후서 5:17에서는 "누구든지 그리스도 안에 있으면 새로운 피조물이라"라고 선언한 직후에 "모든 것이 하나님께로 났다"라고 말씀하고 있습니다(18절). 하나님께서는 우리를 새로운 피조물로 만드셨습니다. 하나님께서는 우리에게 성화라는 선물을 주시되, 칭의를 주시는 것과 동일한 은혜로 동일한 때에 주셨습니다.

우리가 하나님의 은혜를 제대로 이해하지 못하는 이유는, 구원받을 때 하나님께서 하시는 성화라는 이 즉각적인 행동을 이해하지 못하거나 제대로 알지 못하기 때문입니다. 우리 가운데 많은 이들은 예수님을 믿기 전에도 도덕적인 생활방식을 지니고 있었기에 하나님을 향한 우리의 태도에 대한 다음과 같은 말씀에 선뜻 동의하기가 어렵습니다. "육신의 생각은 하나님과 원수가 되나니 이는 하나님의 법에 굴복치 아니할 뿐 아니라 할 수도 없음이라. 육신에 있는 자들은 하나님을 기쁘시게 할 수 없느니라"(로마서 8:7-8). 믿기 전의 삶을 돌아볼 때 자신의 태도가 하나님의 법에 적대적이었다고 생각지 않는 경우가 많습니다.

그러나 인간의 도덕성과 하나님의 법에의 굴복은 겉으로 보기에는 비슷할지 모르나 본질적으로 전혀 다릅니다. 인간의 도덕성은 문화와 가정에서의 훈련의 산물이며, 우리가 살고 있는 사회에서 어떤 것이 적절하고 또 기대되느냐에 토대를 두고 있습니다. 그것은 하나님을 경외하는 경건한 사람들이 그 사회에 영향을 미친 부분을 제외하고는 하나님과 아무런 관계가 없습니다. 하나님의 법에의 굴복은 하나님을 향한 사랑과 하나님의 은혜에 대한 감사로부터 나오며, 성경에 나타나 있는 하나님의 법을 기뻐하는 데 토대를 두고 있습니다. 사회의 도덕 표준이 성경에 기록된 하나님의 법과 차이가 날 때 우리는 인간의 도덕성의 본 모습을 알게 됩니다. 우리는 그것이 아주 완고한 죄인의 태도만큼이나 하나님의 법에 적대적이라는 사실을 깨닫습니다.

성령에 의해 우리 마음속에서 시작된 성화는 우리의 태도를 변화시킵니다. 하나님의 법에 적대적이 되는 대신 그것을 즐거워하기 시작합니다(로마서 7:22 참조). 우리는 "그의 계명들은 무거운 것이 아니며"(요한일서 5:3), 도리어 "거룩하며 의로우며 선함을"(로마서 7:12) 알게 됩니다. 하나님의 계명에 대한 급격하고도 극적인 우리의 태도 변화는 하나님의 은혜의 선물이며, 오직 우리 안에 계신 성령의 능하신 역사에 의한 것입니다. 우리의 칭의에 있어서만큼이나 성화의 이러한 시작에 있어서 우리는 아무런 역할도 하지 않았습니다. 고린도후서 5:18 말씀과 같이 "모든 것이 하나님께로 났습니다."

율법에 대해 죽었음

죄와 하나님의 법에 대해 이러한 새로운 태도를 지니게 된 하나의 이유는 우리가 법에 대해 "죽었기" 때문입니다. 이 말은 제7장에서 하나님의 법이 그리스도인의 삶에서 도덕적인 규율로 얼마나 중요한지를 역설했던 터라 이상하게 들릴지도 모르겠습니다. 그러나 그 법이 우리를 향한 하나님의 도덕적인 뜻을 밝혀 주기는 할지라도 그 법 자체는 우리로 그것에 순종할 수 있게 하는 능력을 전혀 가지고 있지 않습니다.

법은 순종할 수 있게 하는 능력을 제공해 주지는 않고 순종을 명하기만 하기 때문에 어떤 의미에서는 속박의 원천입니다. 그리고 우리는 구원받기 전에는 하나님의 법에 적대적이었기 때문에(로마서 8:7), 그것은 또한 우리를 분개하게 하는 원천이었습니다. 하나님께 순종하는 수단이 되는 대신에 법은 실제로 우리를 성나게 하고 죄를 깨닫게만 했습니다(로마서 7:7-8 참조).

그러나 바울은 우리가 법에 대해 죽었다고 했습니다. 그는 다음과 같이 설명했습니다.

> 그러므로 내 형제들아, 너희도 그리스도의 몸으로 말미암아 율법에 대하여 죽임을 당하였으니 이는 다른 이 곧 죽은 자 가운데서 살아나신 이에게 가서 우리로 하나님을 위하여 열매를 맺게 하려 함이니라. 우리가 육신에 있을 때에는 율법으로 말미암는 죄의 정욕이 우리 지체 중에 역사하여 우리로 사망을 위하여 열매를 맺게 하였더니, 이제는 우리가 얽매였던 것에 대하여 죽었으므로 율법에서 벗어났으니, 이러므로 우리가 영의 새로운 것으로 섬길 것이요 의문의 묵은 것으로 아니할지니라. (로마서 7:4-6)

4절에서 우리가 율법에 대하여 죽었다고 했습니다. 어떤 의미에서 죽었다는 말입니까? 다음 세 구절이 그 의미를 이해하는 데 도움을 줍니다.

> 그러므로 율법의 행위로 그의 앞에 의롭다 하심을 얻을 육체가 없나니 율법으로는 죄를 깨달음이니라. (로마서 3:20).

> 죄가 너희를 주관치 못하리니 이는 너희가 법 아래 있지 아니하고 은혜 아래 있음이니라. (로마서 6:14)

> 무릇 율법 행위에 속한 자들은 저주 아래 있나니 기록된 바 누구든지 율법책에 기록된 대로 온갖 일을 항상 행하지 아니하는 자는 저주 아래 있는 자라 하였음이라. (갈라디아서 3:10)

이를 통해 우리는 하나님 앞에서 의를 얻기 위한 조건으로서의 법을 지키는 것에 대해 죽었다는 사실을 알게 됩니다. 우리는 법을 완벽하게 지키지 못함으로 받게 되는 **저주와 정죄**에 대해 죽었습니다. 그리고 로마서 6:14에서 법 아래 있는 것은 은혜 아래 있는 것의 반대라는 사실을 알게 됩니다. 법을 어긴 죄 때문에 우리는 법 아래 있나면 하나님의 진노를 가져옵니다. 만면 은혜는 용서와 사랑을 가져옵니다. 법은 하나님과의 깨어진 관계를 뜻하고, 은혜는 하나님과의 회복된 관계를 뜻합니다. 그러므로 우리가 법에 대해 죽었다고 말했을 때 바울이 말하고자 한 바는 우리가 정죄, 저주, 하나님으로부터의 분리 등에 대해 죽었다는 사실입니다.

그러나 법에 대해 우리가 죽은 사실과 관련하여 알아야 할 가장 중요한 점은 법에 대해 죽은 목적이 무엇이냐 하는 것입니다. 우리는 은혜 아래 살기 위해서 법에 대해 죽었습니다. 그리고 로마서 7:6에 따르면 '의문의 묵은 것'이 아니라 '영의 새로운 것'으로 하나님을 섬기기 위해 법에 대해 죽었습니다.

'영의 새로운 것'은 '의문의 묵은 것'보다 새롭다거나 덜 엄격한 무슨 윤리가 아닙니다. 또는 하나님의 도덕적인 뜻의 내용에 무슨 차이가 있는 게 아닙니다. 그 뜻은 하나님의 거룩한 성품을 반영하기 때문에 변화할 수가 없습니다. 오히려 차이는 그 뜻에 순종을 하는 이유와 순종을 하는 능력에 있습니다.

로마서 7:6은 은혜로 산다는 의미의 핵심을 보여 줍니다. 영의 새로운 것으로 섬기는 것은 행위 대신 은혜로 사는 것과 동일합니다. '영의 새로운 것'으로 섬기는 것이 하나님의 의도임이 분명한데도 너무나 많은 그리스도인들이 아직도 '의문의 묵은 것'으로 섬기고 있습니다.

'의문의 묵은 것'과 '영의 새로운 것'이 어떻게 대비가 되는지 자세히 살펴보십시오. 다음에 잘 나타나 있습니다.

의문의 묵은 것	영의 새로운 것
외적인 조항 하나님의 도덕적 규례는 오로지 행동에 관한 외적 조항일 뿐임. 법은 순종을 명령하나 순종하려는 열망이나 마음이 내키게 하지는 않음.	**내적인 열망** 하나님의 도덕적 규례는 외적인 조항일 뿐 아니라 우리 마음에 기록되어 있음.
명령함 법은 명령하나 순종할 수 있는 능력은 주지 않음.	**능력을 줌** 성령은 우리에게 법의 명령을 순종할 수 있는 능력을 줌.
적대감 믿기 전에 하나님의 법에 대한 적대감 때문에 법의 명령은 우리로 화나게 함.	**기쁨** 우리의 적대감을 제거하고 법을 우리 마음에 기록함으로써 성령은 우리가 하나님의 법을 기뻐하게 함.

두려움
법은 하나님께 율법적인 반응을 나타내게 함. 우리는 불순종에 따른 형벌이 두려워서 혹은 하나님의 은혜를 얻어 내기 위해 순종하려 함.

감사
성령은 하나님의 사랑을 보여 줌으로 우리가 사랑과 감사의 반응을 나타내게 함. 두려움에 의해서나 은혜를 얻어 내기 위해서가 아니라 이미 주어진 은혜에 감사하여 순종함.

자신의 노력을 의지함
법 아래서는 하나님께 용납받기 위해 행동함. 우리의 행동은 늘 온전치 못하므로 결코 하나님께 완전히 용납되었다고 느끼지 못함. 그래서 그리스도인의 삶에서 늘 자신 없는 위치에서 노력함. 우리는 용납받기 위해 노력하나 결코 성공하지 못했다고 느낌.

그리스도를 의지함
성령은 우리 영으로 더불어 우리가 예수 그리스도의 공로로 말미암아 하나님께 용납되었음을 증거함. 예수님의 완전한 의만을 의지함으로 우리는 하나님께 용납되었음을 느낌. 그래서 그리스도인의 삶에서 우리는 담대한 위치에서 행함. 이는 우리가 예수님을 통해 용납되었고 그분을 통해 '성공'했기 때문임.

앞에서 열거한 다섯 가지 대조 내용을 다시 살펴보면서 "나는 의문의 묵은 것으로 하나님을 섬기고 있는가, 아니면 영의 새로운 것으로 섬기고 있는가?" 스스로 물어보십시오. 나는 지금 "당신은 그리스도인인가?"를 묻고 있는 게 아닙니다. 당신이 하나님의 법과 하나님의 은혜를 어떻게 보고 있는지 묻고 있습니다. 당신은 하나님과의 관계를 맺고 또 유지하기 위한 기초를 "법을 지키는 것" 다시 말해 당신의 개인적인 성취에 두고 있습니까, 아니면 예수 그리스도의 공로에 두고 있습니까?

당신은 하나님의 도덕적 규례를 속박의 원천이요 순종하지 못한 데 대한 정죄의 근원으로 여깁니까, 아니면 성령께서 당신 속에 하나님께 대한 감사와 사랑 때문에 순종하고픈 마음을 불러일으키시는 것으로 느낍니까? 자신의 순전한 의지와 결단으로 순종하고자 애쓰고 있습니까, 아니면 순종할 수 있게 하는 성령의 능력을 힘입기 위해 매일 성령을 의지합니까?

당신은 하나님을, 지킬 수도 없는 행동 규율을 당신에게 강요하는 포악한 분으로 여깁니까, 아니면 그리스도의 공로로 말미암아 당신을 용납해 주셨고 사랑해 주시는 하늘에 계신 거룩하신 아버지로 생각하고 있습니까? 다시 말해 하나님께 용납되기 위해 자신의 보잘것없고 불완전한 업적 대신 이미 완성된 예수님의 완전한 사역만을 기꺼이 의지합니까?

로마서 7:6 말씀만큼 뚜렷하게 은혜에 의한 삶과 행위에 의한 삶을 대비해서 보여 주는 구절은 아마 드물 것입니다. 이 구절은 영의 새로운 것으로 섬기는 것과 의문의 묵은 것으로 섬기는 것의 대조를 통해 믿는 자와 믿지 않는 자 사이의 대조를 나타냅니다.

깨닫고 있든 그렇지 않든 모든 믿는 자는 법에 대해 이미 죽었습니다. 그러나 애석한 사실은 많은 믿는 자들이 그것을 모르고 있거나 사실로 받아들이기엔 너무나 좋은 것 같아 기꺼이 사실로 받아들이지 못하고 있습니다. 은혜 아래 살고 있으면서도 너무나 자주, 여전히 율법의 속박 아래 있는 양 하루하루를 살아가고 있습니다. 그리고 그런 식으로 살고 있는 한 우리는 여전히 영의 새로운 것이 아니라 의문의 묵은 것으로 하나님을 섬기고 있는 것입니다.

내가 확신하기로는, 모든 믿는 자의 속에 여전히 존재하는 죄

된 성품은 죄에 빠지게 하는 만큼이나 율법적인 태도에 빠지게 합니다. 죄 된 성품은 하나님의 법에 순종함으로 말미암는 도덕적인 의를 무시하는 것만큼이나 예수 그리스도를 믿음으로 말미암는 의를 무시합니다. 우리가 영의 새로운 것으로 섬기려면 죄의 유혹에 대항하는 것만큼 엄격하고 꾸준하게 '법에 의해 살고자 하는' 율법적인 태도에 대항해야 합니다.

그리스도를 닮아 감

앞부분에서는 성화의 첫 행위, 즉 예수 그리스도를 구세주로 믿는 사람의 마음속에서 하나님께서 일으키시는 근본적인 변화에 초점을 맞추었습니다. 그 변화란 영적인 사망에서 영적인 생명으로 옮겨지는 것이며, 그리스도 안에서 새로운 피조물로서의 출생이요, 하나님의 법이 우리 마음속에 새겨지는 것이기도 합니다. 그것은 하나님의 법과 새로운 관계를 맺는 것이요, 하나님의 법을 향해 새로운 태도를 갖는 것을 의미하기도 합니다. 그리고 이 모든 것이 하나님께로 납니다. 칭의가 하나님의 선물이듯이 이 또한 하나님의 은혜의 선물입니다.

하나님께서는 우리를 하나님의 나라로 이끄시고는 우리 스스로 자라 가도록 내버려 두지 않으십니다. 하나님께서는 우리가 더욱더 그 아들의 형상을 닮아 가도록 우리 삶 속에서 계속 역사하십니다. 빌립보서 1:6에서는 "너희 속에 착한 일을 시작하신 이가 그리스도 예수의 날까지 이루실 줄을 우리가 확신하노라"라고 밝히 말합니다. 하나님의 이 지속적인 역사를 '점진적인 성화'라고 합니다. 이것은 두 가지 면에서 첫 성화와 다릅니다.

첫 성화는 우리가 흑암의 권세에서 그리스도의 나라로 옮겨지는 구원의 순간에 즉각적으로 일어납니다(골로새서 1:13). 점진적인 성화는 우리가 주님 앞에 가서 영원히 함께 거할 때까지 계속됩니다. 첫 성화는 전적으로 우리에게 그리스도의 생명을 주시는 성령 하나님의 사역입니다. 점진적인 성화 역시 성령의 사역이지만, 우리 쪽의 반응을 요구합니다. 그래서 믿는 우리가 그 과정에 능동적으로 참여하게 됩니다.

성화의 점진적인 성격은 신약성경의 여러 서신서에 있는 '자라 가라', '변화하라', '옛사람을 벗어 버리고 새사람을 입으라' 등의 권면에 담겨 있습니다. 그것은 또한 자신이 아직 온전히 이룬 것이 아니며, 어떠한 형편에서든지 자족하기를 배웠다고 한 바울의 간증에도 분명히 나타나 있습니다(빌립보서 3:12-14, 4:11).

로마서 12:2과 고린도후서 3:18은 성화의 점진적인 성격을 명확하게 가르칩니다.

> 너희는 이 세대를 본받지 말고 오직 마음을 새롭게 함으로 변화를 받아 하나님의 선하시고 기뻐하시고 온전하신 뜻이 무엇인지 분별하도록 하라. (로마서 12:2)

> 우리가 다 수건을 벗은 얼굴로 거울을 보는 것같이 주의 영광을 보매 저와 같은 형상으로 화하여 영광으로 영광에 이르니 곧 주의 영으로 말미암음이니라. (고린도후서 3:18)

첫 구절에 나오는 "변화를 받아"라는 말과 두 번째 구절에 나오는 "화하여"라는 말은 계속적인 과정을 나타냅니다. 지속적으로 변화해 가야 하며 점점 더 예수님의 형상으로 변화해 가야 하는 것입니다. 윌리엄 헨드릭슨은 로마서 12:2에 있는 "변화를 받아"라는 말을 "지속으로 당신 자신으로 하여금 변화를 받게 하여"라고 풀었습니다. 그리고 존 머리는 이렇게 설명했습니다. "이 구절에 나오는 변화라는 말은 우리가 사고와 이해를 새롭게 함으로 꾸준히 변화되는 과정에 있어야 함을 암시합니다.… 성화는 하나의 혁명적인 변화 과정입니다. 이는 의식의 중심에서 일어납니다.… 이는 진보의 개념이며, 흔히 잘못된 그리스도인들의 특징인 침체, 자기만족, 성취로 인한 자랑과는 어울리지 않습니다."

이 과정에 대하여 고린도후서 3:18에서는 그것이 "주의 영" 곧 성령의 사역임을 보여 주는 한편, 로마서 12:2에서는 그것이 우리 마음을 새롭게 하는 것을 통해 이루어짐을 보여 줍니다. 그러나 두 구절에서 동사가 모두 피동형으로 되어 있는데, 이는 그것이 우리에 의해 이루어지는 일이라기보다는 우리 속에서 이루어지는 일임을 보여 줍니다. 많은 성경 구절이 점진적인 성화에 있어서의 우리의 역할을 강조하고 있습니다. 우리의 이 책임과 역할에 대해서는 "거룩한 삶의 추구"라는 책에서 자세히 다루고 있습니다. 여기서는 하나님의 은혜에 대해 상고하고 있으므로 우리의 성화에 있어서 하나님의 역사에 주로 초점을 맞추고자 합니다. 동사가 피동형으로 되어 있다는 것은 점진적인 성화에 있어서 우리를 변화시키는 이 일이 하나님의 영의 역사임을 보여 줍니다. 성령께서는 우리가 점점 더 그리스도를 닮아 가도록 변화시키는 분입니다.

이러한 변화는 외적인 행동의 변화 훨씬 그 이상의 것입니다.

그것은 우리의 속사람이 완전히 새로워지는 것입니다. 말하자면 그것은 본질적인 변화입니다. 우리의 마음과 동기가 꾸준히 변화하여 "내가 모든 재물을 즐거워함같이 주의 증거의 도를 즐거워하였나이다. 내가 주의 법을 어찌 그리 사랑하는지요! 내가 그것을 종일 묵상하나이다"(시편 119:14,97)라고 말할 수 있게 되는 것입니다.

그러나 비록 동사가 피동형으로 되어 있기는 해도 그것은 또한 명령형으로 되어 있습니다. 즉 무엇을 하라는 명령인 것입니다. 이것은 우리 그리스도인들이 이 변화 과정에서 피동적이 아니라는 사실을 보여 줍니다. 우리는 노련한 조각가에 의해 아름다운 조각으로 변화되는 대리석 덩어리와 같은 게 아닙니다. 하나님께서는 우리 속에서 일하실 때 성령께 반응하고 성령과 함께 일하는 마음과 생각을 우리에게 주십니다. 이처럼 우리 속에서 행하시는 성령과 우리가 함께 일한다는 사실을 보여 주는 대표적인 말씀이 빌립보서 2:12-13입니다.

> 그러므로 나의 사랑하는 자들아, 너희가 나 있을 때뿐 아니라 더욱 지금 나 없을 때에도 항상 복종하여 두렵고 떨림으로 너희 구원을 이루라. 너희 안에서 행하시는 이는 하나님이시니 자기의 기쁘신 뜻을 위하여 너희로 소원을 두고 행하게 하시나니.

12절에서는 빌립보의 그리스도인들에게 부지런히 구원을 이루어 가도록 촉구했습니다. 하나님의 계명에 순종하는 것을 통해, 그리고 성령의 열매로 언급되어 있는 경건한 성품을 입는 것을 통해 구원의 증거를 매일의 삶에서 나타내라고 촉구했습니다. 그리고 "구원을 이루라"는 말의 시제는 그것이 "계속적이고,

지속적이고, 열심을 기울이는 노력"임을 보여 준다고 윌리엄 헨드릭슨은 말했습니다. 여기서 다시 한 번 우리는 성화가 하나의 과정이며, 우리 그리스도인들이 아주 적극적으로 참여하는 한 과정임을 알게 됩니다.

그러나 바울이 빌립보의 그리스도인들에게 했던 강한 권면은 하나님의 영이 그들 속에서 일하고 계신다는 확신에 근거하고 있습니다. 성령께서는 그들 속에서 역사하셔서 하나님의 뜻에 대한 분별력을 주시고, 하나님의 뜻을 행하고 싶어 하는 열망을 감정 속에 불어넣으시고, 그들이 실제로 순종하도록 그들의 의지를 움직이십니다. 그 무엇보다도 성령께서는 그들에게 하나님의 뜻을 **행할 수 있도록** 능력을 주십니다.

이처럼 점진적인 성화에는 우리의 활동이 많이 수반됩니다. 그러나 그것은 성령에 의지하여 수행되어야 하는 활동입니다. 그렇지만 우리와 성령이 제각기 맡은 일을 감당한다는 그런 의미의 협력 관계는 아닙니다. 오히려 성령께서 우리로 일할 수 있게 함에 따라 일하는 것입니다. 우리의 모든 일 뒤에는 성령의 역사가 있으며, 성령의 역사는 우리로 일할 수 있게 합니다.

성령께서는 우리 쪽에서의 의식적인 반응이 없이도 우리 속에서 일하실 수 있고 또 일하시기도 합니다. 실례로 성령께서 우리 안에 새로운 마음을 창조하시고 하나님과 하나님의 뜻에 대해 완전히 새로운 태도를 갖게 하시는 성화의 첫 행동이 바로 그러합니다. 성령께서는 그분의 일을 하시기 위해 우리에게 의존하지 않으십니다.

그러나 우리는 우리의 일을 하기 위해 성령께 의존합니다. 우리는 성령 없이는 아무것도 할 수 없습니다. 성화의 과정에서 어떤 것은 성령만이 하실 수 있고 어떤 것은 우리가 하도록 성령께서 우리에게 주셨습니다. 예를 들면, 성령만이 우리 마음속에 하나님께 순종하고픈 **열망**을 불러일으킬 수 있으나, 성령은 우리를 위해 대신 순종하지는 않으십니다. 순종은 우리가 해야 하나, 성령께서 우리에게 순종할 수 있는 능력을 주실 때에만 순종할 수 있습니다.

그러므로 성령께서 그분만이 하실 수 있는 일을 우리 안에서 행하시도록 우리는 그분을 의지해야만 합니다. 그리고 우리는 성령께서 하라고 주신 것을 행할 수 있도록 성령을 의지해야 합니다. 그러므로 그것이 성령의 일이든 우리의 일이든 우리는 성령께 의존합니다.

그리고 단순히 성령께 의존하는 정도가 아닙니다. 그 의존은 전폭적이고 필사적인 것입니다. 흔히 그리스도를 닮은 성품을 일반적인 도덕성과 동일한 것으로 여기다 보니 자신의 힘으로는 **조금이라도** 그리스도를 닮는 것이 불가능하다는 사실을 깨닫지 못합니다. 그러나 우리가 옷 입어야 할 그리스도를 닮은 성품의 기다란 목록을 진지하게 받아들인다면 우리를 거룩하게 하시는 성령의 역사와 능력을 떠나서는 그리스도를 닮은 성품에서 성장하는 것이 참으로 불가능한 일임을 깨닫게 됩니다.

예를 들면 갈라디아서 5:22-23과 골로새서 3:12-15에 나와 있는 그리스도를 닮은 성품의 목록을 잘 생각해 봅시다. 중복된 것은 한쪽에서는 제외했습니다.

갈라디아서 5:22-23	골로새서 3:12-15
• 사랑	• 긍휼
• 희락	• 자비
• 화평	• 겸손
• 오래 참음	• 온유
• 양선	• 용납
• 충성	• 용서
• 절제	• 감사

 이것은 우리가 옷 입어야 할 열네 가지의 긍정적인 성품인데, 이밖에도 성경에는 다른 긍정적인 성품이 많이 있습니다. 반면 우리가 벗어 버려야 할 부정적인 성품도 많이 있습니다. 예를 들면 교만, 투기, 시기, 사욕, 당 짓는 것, 탐심 등입니다.

 서커스와 같은 곳에서 재주 부리는 사람이 네댓 개의 곤봉을 공중으로 넌셨나 받았나 하는 묘기를 놀란 눈으로 **바라본** 직이 있을 것입니다. 그게 네댓 개가 아니라 열네 개면 어떻게 될지 한번 생각해 보십시오! 그럼에도 우리는 열네 가지 혹은 그 이상의 다른 성품을 옷 입어야 하며, 동시에 나쁜 성품을 벗어 버리기 위해 힘써야 합니다. 바울처럼 "누가 이것을 감당하리요?"(고린도후서 2:16)라고 고백하지 않을 수 없습니다.

 오직 성령만이 그러한 일을 감당하실 수 있습니다. 성령만이 그토록 다양한 그리스도인 성품의 계발을 균형 있게 수행하실 수 있는 것입니다. 그럼에도 성경은 우리에게 이러한 그리스도를 닮은 성품을 "옷 입으라"고 명령합니다. 우리가 그 일을 해야 합니다. 우리에게 책임이 있습니다. 그러나 갈라디아서 5:22에

거룩함 – 하나님의 은혜의 선물

서는 이러한 성품을 "성령의 열매"라고 부릅니다. 즉 우리 속에서 성령께서 역사하신 결과라는 것입니다. 이 두 가지 생각을 종합하면 우리는 책임이 있으며 동시에 의존한다는 결론에 도달하게 됩니다. 우리는 그리스도를 닮은 성품으로 옷 입어야 할 책임이 있으나 하나님의 영이 우리 속에 그분의 "열매"를 맺으시도록 그분께 전적으로 의지합니다. 우리 속에 계신 성령의 역사가 없이는 성화에서 단 1mm의 진보도 이룰 수 없습니다. 그리고 성령께서는 이를 행하십니다. 우리의 헌신과 훈련 때문이 아니라 하나님의 은혜로 말미암은 것입니다.

하나님께서는 그리스도 안에서 즉 그리스도의 공로로 말미암은 하나님의 은혜로 인해 우리 삶 가운데서의 성령의 역사를 비롯하여 모든 영적인 축복을 우리에게 주셨습니다. 성령의 거룩케 하시는 역사와 능력을 힘입기 위해 기도할 때 우리는 하나님께서 우리 기도에 응답하시리라는 확신을 가지고 기도해도 됩니다. 이는 하나님의 응답이 우리 자신이나 우리의 거룩함에 달려 있는 것이 아니라 독생자의 공로에 달려 있기 때문입니다.

이 장에서 거룩함 또는 성화에 대한 세 가지 관점을 살펴보았습니다. 우리의 거룩함이란 우선 객관적이고 온전한 거룩함이며, 이는 온전히 거룩하신 분과 연합함으로써 우리 것이 되었습니다. 다음에 우리는 성화의 첫 행동으로 말미암아 하나님과 하나님의 법에 대한 우리의 태도가 변화된다는 것을 보았습니다. 이러한 변화는 우리 그리스도인이 경험하나 우리에게 달린 것은 아닙니다. 그것은 오로지 성령의 역사입니다. 마지막으로 성화의 이 첫 행동에 이어 성령께서 우리의 전 생애에 걸쳐 계속적으로 역사하시는데, 그분은 우리 속에서 역사하셔서 "자기의 기쁘신 뜻을 위하여 우리로 소원을 두고 행하게 하신다"는 것을 보았습니다(빌립보서 2:13 참조).

성화에 대한 이 세 가지 측면 중 어느 것에서나 하나님의 은혜를 봅니다. 은혜로 말미암아 하나님께서는 우리가 그리스도 안에서 온전히 거룩하다고 여기십니다. 은혜로 하나님께서는 성령을 보내셔서 우리 속에 새로운 마음을 창조하시고 우리 마음에 하나님의 법을 기록하셔서 우리의 근본 성향을 바꾸십니다. 그리고 은혜로 하나님께서는 우리 속에서 성령을 통해 역사하셔서 우리로 점점 더 그 아들 예수 그리스도의 형상을 닮아 가게 하십니다.

9
자유를 위해 부르심을 받음

그리스도께서 우리로 자유케 하려고 자유를 주셨으니 그러므로 굳세게 서서 다시는 종의 멍에를 메지 말라. 형제들아, 너희가 자유를 위하여 부르심을 입었으나 그러나 그 자유로 육체의 기회를 삼지 말고 오직 사랑으로 서로 종노릇하라. (갈라디아서 5:1,13)

영국의 귀족들은 1215년 존왕에게 압력을 가하여 마그나카르타라는 역사적인 문서에 서명하게 함으로써 시민의 자유에 관한 대헌장에 동의하게 했습니다. 왕은 자유롭게 자밀직으로 서명을 한 것이 아니라 왕의 전제적이고 불공정한 통치에 항의하는 귀족들의 압력에 못 이겨 서명을 했습니다.

갈라디아 교인들에게 보낸 바울의 편지는 신앙적인 자유의 대헌장, 기독교적인 독립 선언, 교회의 마그나카르타 등으로 불려 왔습니다. 갈라디아서에 설명되어 있는 자유는 하나님으로부터의 자유가 아니라, 신자들의 삶에 일종의 율법주의를 강요하는 사람들로부터의 자유입니다.

갈라디아 교인들이 굴복할 위험에 처해 있던 율법주의란 그리스도인들도 구원을 받기 위해서는 할례를 받고 모세의 율법을 지켜야 한다는 가르침이었습니다. 바울은 이러한 이단을 반박하기 위해 편지를 썼습니다. 예, 그것은 이단이었습니다. 그리고 바울은 그러한 가르침에 대해 너무나 분노를 느낀 나머지 그것을 가르치는 사람들을 저주할 정도였습니다. "그러나 우리나 혹 하늘로부터 온 천사라도 우리가 너희에게 전한 복음 외에 다른 복음을 전하면 저주를 받을지어다"(갈라디아서 1:8).

바울은 이러한 형태의 율법주의로부터의 자유를 위해 단호한 입장을 취했습니다. "그리스도께서 우리로 자유케 하려고 자유를 주셨으니 그러므로 굳세게 서서 다시는 종의 멍에를 메지 말라"(5:1). 그리고 이러한 율법주의로부터 그들을 불러내고 있었습니다. "형제들아, 너희가 자유를 위하여 부르심을 입었으나 그러나 그 자유로 육체의 기회를 삼지 말고 오직 사랑으로 서로 종 노릇하라"(5:13).

우리는 오늘날 갈라디아제 율법주의에서는 벗어났습니다. 우리는 구원을 받기 위한 조건으로 할례를 되살리지는 않으며, 구원은 율법을 지킴으로가 아니라 오직 그리스도를 믿음으로 은혜로 받는 것이라는 사실을 명확히 알고 있습니다. 그 대신 우리는 또 다른 상표의 율법주의를 만들어 왔는데, 이 제품은 구원과 관계가 있는 것이 아니라 우리가 어떻게 그리스도인의 삶을 사느냐 하는 것과 관계가 있습니다. 이른바 '복음주의적 율법주의'라 할 수 있습니다. 복음과 율법이라는 말이 서로 모순되지만, 그럼에도 우리의 문제를 나타내는 데 적합한 말입니다. 이 율법주의가 어떤 것인지를 설명해 보도록 하겠습니다.

첫째, **율법주의**란 우리가 어떤 것을 하거나 하지 않음으로써 하나님의 **은총을 얻어 내려는** 것입니다. 그것은 얻어 내야 할 보상 혹은 피해야 할 징벌과 관련이 있습니다. 이것은 우리가 자신들에게 강요하는 율법주의입니다.

둘째, 율법주의는 인간이 만든 종교적인 규례와 요구 사항에 맞추어 살기를 강하게 요구합니다. 그러한 규칙과 요구 사항은 흔히 누가 이야기하지는 않지만 엄연히 존재합니다. 쉽게 말하면, 그것은 특정한 '해야 할 것'과 '해서는 안 되는 것'에 맞추어 살도록 요구합니다. 우리는 이 율법주의를 다른 사람들에게 강요하거나 혹은 다른 사람들의 강요를 받아 따르고 있습니다. 성경의 가르침 대신에 다른 사람들의 가르침이나 기대에 맞추어 사는 것입니다. 다른 사람들로부터 공공연히 혹은 은연중에 주어진 이러한 규칙은 흔히 성경적인 근거를 가지고 있지 않습니다. 예수님 당시의 바리새인들처럼 우리는 하나님의 계명에 우리 인간이 만든 규칙을 첨가함으로 하나님을 "도와드리려고" 해왔습니다. 마가복음 7:6-8에 기록되어 있는, 바리새인들에 대한 예수님의 책망은 오늘날 우리에게도 해당됩니다.

…이사야가 너희 외식하는 자에 대하여 잘 예언하였도다. 기록하였으되 "이 백성이 입술로는 나를 존경하되 마음은 내게서 멀도다. 사람의 계명으로 교훈을 삼아 가르치니 나를 헛되이 경배하는도다" 하였느니라. 너희가 하나님의 계명은 버리고 사람의 유전을 지키느니라.

이 책망의 말씀을 오늘날의 기독교계에 적용시키기에는 다소 가혹한 것처럼 보이기도 하나 분명 오늘날에도 해당됩니다. 우리의 전통과 규칙이 실제로 하나님의 계명보다 더 중요시되고 있는 실례가 오늘날의 기독교계에 너무나 많이 있습니다.

율법주의에 대한 이 두 가지 설명은 서로 밀접한 관련을 가지고 있습니다. 흔히 우리는 사람들이 만든 규칙을 잘 지킴으로 하나님의 은총을 얻으려고 하며, 또는 규칙을 지키는 데 실패했기 때문에 죄의식을 느낍니다. 우리는 어떤 사람이나 그룹이, 또는 우리의 문화적 배경이 우리더러 어떤 것을 해야 한다고 혹은 해서는 안 된다고 말하기 때문에 그것을 하거나 혹은 하지 않거나 합니다. 그리고 이러한 '해야 할 것' 또는 '해서는 안 되는 것'은 대개, 하나님의 은총이나 진노가 우리가 그것을 얼마나 잘 지키느냐에 달려 있다는 식으로 우리에게 전달됩니다.

이 책에서는 지금까지 첫 번째 형태의 율법주의에 대해 다루어 왔습니다. 하나님의 은총을 얻기 위해 어떤 것도 할 수 없다는 것과 오직 그리스도로 말미암은 하나님의 은혜에 의해서만 하나님의 은총이 주어진다는 것을 적어도 이해는 하고 있기를 바랍니다. 실행이 이해보다 뒤쳐지기는 하지만 이해할 때까지는 진리를 실행에 옮길 수 없습니다.

이 장에서는 두 번째 형태의 율법주의 즉 인간이 만든 규칙을 지키는 것에 대해 다루고자 합니다. 바울은 그리스도 안에 있는 자유 안에 굳게 서고 종의 멍에를 메지 말라고 했는데, 이 권면은 그 당시의 갈라디아 교인들이 모세의 율법과 관련하여 적용해야 했듯이 오늘날 우리는 우리의 규칙에 대해 적용해야 합니다.

이 장을 시작하면서 존왕이 강압에 의해 대헌장에 서명했다는 점을 언급했습니다. 그런데 하나님께서는 우리에게 영적인 대헌장을 주셨습니다. 하나님께서는 우리를 자유케 하려고 우리를 부르셨습니다. "형제들아, 너희가 자유를 위하여 부르심을 입었으나, 그러나 그 자유로 육체의 기회를 삼지 말고 오직 사랑으로 서로 종노릇 하라"(갈라디아서 5:13). 사실 하나님께서는 우리를 단지 자유로 부르시기만 한 것이 아니라, 실제로 자유 안에서 굳게 서라고, 즉 자유를 축소하거나 파괴하려는 온갖 노력에 대항하라고 하십니다. "그리스도께서 우리로 자유케 하려고 자유를 주셨으니 그러므로 굳세게 서서 다시는 종의 멍에를 메지 말라"(갈라디아서 5:1).

하나님께서 자유로 부르심에도 불구하고, 그리고 자유를 축소시키려는 모든 시도에 대항하라는 하나님의 진지한 권면에도 불구하고, 오늘날의 기독교계에서는 그리스도인의 자유의 중요성은 별로 강조하지 않고 있습니다. 오히려 그 반대인 것 같습니다. 자유를 증진시키기보다는 도리어 규칙을 강조합니다. 은혜로 사는 삶을 전파하기보다는 행위나 공로에 의해 사는 삶을 전파합니다. 새 신자에게 그리스도께 맞추어 가도록 격려하기보다는 우리 스타일의 기독교 문화에 맞추도록 교묘하게 이끕니다. 그렇게 하려고 의도한 것은 아닙니다. 그래서 그렇게 하고 있다는 사실을 부인하고 싶어 할 것입니다. 그럼에도 오늘날 기독교계에서 강조하고 있는 것의 궁극적인 결과는 대부분 그렇습니다.

예를 들어 갈라디아서 5:13의 한 부분인 "형제들아, 너희가 자유를 위하여 부르심을 입었으나"를 인용하는 데 대해 많은 사람이 부정적인 반응을 나타냅니다. 그들은 "하지만 그건 그 구절의 전부가 아닙니다. '그러나 그 자유로 육체의 기회를 삼지 말고 오직 사랑으로 서로 종노릇하라'는 나머지 부분도 인용하셔야지요"라고 말합니다.

이런 식으로 반응하는 사람은 다음과 같은 사실을 뒷받침합니다. 우리는 자유를 지키는 면보다는 다른 사람이 그의 자유를 남용하는 것에 훨씬 더 관심을 갖습니다. 율법주의에 빠져드는 것보다는 육체의 기회를 삼는 것을 더 두려워합니다. 그러나 율법주의는 자기 의와 종교적 교만을 조장하기 때문에 그 자유를 도리어 육체의 기회를 삼습니다. 그것은 또한 외적이고 때로는 사소한 규칙에 초점을 맞춤으로 그리스도인의 삶의 진짜 중요한 것에서 눈을 돌리게 합니다.

'담'

인간이 만든 규칙에 의한 율법주의는 신약성경이 기록될 당시까지 거슬러 올라가나 오늘날도 여전히 존재합니다. 윌리엄 콜먼은 도덕적인 담에 대한 바리새인들의 개념을 이렇게 묘사했습니다.

> 바리새인들은 하나님의 율법을 어기지 않으려고 굳게 결심했습니다. 그래서 하나님을 진노케 하지 않는 범위 내에서 살기 위해 하나의 체계를 고안해 내었는데, 바리새인의 규칙이라는 '담'입니다. 사람이 그것을 지키면 하나님의 법에 저촉되지 않게 안전거리가 확보됩니다.…
> 이 '담'이라는 법은 세월이 흘러감에 따라 모여 수백 가지가 되었고 입에서 입으로 전해져 내려왔습니다. 이윽고 그것은 전혀 선택의 여지가 없는 것이 되었습니다. 이 법은 어느 모로 보나 성경에 나오는 법만큼 중요해졌으며 어떤 경우에는 훨씬 더 중요하기도 했습니다.

우리는 오늘날도 여전히 이런 일을 하고 있습니다. 어떤 죄를 범하는 데서 자신을 지키기 위해 담을 만듭니다. 이윽고 이 담은 그 죄 자체를 대신하여 이슈가 됩니다. 자신의 규칙을 하나님의 계명의 수준까지 높입니다.

우리 아이들이 갓 사춘기에 접어들었을 때 우리 가족은 바다를 즐기기 위해 어느 해변으로 휴가를 갔습니다. 해군에서 복무한 이래 나는 대양과 파도에 매료되었던 터라 가족을 해변에 꼭 한번 데리고 가고 싶었습니다. 그런데 해변에 도착해 보니 거기엔 노출이 심한 여성들로 북적대고 있었습니다. 보통의 수영복을 두고 하는 말이 아닙니다. 눈을 어디에 두어야 할지 곤혹스러웠습니다.

그래서 욥처럼 내 눈과 언약을 세워 그들을 주목하지 않기로 했습니다(욥기 31:1 참조). 욥만큼 그 언약에 충실하지는 못했지만 적어도 지키려고 노력은 했습니다. 눈을 다른 데로 돌리기 위해 20분가량 계속 애쓰다 결국 아내에게 "당신과 애들은 좋으면 계속 여기에 있도록 해요. 나는 차에 가서 있겠소"라고 했습니다.

왜 그렇게 했냐고요? 나 자신을 잘 알기 때문입니다. 시간이 흐르면 눈으로 범하는 죄(마태복음 5:28 참조)를 행치 않겠다는 결심이 약해집니다. 유혹이 계속적으로 오면 나 자신이 어느 순간에 가면 "딱 한 번만"(물론 결코 그걸로 끝난 적은 없지만) 쳐다보고자 하는 유혹에 넘어가고 만 적이 있었습니다. 그래서 그날 나 자신을 위해 '담'을 만들었고, 그 해변을 떠났습니다.

이제 나의 경험을 바탕으로 '해변에 가는 것은 언제나 죄에 이른다'고 결론을 내렸다고 가정해 보십시오. 나는 아들에게 "넌 다시는 해변에 가면 안 돼"라고 말합니다. 그리고 해변에 가는 사람들을 경멸의 눈초리로 바라볼 수도 있습니다. 이렇게 하여 영구적인 담을 쌓게 됩니다. "너희는 해변에 가지 말지니라." 이렇게 말입니다. 때가 되면 그 담은 나의 생각 속에서 십계명과 거의 동일한 권위를 갖게 되며, 특히 다른 사람을 판단하거나 다른 사람에게 영향을 주기 위해 사용할 때 그것은 위력을 발휘하게 됩니다.

이런 식으로 사람들에 의해 수많은 '해야 할 것'과 '해서는 안 되는 것'이 만들어집니다. 그것은 애당초 죄 문제를 다루기 위한 진지한 노력의 일환으로 시작됩니다. 그러나 너무나 자주 우리는 그 담이 막으려 했던 죄 대신에 담 자체에 초점을 맞추기 시작합니다. 우리는 핵심에서 벗어난 그릇된 장소에서 싸웁니다.

내가 만약 아들에게 "너는 절대 해변에 가지 말라"라고 했다면 나는 그를 잘못 이끌게 되는 것입니다. 그는 이유도 모르고 해변에 가는 것이 죄라는 결론을 내릴 수 있으며, 학교나 기타 장소에서 여자를 보고 음욕을 품는 것에 대해서는 아무 문제도 느끼지 않을 수도 있습니다. 내가 아들을 위해 쌓을 수도 있었던 이런 담(쌓지 않아 다행이긴 하지만)이 당신에게 우스꽝스럽게 들릴지 모르나, 진정한 문제는 도외시한 채 만들어진 이와 유사한 담을 많이 보아 왔습니다.

참고로 말하자면 우리 가족은 다음 휴가 때는 다른 지방에 있는 아담한 해변으로 갔습니다. 거기서 일주일 가까이 머무르며 아주 즐거운 시간을 보냈습니다. 그러므로 "너희는 해변에 가지 말지니라"라는 결론을 내리지는 마십시오.

내가 자라날 때는 당구장에 가는 것이 금지되었습니다. 지금 와서 생각해 보니 부모님께서는 내가 당구장에 자주 드나드는 불량한 사람들의 영향을 받을까 봐 그러셨습니다. 그래서 그분들은 이를 방지하기 위해 "당구장에 가지 말라"라는 담을 쌓으셨던 것입니다. 문제는 내가 그 이유를 몰랐던 데 있었는데, 나는 자라날 때 당구를 하는 것이 죄라고 생각했습니다. (웃지 마십시오. 그땐 정말 그렇게 생각했습니다). 그러다가 한번은 기독교 수양관에 갔는데, 그곳의 휴게실에 아름답고 고풍스러운 당구대가 놓여 있고 경건한 사람들이 당구를 치고 있는 게 아닌가? 그 모습을 보고 얼마나 놀랐을지 한번 생각해 보십시오.

그러면 우리가 세운 모든 담을 다 헐어야 할까요? 반드시 그럴 필요는 없습니다. 종종 그것은 도움을 주며, 때때로 필요하기도 합니다. 몇 년 전 나는 자신이 절제할 수 없을 정도로 아이스크림을 좋아하고 있음을 깨달았습니다. 매일 저녁 식사 때 한 접시를 먹고는 잠자리에서 또 한 접시를 갖다 먹었습니다. 그래서 나는 '담'을 쌓았습니다. 아내에게 부탁하여 더 이상 아이스크림을 냉장고 속에 두지 않게 했습니다. 아이스크림에 대한 나의 식탐이 고쳐진 후에야 가끔씩 아이스크림을 먹기 시작했습니다.

나는 부모님이 쌓은 당구장 담은 적절했다고 생각합니다. 그러나 경험에 비추어 모든 부모를 위한 교훈이 있습니다. 바로 담에 초점을 맞추지 말라는 것입니다. 자녀들을 위해 담을 세우고자 한다면 진정한 문제에 초점을 맞추고 담에 초점을 맞추지는 마십시오. 시간을 내어 그 담을 세운 이유를 설명해 주십시오.

만약에 당신이 우리 부모님께서 그러셨듯이 자녀들이 당구장에 가는 것을 원치 않는다면 그 이유를 설명해 주십시오. 당구를 하는 것 자체와—그것은 도덕적으로 좋은 것도 나쁜 것도 아닙니다—자녀들로 접하지 못하게 하려는 그곳 분위기를 구분하도록 하십시오.

우리 모두에게 있어서 어떤 담을 갖는 것은 좋을 수도 있습니다. 그러나 담 그 자체로만 유지하기 위해 신경을 써야 합니다. 즉 그 담이 우리에게는 도움이 되나 반드시 다른 사람에게도 적용되는 것은 아님을 명심해야 합니다. 또한 다른 사람이 만든 담으로부터 우리의 자유를 지키기 위해 노력해야 합니다.

우리 각자가 속한 기독교계에 있는 어떤 담은 오랜 세월 동안 거기에 서 있었습니다. 그 기원을 아는 사람은 아무도 없으나,

지금까지 콘크리트로 만든 담처럼 견고히 서 있습니다. 당신이 그런 것 가운데 하나를 범하면 다른 사람과 갈등을 유발할지도 모르나 당신은 자신의 자유를 지켜야 합니다. 갈라디아서의 말씀을 이렇게 풀어 쓸 수 있습니다. "당신의 자유 위에 굳세게 서고, 다른 사람들이 자신들의 담으로 당신을 속박하지 못하게 하십시오."

그 담에 아주 집착하고 있는 사람을 단지 경멸하기 위해 담을 뛰어넘으라는 말이 아닙니다. 우리는 "화평의 일과 서로 덕을 세우는 일을 힘써야 합니다"(로마서 14:19). 어떤 특정한 담을 받아들이거나 혹은 거부하는 데 있어서 분별력을 갖도록 하십시오. 그러나 다른 사람이 당신에게 인간이 만든 규칙을 강요하지는 못하게 하십시오. 그리고 당신도 다른 사람에게 자신의 담을 강요하고 있거나 혹은 그것을 토대로 다른 사람을 판단하고 있지는 않은지 알 수 있도록 하나님께 도움을 구하십시오.

'다른 의견'

두 번째 형태의 율법주의는 또한 어떤 관행에 대해 '다른 의견'을 가지고 있는 신자들로부터 생겨납니다. '담'이 바리새인의 시대부터 있어 왔다면, '다른 의견'의 문제는 적어도 사도 바울의 시대 이래 있어 왔습니다. 로마서에서는 이런 상표의 율법주의를 다루는 데 한 장 전체를 할애했습니다. 로마서 14장은 논란의 여지가 있는 문제 즉 서로 의견이 다른 문제에 대해 어떻게 해야 할지를 다루고 있습니다.

문제의 핵심은 5절에 잘 소개되어 있습니다. "혹은 이 날을 저날보다 낫게 여기고 혹은 모든 날을 같게 여기나니 각각 자기 마음에 확정할지니라." 사람들은 여러 가지 사안에 대해 다른 의견을 가질 수 있습니다. 어떤 행동에 대해 어떤 사람은 아무 문제도 느끼지 않는데 어떤 사람은 죄로 느낍니다.

흔히 이러한 의견 차이는 가정 배경, 자라난 고장이나 교회의 문화 차이에서 나옵니다. 내가 자라난 교회에서는 금지되었던 어떤 습관이 캘리포니아에서 출석했던 교회에서는 문제조차 되지 않은 반면, 텍사스에서는 보편적인 어떤 행동에 캘리포니아의 그리스도인들은 아연실색할 수 있음을 알고 있습니다. 그럼에도 그 습관이나 행동은 다 성경에서는 직접적으로 다루고 있지 않습니다.

이러한 서로 다른 확신은 어디서부터 나왔을까요? 그것은 다양한 방식으로 형성되어 왔습니다. 어떤 것은 오랜 옛날에 누군가가 세웠던 담이 그 기원인데 세월이 흘러서 이제는 원래의 문제가 무엇이었는지 아무도 모릅니다. 또 다른 것은 어떤 그리스도인들의 개인적인 경험에서 나온 것인데, 그들은 자신의 개인적인 확신을 다른 사람들에게 심어 주기 시작했던 것입니다.

찰스 스윈돌에 따르면, 어떤 선교사 가족은 땅콩버터 문제로 선교지를 떠나 본국으로 돌아왔습니다. 그들은 땅콩버터를 구할 수 없는 곳에 파송되었는데, 이 때문에 땅콩버터를 보내 달라고 가끔씩 고국에 있는 친구들에게 부탁했습니다. 문제는 그곳의 다른 선교사들은 땅콩버터를 먹지 않는 것을 영적인 삶의 표시로 여겼다는 데 있었습니다. 새로 온 그 선교사 가족은 이것을 단순한 의견 차이로 간주했고, 그래서 계속 땅콩버터를 받아서 맛있게 먹었습니다. 그러나 다른 선교사들로부터 자기들에게 맞추라는 압력이 집요해지자 모든 것을 포기하고 선교지를 떠날 수밖에 없었던 것입니다.

    우리가 보기에도 참으로 어리석은 이런 일이 어떻게 일어날 수 있었을까요? 추측건대 일이 다음과 같이 진행되었을 터입니다. 땅콩버터를 아주 좋아하는 한 선교사 가족이 오래전 이 선교지에 파송되어 왔습니다. 땅콩버터를 구할 수 없다는 것을 알게 되자 그들은 그것을 먹지 않고 그냥 지내든지 아니면 고국에 있는 친구이나 친척에게 부탁하여 부쳐 달라고 하든지 둘 중 하나를 선택해야 했습니다. 주님 앞에서 이 문제를 깊이 생각해 본 후 그들은 땅콩버터가 없이 지내는 것은 선교지에 머무르기 위해 치르는 대가치고는 아주 작은 대가라는 결론에 도달했습니다. 사도 바울처럼 그들은 땅콩버터를 먹을 '권리'가 있었지만 그 권리를 쓰지 않기로 결정했던 것입니다(고린도전서 9:1-12 참조). 그들은 "주를 위하여"(로마서 14:6) 그렇게 했습니다.

    이 문제의 발단에 대한 나의 추측이 옳다면 개인적으로 볼 때 그들이 그런 상황에서 그런 생각을 했다는 것은 아주 온당하고 오히려 박수를 보낼 만할 일입니다. 이것이 로마서 14:6에서 말하고자 한 바입니다. 그들이 주님을 위해 땅콩버터를 먹지 않기로 했다면 결코 그들을 얕잡아 보거나 비웃을 수가 없습니다. 땅콩버터를 먹을 만한 믿음이 있는 자는 먹지 않는 자를 업신여기지 말아야 합니다(로마서 14:2-3).

    그러면 무엇이 잘못되었습니까? 먼저 온 그 선교사 가족이 주님을 위하여 땅콩버터를 먹지 않기로 진지하게 결정했는데 어떻게 그것이 결국 선교사들 사이에 분쟁을 일으키는 문제가 되었을까요? 다시 한 번 추측을 해 봅시다. 아마도 그 선교사 가족은 자신들의 상황에만 적용되는 하나님의 뜻을 영적인 법칙으로 격상시키고 그리하여 그것을 다른 사람들에게 적용시켰기 때문에 그런 일이 일어났을 것입니다. "하나님께서 우리로 하여금 선교지에서 땅콩버터 먹는 것을 포기하게 인도하셨다면 그것은 우리뿐 아니라 다른 모든 사람들을 향한 하나님의 뜻임에 틀림없어"라고 생각했을 수가 있습니다.

이 이야기의 배후에 있는 이유에 대한 추측이 옳았든 그렇지 않든 이는 별 문제가 되지 않습니다. 이 특정한 예에서는 이 추측이 진실과 다를지 몰라도 다른 수많은 경우에는 진실이었습니다. 그리스도인으로서 우리는 로마서 14장에 나오는 명백한 가르침을 받아들이지 못하고 있는 것 같습니다. 말하자면 하나님께서는 동일하게 경건한 사람들이 어떤 문제에 대해 서로 다른 의견을 갖게도 하신다는 점입니다. 우리는 자신의 삶에서 하나님의 인도라고 생각하는 것을 일반화하여 그것을 다른 모든 사람들에게도 적용시킵니다.

그렇게 하면 우리는 하나님을 '틀에 가두는' 셈이 됩니다. 하나님께서 우리를 인도하셨다고 믿는 대로 다른 사람도 인도하셔야 한다고 주장하는 것입니다. 우리는 하나님께서 우리 각 사람을 개인으로 다루실 수 있는 자유를 하나님께 드리기를 거부합니다. 이렇게 되면 우리는 율법주의자입니다.

우리는 다른 그리스도인의 양심을 우리 자신의 개인적인 확신 안에 속박하려 해서는 안 됩니다. 그 확신이 하나님과의 동행의 산물일 수도 있습니다. 그러한 확신을 갖는 데 있어서 하나님께서 우리를 인도하셨다고 믿을지라도 우리는 여전히 그것을 모든 사람이 따라야 할 영적 원리의 수준으로 격상시켜서는 안 됩니다. 청교도인 존 오웬은 "오직 하나님께서 말씀을 통해 명령하신 것만 '속박'하는 것으로 간주되어야 하고, 그 외의 모든 것에서는 행동의 자유가 있습니다"라고 가르쳤습니다. 우리가 그리스도 안에서 가지고 있는 자유를 누리고자 한다면 다른 의견의 범주에 속하는 확신에 주의해야 합니다. 우리는 다른 사람들의 양심을 속박하려 해서도 안 되고 그들의 것이 우리의 양심을 속박하게 해서도 안 됩니다. 우리는 그리스도 안에서 가지고 있는 자유에 굳게 서야 합니다.

영적 훈련

'해야 할 것'과 '해서는 안 되는 것'의 다양한 목록에 대해서 앞에서 언급했습니다. 그리고 '해서는 안 되는 것'의 예를 몇 가지 살펴보았습니다. 이를 테면, 해변에 가지 말라, 당구를 치지 말라, 땅콩버터를 먹지 말라 등등. 이런 목록이 우습게 보이고, 도대체 누가 그런 바보스러운 신념을 가질 수 있을까 하는 생각이 든다면, 당신 자신의 목록도 다른 사람에게 그처럼 바보스럽게 비칠 수가 있다는 점을 아십시오. 그러나 바보스러우냐 아니냐는 문제가 아닙니다. 문제는 하나님께서는 우리 중 그 누구도 다른 그리스도인들에 대해 '윤리상의 경찰'로 임명하지 않으셨다는 점입니다.

그러나 '해야 할 것'은 어떻습니까? '해야 할 것'이라 하면 특히 '영적 훈련'이라고 부르는 것을 생각하게 됩니다. 이를 테면, 정기적으로 개인적인 경건의 시간을 갖는 것, 성경을 공부하는 것, 성경 말씀을 암송하는 것, 그룹 성경공부 모임에 참석하는 것, 또는 개인적으로 기도하거나 매주 기도 모임에 참석하는 것, 그리스도를 증거하는 것 등 여러 가지가 있습니다.

이러한 훈련의 가치와 중요성을 깎아내릴 의도가 전혀 없음을 분명히 밝혀 둡니다. 모두 선하고 유익하며, 나 자신 역시 지금도 그 가운데서 많은 것을 실행하기 위해 열심히 힘쓰고 있습니다. 그러나 영적 훈련은 우리의 유익을 위해 있는 것이지 속박을 위해 있는 것이 아닙니다. 그것은 누릴 수 있는 특권이지 이행해야 할 의무가 아닙니다. 예수님께서는 "안식일은 사람을 위하여 있는 것이요 사람이 안식일을 위하여 있는 것이 아니니"(마가복음 2:27)라고 하셨습니다. 마찬가지로 "영적 훈련은 사람을 위하여 있는 것이요 사람이 영적 훈련을 위해 있는 아니다"라고 말할 수 있습니다.

'해서는 안 되는 것'에 대해 율법적이 될 수 있는 것만큼 '해야 할 것'에 대해서도 율법적이 될 수 있습니다. 영적 훈련은 율법주의적인 생각이 자랄 수 있는 비옥한 땅이기도 합니다.

그것은 쉽사리 성적을 매기는 도구가 되고, 이를 토대로 하나님의 축복을 기대할지 말지를 결정합니다. 만약에 영적 훈련을 꽤 잘해 나가 정기적인 경건의 시간을 가지며, 성경을 공부하고… 그러면 하나님의 축복에 대해 희망을 가집니다. 그러나 썩 잘해 오지 못했다면, '충실하지 못했다면' 아무 축복도 기대하지 않습니다.

다른 사람들과의 관계에서는 영적 훈련에 대해 보다 더 율법적이 됩니다. 어떤 사람이 우리가 행하고 있는 것과 동일한 영적 훈련을 하지 않는 경우 그가 "헌신되지 않았다"라고 말함으로 교묘하게 압력을 가하려 합니다. 또는 어떤 사람이 우리가 하고 있는 것을 행치 않으면 친밀한 관계를 맺지 않습니다. 다시 한번 하나님께서는 다른 사람을 영적으로 성장시키는 과정에서 우리를 인도하셨던 것과 동일한 방식으로 인도하셔야 한다고 생각합니다.

자유를 위해 부르심을 받음

영적 훈련은 적극적으로 해야 합니다. 그리스도인의 삶에서 성장에 절대적으로 필요합니다. 오늘날은 대개 훈련받기를 싫어하는 세대라 많은 그리스도인들이 그리스도 안에서 성숙하도록 도와주는 그러한 훈련의 유익을 놓치고 있습니다. 하지만 의무로서가 아니라 유익을 위해 영적 훈련을 해야 합니다. 매일의 경건의 시간을, 보상을 얻기 위한 필요조건으로 강조해서는 안 됩니다. 오히려 온 우주를 통치하시는 하나님과 개인적으로 교제하는 시간을 갖는 **특권**과 또 우리 자신을 위하여 그런 시간을 꾸준히 갖는 일의 **중요성**에 대해 이야기하는 것이 좋습니다.

일대일 제자 훈련을 하고 있다면 바울의 태도를 본받아야 합니다. "우리가 너희 믿음을 주관하려는 것이 아니요 오직 너희 기쁨을 돕는 자가 되려 함이니 이는 너희가 믿음에 섰음이라"(고린도후서 1:24). 일대일로 훈련을 할 때 우리는 상대방을 섬겨야지 주관해서는 안 됩니다. 우리는 영적 훈련을 하도록 격려하고 또 상대방이 그런 훈련에서 형통하도록 돕기 위해 할 수 있는 모든 일을 해야 하지만, 결코 하나님이나 우리에게 용납되기 위한 조건으로 그런 것을 요구해서는 안 됩니다. 영적 훈련의 방법은 목적에 이르는 수단이지 목적 그 자체는 아니라는 점을 명심해야 합니다.

헌신을 가르치기에 앞서 은혜를 가르쳐야 합니다. 그 이유는 이미 제6장에서 살펴본 바와 같이 은혜를 이해하고 누리게 되면 언제나 헌신하게 되기 때문입니다. 그러나 헌신을 먼저 요구하게 되면 언제나 율법주의에 이르게 될 위험이 있습니다.

다른 사람들의 생각

흔히 다른 사람들이 어떻게 생각할까 두려워 그리스도 안에 있는 자유를 누리지 못하기도 합니다. 다른 사람들에게 판단을 받거나 그들의 입에 오르내리는 것이 무서워 어떤 것을 하거나 혹은 하지 않습니다. 그러나 그리스도 안에 있는 자유에 굳게 선다는 것은 다른 사람들의 생각을 두려워하는 데서 벗어난다는 의미입니다.

그리스도인의 자유에 관한 대헌장인 갈라디아서의 말씀은 큰 교훈을 줍니다. "이제 내가 사람들에게 좋게 하랴 하나님께 좋게 하랴? 사람들에게 기쁨을 구하랴? 내가 지금까지 사람의 기쁨을 구하는 것이었더면 그리스도의 종이 아니니라"(갈라디아서 1:10).

제4장에서 말씀드린 바와 같이 내 친구는 어렵게 이 교훈을 배워야 했습니다. 그의 아내가 주님께로 간 지 얼마 되지 않았을 때 놀랍게도 하나님께서는 한 경선한 사매를 그의 삶 가운데로 이끌어 오셨습니다. 오랫동안 그 가족의 친구였던 독신 자매였습니다. 두 사람의 관계가 점차 애정으로 발전되어 가기 시작하자 다른 사람들이 어떻게 생각할지 무척 염려가 되었습니다. 우리 문화에서 공공연히 받아들여지고 있는 금언인 "첫해에는 어떤 중요한 결정도 하지 말라"라는 가르침을 어기게 될 판국이었습니다. 동시에 계속 진행시키라는 내적인 독려를 느꼈습니다. 두 사람의 교제는 하나님께로부터 온 것으로 여겨졌습니다. 당시 그는 이 문제와 관련하여 하나님과 많은 씨름을 했고, 내게 그 고민을 털어놓았습니다. 이 일과 관련하여 사람들이 어떻게 생각할까 두려워 자신의 진행 속도를 늦추고 싶은데 하나님께서

는 그 속도보다 더 빨리 자신을 밀어붙이고 계신 게 아닌가 하는 생각이 든다고 고백했습니다.

그는 '문화적 용납의 규례'라는 틀에 하나님을 가두었습니다. 분명히 하나님께서는 친구들이 받아들일 수 없는 그 어떤 것도 그의 삶에서 행하지 않으셨을 것입니다. 하나님께서는 실제로 놀라운 일을 행하고 계셨으나 그는 하나님의 역사를 한껏 누리지 못하고 도리어 다른 사람들이 어떻게 생각할까 두려워 고민하고 있었습니다.

그리스도 안에 있는 자유를 즐기려면 우리는 하나님을 기쁘시게 할 것인지 사람을 기쁘시게 할 것인지를 결정해야만 합니다. 흔히 사람들은 우리에게 어떻게 그리스도인의 삶을 살아야 할지, 무엇을 하고 무엇을 하지 말아야 할지를 말해 주고 싶어 합니다. 하지만 그들의 조언이 우리가 느끼는 하나님의 인도하심과 같지 않을 수도 있습니다. 다른 사람들의 확신을 무시해야 한다는 말이 아닙니다. 우리는 한 몸으로 부르심을 받았으며, 모두 그 몸의 지체로서 서로 섬겨야 합니다. 그러나 궁극적으로는 다른 사람들이 아니라 하나님께 책임을 져야 합니다. 하나님께서는 자신이 기뻐하시는 대로 우리를 몸 안에 두신 분입니다. 하나님께서는 우리 각자를 개인적으로 다루시며, 특히 우리 각자를 성장과 사역에 알맞은 환경에 두십니다.

지인 중에 아주 다른 문화적 배경을 가진 유학생들을 대상으로 선교 사역을 하는 사람이 있었습니다. 이런저런 이유로 해서 그들과 만나 전도 성경공부를 하기에 가장 좋은 시간이 수요일 저녁 예배를 드리는 시간이었습니다. 그는 목사님을 찾아가 사정을 설명하고 다른 예배에 잘 참석할 테니 목사님의 인정하에 수요 예배에는 빠졌으면 좋겠다고 했습니다. 다행히도 목사는 그를 이해했고 그 계획을 기꺼이 승인해 주었습니다.

하지만 교인들 가운데 어떤 이들이 이해하지 못하면 어떻게 됩니까? 그런 상황에 처하면 어떻게 해야 할까요? 우리는 마땅히 그리스도 안에 있는 자유를 누려야 합니다. 하나님께서 우리를 어떤 방향으로 이끄신다고 믿는다면 우리는 사람들이 아니라 하나님께 순종해야 합니다.

그동안의 삶의 경험을 통해 알게 된 것은, 흔히 사람들이 어떤 것을 해야 한다느니 혹은 하지 말아야 한다느니 하는 식으로 나 역시 내 자신의 의견을 가지고 있다는 사실이었습니다. 의도적으로 사람들의 행동에 영향을 끼치려 하지는 않았지만 마음속으로 그들을 판단하곤 했습니다. 옳다고 혹은 그르다고 생각했습니다. 그런데 때로는 입장이 바뀌어 하나님께서 나의 삶 가운데 행하고 계신 것을 다른 사람들이 이해하지 못할 것 같은 상황을 맞이하기도 했습니다. 우리는 그리스도 안에 있는 우리 자신의 자유를 누릴 뿐 아니라 다른 사람들로 하여금 그들의 자유를 누리도록 해야 합니다. 우리는 서로에게 자유를 주는 것을 배워야 할 필요가 있습니다.

통제자

지금까지 자신에 대해 그리고 다른 사람들에 대해 율법주의에 빠져들 수 있는 영역 가운데 몇 가지를 살펴보았습니다. 이를테면, 담, 다른 의견, 영적 훈련, 다른 사람들의 생각에 대한 두려움 등입니다. 또 교회의 모든 모임에 출석하기를 기대하는 것 등도 율법주의적이 되기 쉬운 영역입니다. 오래된 또 하나의 것은

"세상적이다"라고 판단하는 것입니다. 어떤 사람들은 여성이 화장을 얼마나 했는가 또는 남성의 머리가 얼마나 긴가 하는 것을 가지고 세상적인지를 판정하기도 합니다.

이 모든 영역에서 문제를 더욱 심화시키는 요인으로는 이른바 '통제자'로 알려진 부류의 사람들입니다. 이들은 당신이 하나님의 인도하심이라고 믿는 대로 사는 것을 탐탁지 않게 생각합니다. 그들은 모든 문제와 사안에 대해 이미 결론을 내렸으며 그 모든 영역에 대해 융통성 없고 요지부동의 의견을 가지고 있습니다. 이 사람들은 흰 것과 검은 것밖에 모릅니다. 그들에게 다른 색은 존재하지 않습니다.

그들은 당신이 자신들의 규율과 의견을 따라 그리스도인의 삶을 살아야 한다고 주장합니다. 만약 하나님께서 당신에게 원하시는 대로 살기 위해 당신이 자유를 주장하면 그들은 겁을 주며 이런저런 방법으로 당신을 주관하려고 합니다. 그들의 주된 무기는 '정죄', '거부', 혹은 '험담'입니다.

우리는 이러한 사람들에게 대항해야 합니다. 그리스도 안에서 우리가 가지고 있는 자유를 그들이 파괴하도록 허락해서는 안 됩니다. 바울은 갈라디아 교회에 있는 율법주의를 이단으로 취급했고 그런 것을 전하는 사람을 저주까지 했습니다. 오늘날의 '율법주의자'나 '통제자'들의 행동 또한 결코 사소한 문제가 아니라는 점을 말해 두고자 합니다. 복음주의자들 속에 그들이 있을 때 미치는 영향은 우리 머리 주위를 빙빙 도는 파리처럼 단지 귀찮게 하는 것 그 이상입니다. 오늘날 미국 전역에서는 율법주의적인 통제자들의 영향 때문에 영적으로 사상자가 된 이들이 많이 있습니다.

통제자는 옛날부터 있어 왔습니다. 1645년에 청교도인 새뮤얼 볼턴은 그리스도인의 자유에 관해 다음과 같은 매우 교훈적인 글을 썼습니다.

우리의 판단력이나 양심을 결코 다른 사람들의 처분과 의견에 좌우되도록 내어 주지 말며 사람들의 판결이나 결정에 내맡기지도 맙시다.…

그러므로 나는 모든 그리스도인에게 늘 경계함으로 그리스도인으로서의 자유를 지키도록 권하는 바입니다. 당신은 결코 유혹이나 위협에 의해 그 자유를 빼앗겨서도 안 되며, 매수나 두려움에 의해 그것을 잃어서도 안 됩니다.… 우리는 다른 사람들의 의견에 무조건 따라서는 안 되는데, 그들이 그렇게 학식이 많을 수가 없고 그토록 거룩할 수가 없을지라도 그것은 단지 그들의 의견이기 때문입니다. 사도 바울은 우리에게 범사에 헤아려 좋은 것을 취하라고 명령했습니다(데살로니가전서 5:21). 흔히 우리는 어떤 사람들의 학식과 독실함을 높이 평가하다 보면 그들을 덮어놓고 신뢰하게 되어 완전히 자신의 판단력을 그들의 의견에 맡기게 되니, 자신의 양심을 그들의 교훈에 내맡기게 됩니다. 그렇게 되어서는 안 됩니다.

몇 년 전 어떤 정치가가 "영원한 경계는 자유의 대가다"라고 말한 적이 있습니다. 정치적인 면에서처럼 영적인 면에서도 그러합니다. 자유와 은혜는 동전의 양면과도 같습니다. 어느 한쪽이 없이 다른 하나를 누릴 수가 없습니다. 진정으로 은혜에 의한 삶을 살고자 한다면 그리스도 안에서 우리 것이 된 자유 안에 굳게 서야 합니다.

사랑으로 서로 종노릇하라

은혜의 한 표현인 자유라는 주제에 대해 생각해 보았으므로 이제는 갈라디아서 5:13의 나머지 부분을 살펴보도록 합시다. "그러나 그 자유로 육체의 기회를 삼지 말고 오직 사랑으로 서로 종노릇하라."

어떤 의미에서 제6장부터 제8장에 걸쳐 이 경고를 이미 다루었습니다. 그리스도인의 자유라는 주제를 다루는 것을 먼저 은혜와 하나님의 도덕적 법 사이의 관계를 다 다룰 때까지 의도적으로 미루어 왔습니다. 그 도덕적 법은 은혜를 손상시키지도 않고, 그리스도 안에 있는 우리의 자유를 제한하지도 않는다는 사실을 살펴보았습니다.

제6장에서 하나님의 은혜는 하나님의 명령에 순종하는 유일하게 올바른 동기요 강렬한 동기가 됨을 알았습니다. 우리의 순종이 진정한 순종이 되려면 마땅히 하나님을 향한 사랑과 하나님의 은혜에 대한 감사로부터 우러나와야 합니다.

제7장에서 하나님의 도덕적 법은 하나님께 대한 우리의 사랑에 방법을 제시해 준다는 사실을 보았습니다. 하나님께 대한 나의 사랑을 표현하기를 진정으로 원한다면 그것을 올바르게 표현하는 법을 알아야 합니다. 예수님께서는 아주 간단한 지침을 우리에게 주셨습니다. 실행은 간단하지 않겠지만 이해만은 간단합니다. "너희가 나를 사랑하면 나의 계명을 지키리라"(요한복음 14:15).

그리고 제8장에서는 법이 방법을 제시하기는 하나 그것에 순종할 수 있게 하는 능력은 없음을 알았습니다. 그러나 하나님께서는 죄와 율법의 지배로부터 우리를 해방시켜 주심으로, 그리고 우리를 은혜의 나라로 옮겨 주심으로, 그리스도 안에서 그리고 성령을 통해서, 순종할 수 있는 능력을 공급해 주셨습니다. 이처럼 하나님께서는 은혜로 말미암아 우리에게 올바른 동기, 올바른 규칙 내지 방법, 그리고 사랑의 삶을 사는 데 필요한 능력을 주셨습니다.

이러한 기본 진리를 이해했을 때라야 자유를 남용하지 말고 오히려 사랑으로 서로 종노릇하라는 권면에 응답할 수 있습니다. 은혜를 경험하고 있지 않다면 사랑을 발휘할 수 없다는 것이 영적 원리입니다. 자신을 향한 하나님의 사랑이 무조건적이며, 자신의 행위나 공로가 아니라 오직 그리스도의 공로에 기초한다는 사실을 확실히 믿지 않고는 결코 진정으로 다른 사람들을 사랑할 수 없습니다. 요한일서 4:19은 "우리가 사랑함은 그가 먼저 우리를 사랑하셨음이라"라고 했습니다. 우리의 사랑은 하나님을 향한 것이든, 다른 사람을 향한 것이든, 오직 우리를 향한 하나님의 사랑에 대한 응답일 뿐입니다.

상호 간의 관계와 관련하여 살펴보아야 할 단어가 다섯 개 있습니다. 이 다섯 개는 갈라디아서 5:13-14에 사용되었거나 암시되어 있습니다. **법, 자유, 사랑, 방종, 율법주의**가 바로 그것입니다. 지금까지 **방종**이라는 말을 사용하지 않았는데, 이 단어는 우리의 죄 된 성품을 만족시키기 위해 우리의 자유를 남용하는 것을 의미합니다. 우리는 법과 사랑, 법과 자유, 자유와 사랑 사이의 올바른 관계 안에서 사는 것을 배워야 합니다. 이러한 관계를 올바로 정립할 때 비로소 한편으로는 방종이라는 함정을 피하고 다른 한편으로는 율법주의를 피하게 됩니다. 은혜는 법, 사랑, 자유가 서로 올바른 관계 가운데 있도록 해 줍니다.

미국 남부의 어느 주에서는 늪지를 가로지르는 2차선 고속도로를 건설했는데, 늪지 위에다 도로를 만들었습니다. 웬만큼 실수를 해도 괜찮도록 도로 폭에 여유를 둔 게 아닌지라 길에서 벗어나지 않도록 특별히 조심해야 합니다. 길에서 벗어난다면 잔디가 깔린 길가로 들어서는 것이 아니라 늪에 빠지게 됩니다.

이 그림에서 보는 바와 같이, 쌓아 올린 노반은 율법주의와 방종이라는 늪지를 안전하게 통과하게 해 주는 은혜를 나타냅니다.

진정한 의미의 은혜에 초점을 맞추면 법, 자유, 사랑이 서로 올바른 관계 가운데 있게 됩니다. 그러나 은혜 대신에 이 세 가지 가운데 하나에 초점을 맞추면 예외 없이 율법주의의 늪이나 방종의 늪에 빠지고 맙니다.

'진정한 의미의 은혜'라는 말을 통해 의미하고자 한 바가 무엇일까요? 흔히 경멸적인 의미로 사용되는 **값싼 은혜**라는 말이 있습니다. 이 용어는 하나님의 은혜는 무조건적이니 내 기분대로 살아도 된다는 식의 태도, 하나님께서는 여전히 나를 사랑하시고 용서하실 것이기 때문에 마음대로 죄를 지어도 된다는 식의 태도를 나타냅니다. 그것은 **방종**의 태도입니다. 그것은 자유에만 초점을 맞추고 하나님의 법을 경시한 결과입니다. 이러한 죄된 태도에 대항하여 어떤 그리스도인들은 **율법주의에 빠졌습니**

다. 그리하여 공공연히 혹은 은연중에 하나님의 은혜는 조건적이며 어느 정도는 우리의 행위나 업적에 기초한다고 가르쳐 왔습니다. 대개 우리는 지나치게 하나님의 법에 초점을 맞추고 자유를 경시해 왔습니다.

그러나 사실 값싼 은혜라는 것은 없습니다. 받는 자인 우리에게 있어서 은혜는 **무조건적으로 무료**이지만, 결코 값싼 것이 아닙니다. 한편 은혜는 하나님께도 값싼 것이 아닙니다. 비록 은혜가 하나님의 속성이긴 하지만 은혜를 우리에게 베푸시기 위해서는 가장 값비싼 대가 즉 사랑하는 독생자의 죽음이라는 대가를 치르셨습니다.

그러므로 은혜는 결코 값싼 것이 아닙니다. 그것은 우리에게는 절대적으로 무료이나 하나님께는 한없이 값비싼 것입니다. 그것이 진정한 의미의 은혜라는 말을 통해 뜻하고자 했던 바입니다. 은혜를 무책임하고 죄 된 행동을 위한 면허로 사용하는 경향이 있는 사람은 하나님께서 우리에게 은혜를 베푸시기 위해 치르신 엄청난 대가를 분명히 제대로 이해하지 못하고 있거나 감사하지 못하고 있습니다. 반면에 방종에 대항하기 위한 장벽으로 율법주의를 사용하는 경향이 있는 사람은 분명히 은혜는 우리의 행위에 의해 획득될 수 없다는 사실을 잊고 있습니다.

우리 모두는 하나님의 변화시키는 은혜의 통치 아래 사는 삶을 부지런히 배울 필요가 있습니다. 그러면 사랑과 자유와 법은 우리의 삶 가운데서 올바른 위치를 차지하게 되며, 율법주의와 방종이라는 두 가지 늪에 빠지지 않게 될 것입니다.

10
내 은혜가 네게 족하도다

내게 이르시기를 "내 은혜가 네게 족하도다. 이는 내 능력이 약한 데서 온전하여짐이라" 하신지라, 이러므로 도리어 크게 기뻐함으로 나의 여러 약한 것들에 대하여 자랑하리니, 이는 그리스도의 능력으로 내게 머물게 하려 함이라. (고린도후서 12:9)

인생살이는 고달픕니다. 이는 자명하고도 널리 인정되고 있는 사실입니다. 오늘 아침 신문을 보니 지난 두 달 동안 그리 크시 않은 우리 도시에서만 천 명이 넘는 사람이 실직하였습니다. 그렇지 않아도 어려웠던 지역 경제 사정이 더 어렵게 되고, 그들은 수입도 없이 크리스마스를 지내게 되었다고 합니다. 이 책을 쓰고 있을 때 수십만의 군인들이 중동에 배치되었는데, 대량 살상과 파괴가 일어나는 끔찍한 전쟁의 가능성이 다시 한 번 입에 오르내리고 있습니다. 가까운 데로 눈을 돌려 보면, 한 살인범이 우리 지방의 교도소에 갇혀 그 죄로 인해 사형 선고를 받게 될까 두려워하며 판결을 기다리고 있습니다.

타락하고 죄로 저주받은 세상에 우리는 살고 있습니다. 그리스도인들일지라도 그 저주로 말미암은, 실망스럽고 종종 우리를 압도하는 듯한 환경으로부터 면제된 게 아닙니다. 한 부부가 생각납니다. 그들은 퇴직할 나이가 되었으나, 성년인데도 부모에게 의지해야 하는 아이 같은 자녀 때문에 일을 그만두지 못하고 있습니다. 또 어떤 부인은 남편을 정성스럽게 간호하다가 이제는 자신이 병에 걸렸습니다.

오늘 아침에 나는 십대와 성년이 된 자녀들이 영적으로 반항하며 부모로부터 멀어지고 있어 이 문제로 씨름하고 있는 몇 가정을 위해 기도했습니다. 겨우 한 블록 떨어진 곳에서는 어린 자녀를 둔 한 어머니가 암과 처절한 싸움을 하고 있습니다. 우리 그리스도인들도 그런 가슴 아픈 일로부터 면제되지 않았을 뿐 아니라 오히려 주위의 불신자들보다 그런 일을 더 많이 경험하는 것 같습니다.

그러나 지난 2천여 년 동안 수많은 그리스도인들이 사도 바울에게 주신 주님의 말씀을 통해, 고난 중에서 위로와 격려와 견딜힘을 공급받았습니다. "내 은혜가 네게 족하도다"(고린도후서 12:9).

바울은 많은 역경에 처했던 사람입니다. 고린도후서에서 자신이 겪은 환난, 궁핍, 고난, 매 맞음, 갇힘, 소동, 수고로움, 자지 못함, 배고픔 등을 언급했습니다(6:4-5). 그러나 한 가지 특별한 고통 거리가 그에게 더 있어 다른 모든 것보다 더욱 고통과 슬픔을 안겨 주었던 것이 분명합니다. 그는 그것을 자기 육체에 있는 "가시 곧 사단의 사자"라고 불렀습니다(12:7).

우리는 바울의 육체에 있었던 가시가 무엇이었는지 모릅니다. 그것을 알아내려고 한다면 부질없는 일입니다. 그게 무엇이었든 그것은 그의 선교 사역에 방해물이었을 것입니다. 그것은 '사단의 사자' 곧 사탄의 공격이었지만, 그것은 또한 그 자신이 마음을 다해 사랑하고 섬기고 있던 하나님의 허락하에 그에게 주어졌다는 사실을 우리는 분명히 알고 있습니다.

바울은 독특한 경험을 했었습니다. 고린도후서 12장의 첫 부분에서 말한 대로 "셋째 하늘"에 이끌려 간 사람이었습니다. 낙원으로 이끌려 가서 "말할 수 없는 말", "사람이 가히 이르지 못할 말"을 들었습니다. 사람이 말하는 것이 허락되지 않은 말이었습니다. 이 황홀한 경험, 바울만이 했던 이 경험은 그를 아주 교만하고 자고하게 할 수 있었습니다. 그러나 지혜가 무궁하시고 바울을 너무나 사랑하시는 하나님께서는 바울이 교만의 유혹을 받도록 그냥 내버려 두지 않으셨습니다. 바울은 교만을 막기 위한 하나님의 방파제를 다음과 같이 설명했습니다.

> 여러 계시를 받은 것이 지극히 크므로 너무 자고하지 않게 하시려고 내 육체에 가시 곧 사단의 사자를 주셨으니 이는 나를 쳐서 너무 자고하지 않게 하려 하심이니라. 이것이 내게서 떠나기 위하여 내가 세 번 주께 간구하였더니, 내게 이르시기를 "내 은혜가 네게 족하도다. 이는 내 능력이 약한 데서 온전하여짐이라" 하신지라, 이러므로 도리어 크게 기뻐함으로 나의 여러 약한 것들에 대하여 자랑하리니 이는 그리스도의 능력으로 내게 머물게 하려 함이라. 그러므로 내가 그리스도를 위하여 약한 것들과 능욕과 궁핍과 핍박과 곤란을 기뻐하노니 이는 내가 약할 그때에 곧 강함이니라. (고린도후서 12:7-10).

하나님의 도우심

여기서는 고린도후서 12:9에 있는 "내 은혜가 네게 족하도다"라는 중요하고도 축복된 말씀에 초점을 맞추고자 합니다. 왜냐하면 이 말씀이 이 책에서 아직 다루지 않은, 하나님의 은혜의 또 다른 차원을 보여 주기 때문입니다. 지금까지는 '예수 그리스도로 말미암아 값없이 우리에게 주어지는 하나님의 은총'으로 보통 정의되는 은혜에 대해 공부해 왔습니다. 9절에서는 **성령을 통한 하나님의 도우심**이라는 의미로 사용된 은혜라는 말을 접합니다. 이 도우심은 사실 부활하신 그리스도의 능력이 하나님의 성령에 의해 우리에게 전달되는 것입니다.

은혜는 신약성경의 여러 곳에서 이러한 의미를 가지고 있습니다. 칼빈은 고린도후서 12:9에 대한 주석에서 이렇게 말했습니다. "여기서 **은혜**라는 단어는 다른 데서와 같이 '하나님의 은총'을 의미하는 것이 아니라 하나님의 값없이 베푸시는 은혜로 말미암아 우리에게 오는 '성령의 도우심'을 지칭하기 위해 사용되었습니다."

고린도전서 15:10에서는 이와 동일한 의미로 은혜라는 말을 사용했습니다. "그러나 나의 나 된 것은 하나님의 은혜로 된 것이니 내게 주신 그의 은혜가 헛되지 아니하여 내가 모든 사도보다 더 많이 수고하였으나 내가 아니요 오직 나와 함께 하신 하나님의 은혜로라." 이 구절에 대해 찰스 하지는 이렇게 말했습니다. "이 문맥에서 **하나님의 은혜**란 하나님의 사랑이 아니라 성령의 도우심입니다. 이 또한 값없이 주어지는 은총입니다. 이것은 많은 구절에서 **은혜**라는 말의 일반적인 의미일 뿐 아니라 성경적인 의미이기도 합니다."

"은혜라는 말의 일반적인 의미"란 예를 들면 우리가 "나는 마음에 들지 않는 이웃 사람을 하나님의 은혜로 사랑할 수 있었어"라고 말할 때의 은혜의 의미입니다. 물론 이때는 하나님의 도우심 없이는 불가능했던 어떤 처지에서 하나님의 능력 주심을 가리키고 있습니다. 그리고 우리는 그 도움이 성령의 능력이나 도우심을 통해 우리에게 온 것임을 알고 있습니다.

은혜라는 말을 이러한 의미로 사용한 예를 우리 귀에 아주 익은 빌립보서 4:12-13에서도 찾아볼 수 있습니다. "내가 비천에 처할 줄도 알고 풍부에 처할 줄도 알아 모든 일에 배부르며 배고픔과 풍부와 궁핍에도 일체의 비결을 배웠노라. 내게 능력 주시는 자 안에서 내가 모든 것을 할 수 있느니라."

"내게 능력 주시는 자 안에서"라는 말 대신에 "하나님의 은혜로"라는 말을 넣으면 13절은 "하나님의 은혜로 내가 모든 것을 할 수 있느니라"가 됩니다. 이 구절이 하도 우리 귀에 익은 구절이라 말을 바꾸니 낯설게 들리기는 하지만 그 의미는 전혀 바뀌지 않았습니다. 하나님의 은혜로라는 말과 내게 능력 주시는 자 안에서라는 말은 같은 뜻을 나타냅니다.

그러므로 신약성경에서 그러하듯이 은혜라는 말은 두 가지 의미를 갖는데 이 둘은 서로 보완 관계에 있습니다. 첫째, 그것은 **그리스도로 말미암아 우리에게 값없이 베푸시는 하나님의 은총**으로서 이것에 의해 구원과 기다 모든 **축복이 값없이** 우리에게 주어집니다. 둘째, 그것은 **성령을 통한 하나님의 도우심**입니다. 두 번째 의미인 성령의 도우심은 그리스도로 말미암은 "기타 모든 축복" 가운데 하나이므로 첫 번째 속에 포함되는 것이 분명합니다. 하지만 첫 번째 것은 모든 축복의 원천으로서의 은혜에 초점을 맞추고 있는 반면, 두 번째 것은 구체적으로 우리 안에 계신 성령의 역사로 표현된 하나님의 은혜에 초점을 맞추고 있기 때문에 은혜의 이 두 측면을 구분합니다.

육체의 가시

바울은 은혜가 필요했으나 또한 육체에 있는 가시도 필요했습니다. 우리와 마찬가지로 교만의 유혹을 받기 쉬웠으며, 그러한 유혹을 막기 위해 가시가 주어졌습니다. 7절에서 "너무 자고하지 않게"라는 말을 반복해서 사용했습니다. "여러 계시를 받은 것이 지극히 크므로 **너무 자고하지 않게** 하시려고 내 육체에 가시 곧 사단의 사자를 주셨으니 이는 나를 쳐서 **너무 자고하지 않게** 하려 하심이니라."

가시의 필요성을 강조하려는 듯이 바울은 주님께서 그것을 자기에게 주신 목적을 두 번이나 서술하였습니다. 그것은 교만을 막기 위한 것이었습니다. 그는 겸손한 사람이었습니다. 자신을 "모든 성도 중에 지극히 작은 자보다 더 작은 나"요 "죄인 중에 괴수"로 여겼습니다(에베소서 3:8, 디모데전서 1:15). 그럼에도 자신이 여건만 주어지면 교만해질 수 있음을 알았습니다. 지극히 큰 계시를 받은 것은 바로 그러한 여건이 될 수 있었습니다.

우리 모두는 교만에 빠질 수 있습니다. 그리고 하나님이 교만한 자를 물리치시고 겸손한 자에게는 은혜를 주시기 때문에 교만은 은혜와 정반대 편에 있습니다(야고보서 4:6). 교만은 흔히 독선적인 태도의 반영입니다. 자신은 영적으로 성장하고 있는데 다른 그리스도인들은 자신만큼 성장하고 있지 않은 것을 보면 자신의 영적 성장을 자랑하고픈 유혹을 받습니다. 혹은 다른 그리스도인이 유혹에 넘어가는 것을 보면 염려하고 기도해 주기보다는 자기 의로 인해 비판적이 됩니다.

그리스도께 헌신된 사람이라고 생각했던 주님의 일꾼이 불미

스러운 일로 하던 일을 그만두어야 한다는 소식을 들었을 때 내가 어떤 반응을 나타내었는지가 생각납니다. 나는 마음속으로 '그 사람이 어떻게 그런 일을 할 수가 있지? 나라면 절대로 그런 일은 하지 않을 텐데'라고 생각했습니다. 그 즉시 하나님께서 "정말이냐? 너무 네게 대해 자신을 갖지는 말아라" 하고 말씀하시는 것 같았습니다. 나는 정신이 번쩍 들었습니다. 그 사람에 대한 나의 의분과 실망에는 자기 의라는 죄악 된 태도가 숨어 있는 것을 알았습니다. 교만은 아주 교묘하게 나타납니다.

"하나님의 은혜가 아니었으면 나도 그랬을 거야." 아마도 이런 말을 가끔 해 왔을 터입니다. 하지만 정말 그렇게 믿고 있습니까? 그렇지 않다고 생각합니다. 진정으로 믿고 있다면 훨씬 덜 비판적이 될 것이요, 그리스도 안의 형제 자매들을 향해 훨씬 더 동정하고 긍휼히 여기며, 그들을 위해 기도하는 데 더 신속하게 됩니다.

하나님께서는 그 가시가 무엇이었든지 간에 그것을 바울에게 주실 때 신한 목직을 깆고 계셨습니다. 비록 사닌을 통해 주이지기는 했지만 그것을 주신 이는 하나님이셨습니다. 사탄은 교만해지고자 하는 바울의 유혹을 막는 데 아무 관심이 없고 오히려 그 반대를 원했을 것입니다. 욥의 경우처럼 말할 것도 없이 사탄은 하나님과 바울 사이를 이간하여 바울이 하나님으로부터 등을 돌리기를 원했습니다. 그러나 마치 욥의 곤경에 대해 하나님과 사탄이 서로 다른 목적을 가지고 있었던 것처럼 바울의 육체의 가시에 대해서도 하나님과 사탄은 서로 다른 목적을 가지고 있었습니다.

하나님께서는 결코 아무 목적도 없는 고통을 자녀들의 삶 가운데 허락지 않으십니다. 하나님께서는 결코 사탄도, 어떤 환경도, 나쁜 의도를 가지고 있는 어떤 사람도, 우리를 괴롭히도록 허락지 않으십니다. 다만 그들이 주는 고통이 우리의 선을 위해 하나님께 사용되는 경우에만 허락하십니다. 절대로 고통이 헛되지 않게 하십니다. 언제나 그것이 합력하여 우리의 궁극적인 선을 이루게 하시는데, 곧 우리로 하나님의 아들을 더욱 닮아 가게 하십니다(로마서 8:28-29 참조).

바울의 가시에 대한 하나님의 목적은 본문에 명확히 밝혀져 있습니다. "이는 나를 쳐서 너무 자고하지 않게 하려 하심이니라"(고린도후서 12:7). 우리 삶에 고통을 허락하시는 하나님의 목적은 명확하게 알 수 있을 때도 있으나 그렇지 않을 때가 더 많은 것 같습니다. 사실 우리가 당하는 고통 중 많은 부분이 전혀 이치에 닿지 않는 것처럼 보이기도 합니다. 하나님께서는 욥이 겪는 끔찍한 고통의 목적에 대해 한 번도 그에게 설명해 주지 않으셨습니다. 욥이 영문도 모르고 고통을 당하게 내버려 두셨습니다. 대개 우리도 그런 경험을 합니다.

7절에서 바울은 자신에게 가시가 주어진 이유가 자신을 **치기 위해서**라고 했습니다. 여기서 사용된 '치다'라는 단어에는 '치다, 때리다, 학대하다' 등의 의미가 들어 있습니다. 같은 단어가 고린도전서 4:11에도 사용되고 있는데 거기서는 "매 맞다"라고 번역되어 있습니다. 다른 번역본에는 "학대를 받다"(NIV)라고 되어 있습니다. 바울은 사탄에게 매를 맞고 학대를 당했습니다. 사도 베드로는 "너희 대적 마귀가 우는 사자같이 두루 다니며 삼킬 자를 찾는다"(베드로전서 5:8)라고 했습니다. 마귀는 잔인하고 사악합니다. 할 수만 있으면 우리를 삼키고자 합니다. 그는 하나님께서 허락하시는 최대한도로 우리를 때리고 학대합니다. 그러나 요셉의 형들이 그를 노예로 팔았던 경우처럼 마귀는 우리를 해하려고 한 것이라도 하나님께서는 그것이 선이 되게 하십니다(창세기 50:20).

가시에 대한 바울의 반응은 심히 고통스러운 것이었습니다. 그는 "이것이 내게서 떠나기 위하여 내가 세 번 주께 간구"하였다고 했습니다(고린도후서 12:8). 그 가시는 늘 몸에 지니고 있으면서 육체적인 고통이든 감정적인 고통이든 혹은 둘 다이든 여느 때보다 더 극심하게 느껴질 때가 아마도 있었을 터입니다. 그러한 때에 세 번에 걸쳐 바울은 그것을 제거해 달라고 하나님께 부르짖었던 것 같습니다.

자기 의뢰라는 교만

하나님께서는 바울의 간절한 기도에도 불구하고 가시를 제거해 주지 않으셨습니다. 바울이 이 서신을 쓸 때는 지극히 큰 계시를 받은 지 14년이 되었을 때였습니다(2절). 그동안 그는 온갖 억경을 겪었습니다. 왜 그는 자고해지고자 하는 유혹을 믹기 위해 계속 그 가시가 필요했을까요? 하나님께서는 그 가시에 대한 더 큰 목적을 가지고 계셨습니다. 하나님께서는 바울이 하나님의 은혜가 족하다는 사실을 경험하기 원하셨습니다. 성령의 도우심이야말로 그에게 필요한 전부라는 사실을 배우기 원하셨던 것입니다. 바울이 힘을 얻기 위해 계속 성령을 의뢰하는 것을 배우기 원하셨습니다.

앞에서 하나님의 은혜는 우리의 죄악 됨과 무가치함 등을 당연하게 여긴다는 사실을 보았습니다. 이제 여기서는 하나님의 은혜는 또한 우리의 연약함과 무능력을 당연하게 여김을 봅니다. 은혜는 자기 의라는 교만의 반대인 것과 똑같이 자기 의뢰라는 교만의 반대입니다. 자기 의뢰라는 죄는 에덴동산에서의 타락으로까지 거슬러 올라갑니다.

하와에 대한 사탄의 유혹은 분명 여러 가지 복잡한 면을 가지고 있었습니다. 그 유혹에는 현재 우리가 유혹으로 간주할 많은 유혹이 포함되어 있었습니다. 그 가운데 하나가 자기 의뢰에 대한 유혹이었습니다.

사탄은 하와에게 "너희는 하나님과 같이 되어 선악을 알게 돼"라고 했습니다(창세기 3:5 참조). 인간은 하나님께 의지하면서 살도록 창조되었습니다. 육체적으로는 하나님 안에서 살고 움직이며 존재하며(사도행전 17:28 참조), 영적으로는 "나를 떠나서는 너희가 아무것도 할 수 없다"라고 하신 예수님의 말씀처럼 하나님을 떠나서는 아무것도 할 수 없습니다(요한복음 15:5). 하나님께서는 우리가 의식적으로 그리고 계속적으로 하나님을 의지하도록 의도하셨습니다.

그러나 사탄은 하와를 유혹하여 독립과 자급자족을 추구하게 했습니다. 게르하르트 알더스가 말했듯이, 뱀은 하나님의 지배에서 벗어난 자주독립이라는 이상을 제시하여 하와를 꾀었고, 마침내 하와는 그 실과를 따 먹었습니다(창세기 3:1-6 참조).

에덴동산에서의 타락 이래 하나님께서는 줄곧 자기 백성으로 하여금 그들이 온전히 하나님께 의존하고 있음을 깨닫게 하려고 하셨습니다. 이를 위해 하나님께서는 우리가 오직 하나님만 바라볼 수밖에 없는 극한 상황에 처하게도 하십니다. 아주 극적인 실례 하나가 하나님께서 광야에서 이스라엘 백성의 필요를 기적적으로 공급해 주신 사실입니다.

40년 동안을 광야에서 지낸 후 모세는 신명기에서 그들이 경험한 일을 열거했습니다. 그는 다음과 같이 회상했습니다.

> 네 하나님 여호와께서 이 사십 년 동안에 너로 광야의 길을 걷게 하신 것을 기억하라. 이는 너를 낮추시며 너를 시험하사 네 마음이 어떠한지 그 명령을 지키는지 아니 지키는지 알려 하심이라. 너를 낮추시며 너로 주리게 하시며 또 너도 알지 못하며 네 열조도 알지 못하던 만나를 네게 먹이신 것은 사람이 떡으로만 사는 것이 아니요 여호와의 입에서 나오는 모든 말씀으로 사는 줄을 너로 알게 하려 하심이니라. (신명기 8:2-3)

이스라엘 백성이 아주 극한 상황에 처했던 일과, 온전히 하나님을 의존할 수밖에 없었던 사실을 모세가 어떻게 회상하고 있는지 살펴보십시오.

- 하나님께서는 그들을 낮추셨다.
- 하나님께서는 그들을 주리게 하셨나.
- 하나님께서는 그들이 알지 못하던 음식을 그들에게 먹이셨다.
- 하나님께서는 사람이 하나님의 말씀으로 산다는 것을 그들에게 가르치셨다.

하나님께서는 백성들을 낮추셨으며, 그들을 먹이시기 전에 주리게 하셨습니다. 의도적으로 그들을 극한 상황에 이르게 하셨습니다. 시편 107:5에서 "주리고 목마름으로 그 영혼이 속에서 피곤하였도다"라고 했습니다. 그때 하나님께서는 그들이 이전에 한 번도 맛본 적이 없는 음식으로 기적적으로 그들을 먹이셨습니다. 하나님께서는 자신이 그들을 먹이고 계신다는 사실, 그들은 날마다 하나님의 공급에 의존하고 있다는 사실을 그들이 확실히 알기를 원하셨습니다. "여호와의 입에서 나오는 모든 말씀"(신명기 8:3)이란 성경에 기록된 말씀뿐 아니라 섭리를 위해 하나님께서 명령하시는 모든 말씀도 포함합니다. "저가 말씀하시매 이루었으며 명하시매 견고히 섰도다"(시편 33:9).

크레이기는 하나님께서 광야에서 이스라엘 백성에게 행하신 일을 이렇게 설명합니다.

> 광야는 여러 가지 방법으로 백성들을 시험하고 연단시켰습니다. 광야의 황량함은 인간이 본래 의지하는 **자연적인** 버팀목과 지지물을 제거하여 버렸으며, 사람들로 하여금 광야에서 살아남을 수 있는 힘을 **공급해 주실 수 있는 유일한 분인 하나님**께로 돌아가게 했습니다. 다른 한편 광야 생활의 가혹함은 하나님께 진정으로 뿌리를 내리지 못하거나 하나님께 토대를 두지 않은 사람들이 가지고 있던 그 얕은 자신감을 기초부터 서서히 약화시켰습니다. 광야는 어떤 사람을 세우거나 혹은 무너뜨립니다. 의지력과 인격을 키워 줍니다. 그러나 광야에 의해 얻게 되는 힘은 **자기 의뢰로 인한 힘**이 아니었고 살아 계신 하나님을 앎으로 말미암은 힘이었습니다.

내가 아침 경건의 시간과 기도 시간에 사용하는 노트의 맨 앞장에는 신명기의 이 구절들과 연관하여 다음과 같은 글귀가 적혀 있습니다.

> 40년간의 방황을 통해 하나님께서는 이스라엘 백성에게, 그들이 물과 음식에 관해 완전히 하나님께 의지하고 있다는 사실을 가르치

셨습니다. 굶주림과 목마름은 인간적인 힘으로는 해결될 수 없고 오직 하나님에 의해서만 해결될 수 있었습니다. 곤경에 빠져 있을 때 그러한 신령한 공급에 대한 필요성은 불가불 백성들을 낮추었습니다.…

이전에는 알지 못했던 음식의 공급은, 생명을 주는 것은 단순한 음식이 아니라는 교훈을 깨닫게 했습니다. 하나님의 말씀 없이는 음식 자체가 공급되지 않았을 터입니다.… 하나님 없이는 모든 것이 불가능했으며, 심지어 먹기 위해서도 그들은 하나님의 뜻을 기다려야 했습니다.

나는 아침마다 이 말을 묵상합니다. 왜 그럴까요? 나 자신이 삶의 모든 영역에서 하나님께 **완전히** 의존하고 있다는 사실을 끊임없이 상기해야 할 필요가 있음을 느꼈기 때문입니다. 나는 매일 아침 만나를 모을 필요는 없습니다. 하나님께서 아주 은혜롭게 공급해 주셨기 때문에 하루를 살아가기 위해 필요한 양식이 이미 찬장이나 냉장고에 들어 있습니다. 이러한 상황에서 나 자신이 하나님께 의존하고 있다는 점을 잊기 쉽습니다. 그러나 사실은 광야의 이스라엘 백성 못지않게 물과 음식에 대해 하나님께 의존하고 있습니다.

하나님께서는 40년간 날마다 계속 기적을 베푸셔서 이스라엘 백성을 부양하셨습니다. 또한 오랜 세월 동안 하나님의 섭리적인 환경을 통해 나와 가족들을 부양해 오셨습니다. 하나님께서는 이스라엘 백성들이 하나님께 의존하고 있다는 사실을 깨닫고 그 사실을 기억하기를 원하셨습니다. 그래서 하나님만을 바라볼 수밖에 없는 환경과 기적적인 공급을 통해 그들의 관심을 끌며, 배우기 힘든 교훈을 그들에게 가르쳐 주셨습니다. 그럼에도 그들은 잊었습니다. 그럴진대 하나님께서 일상적이고 평범한 방법으로 우리의 필요를 공급해 주시는 지금은 얼마나 그 교훈을 쉽게 잊어버리는지 모릅니다.

나아가 영적인 영역에서 하나님께 의존하고 있다는 사실을 배우기는 한층 더 어렵습니다. 식품을 살 돈이나 월부금을 불입할 돈이 없는 것 등은 아주 쉽게 우리의 관심을 끌며 그 필요는 명확합니다. 돈은 있든지 없든지 둘 중 하나입니다. 가장한다는 게 없습니다. 그러나 영적인 영역에서는 가장할 수 있습니다. 우리는 단지 자연적인 자원만을 의지하면서도 오랫동안 지탱할 수 있으며 영적인 시늉을 할 수가 있어서, 어쩌면 교회학교에서 가르치기도 하고 이런저런 직분과 책임을 맡아 봉사할 수도 있습니다.

육적인 영역에서 언제든지 곤경에 빠질 수 있다는 사실과 육적인 필요에 대해 진정으로 하나님께 의존하고 있다는 사실은, 영적으로도 하나님께 의존하고 있다는 사실을 날마다 상기시켜 주는 역할을 합니다. 육적인 면에서의 의존은 영적인 면에서의 의존을 예증하며, "나를 떠나서는 너희가 아무것도 할 수 없음이라"라는 예수님의 말씀을 상기시켜 줍니다. 나는 이스라엘 백성처럼 하나님께 의존하고 있다는 사실을 늘 기억하게 됩니다. 나의 의존이 하나님께서 만나를 하늘로부터 내려 주시기를 날마다 기다려야 하는 것처럼 확연히 드러나지는 않을지라도 그것만큼 실제적이고 절실합니다. 그리고 내가 육적인 영역에서 의존하고 있다면 하물며 영적인 영역에서야 얼마나 더 의존하고 있겠습니까? 우리의 씨름은 혈과 육에 대한 것이 아니요 하늘에 있는 악의 영들에게 대한 것이기 때문입니다(에베소서 6:12).

하나님의 족한 은혜

하나님의 은혜의 족함을 배우기 전에 먼저 우리 자신의 **부족함**을 배워야 합니다. 앞서 살펴본 바와 같이, 우리 자신의 죄악됨을 보면 볼수록 은혜가 자격 없는 이들에게 베푸시는 하나님의 값없는 은총임을 더 잘 이해하고 더 감사하게 됩니다. 마찬가지로 자신의 연약함, 부족함, 의존성 등을 더 잘 알면 알수록 우리는 하나님의 도우심이라는 측면에서의 은혜를 더 잘 이해하고 더 감사하게 됩니다. 은혜가 우리의 죄라는 검은 바탕 위에서 더 찬란히 빛나는 것과 똑같이 우리의 인간적인 연약함이라는 바탕 위에서 더 찬란히 빛납니다.

로마서 5:20에서는 "죄가 더한 곳에 은혜가 더욱 넘쳤나니"라고 했습니다. 마찬가지로 고린도후서 12장에서는 인간적인 연약함이 더한 곳에 은혜가 더욱 넘쳤다고 표현했습니다. "내게 이르시기를, '내 은혜가 네게 족하도다. 이는 내 능력이 약한데서 온전하여짐이라' 하신지라, 이러므로 도리어 크게 기뻐함으로 나의 여러 약한 것들에 대하여 자랑하리니, 이는 그리스도의 능력으로 내게 머물게 하려 함이라."(9절). 이는 내 능력이 약한 데서 온전하여짐이라. 필립 휴스는 이에 대해 다음과 같이 썼습니다.

> 실로 인간적인 연약함은 하나님의 능력의 온전성을 더 잘 알게 하고 확연히 드러나게 합니다. 어떤 인간적 지혜로도 그렇게 드러낼 수가 없습니다. 종이 연약하면 연약할수록, 주인의 충분하신 은혜의 능력은 더 잘 드러납니다.

고린도후서 12:9에서 하나님께서는 우리의 연약함 가운데서 구체적으로 발휘되는 그분의 능력을 그분의 은혜와 같은 것으로 여기셨습니다. 우리의 연약함을 채우는 이러한 능력은 하나님의 은혜의 구체적인 표현입니다. 하나님의 능력은 우리 삶 가운데서 성령의 사역을 통해 나타납니다. 이것은 우리 심령에 대한 성령의 신비한 역사이며 이를 통해 하나님께서는 우리가 어떤 환경을 만나든 경건하게 대처할 수 있게 하고 강하게 해 주십니다.

성령께서 우리를 강하게 하시고 **어떤 환경을 만나든 경건하게 대처할 수 있게 해 주신다**고 말했는데 이 점에 주목해 보십시오. 하나님의 은혜가 우리에게 주어진 이유는 우리로 감정적으로 좋게 느끼게 하기 위함이 아니라 하나님을 영화롭게 하기 위함입니다. 좋은 감정은 현대 사회의 근저에 깔려 있는 잘 드러나지 않는 관심사입니다. 우리는 고통이 멀리 사라지기를 원합니다. 역경 가운데 있을 때 우리는 감정적으로 좋게 느껴지는 것을 원하나, 하나님께서는 우리가 그런 환경에서 하나님을 영화롭게 하기를 원하십니다. 좋은 감정은 느껴질 수도 그렇지 않을 수도 있으나 그것은 문제가 아닙니다. 문제는 환경에 대한 반응을 통해 하나님을 영화롭게 하느냐 하는 것입니다. 하나님의 은혜, 즉 어떤 것을 할 수 있게 하는 성령의 능력은 우리로 그런 식으로 반응하도록 돕기 위해 주어집니다.

하나님의 은혜는 족합니다. "족하다"라고 번역된 헬라어를 보면 디모데전서 6:8에 나오는 "족하다"와 동일합니다. "우리가 먹을 것과 입을 것이 있은즉 족한 줄로 알 것이니라." 이 구절이 **족하다**라는 말의 의미를 이해하는 데 도움을 줍니다. 먹을 것과 입을 것은 삶의 필수품을 가리키는 것이지 사치품을 가리키는 게 아닙니다. 필수품이 있으면 우리는 만족해야 합니다.

즉 우리는 그것들이 족하다는 것을 깨달아야 합니다. 하나님께서는 때때로 더 많이 주시기도 하나 우리는 필수품으로 만족해야 합니다.

영적 영역에서의 하나님 은혜에 대해서도 마찬가지입니다. 하나님께서는 언제나 우리가 필요한 것을 주시며, 때로는 더 주시지만 결코 덜 주시는 경우는 없습니다. 먹을 것과 입을 것에 해당하는 영적인 것은 간단히 말하자면 하나님을 영화롭게 하는 일에서 견딜 수 있는 힘입니다. 그 힘을 공급받으면 만족해야 합니다. 우리는 특정한 가시를 제거하는 '사치품'을 좋아하나, 하나님께서는 종종 "그 가시를 견딜 수 있는 힘만으로 만족하여라" 하고 말씀하십니다. 우리는 하나님께서 언제나 그런 힘을 주신다는 사실을 확신할 수 있습니다.

존 블랜처드는 이렇게 말했습니다. "그러므로 하나님께서는 경건한 사람들의 필요를 채우시기 위해 정확하게 계량된 은혜를 공급하십니다. 일상적인 필요를 위해서는 일상적인 은혜를 베푸시고, 갑작스런 필요를 위해서는 갑작스런 은혜를 베푸시며, 엄청난 필요를 위해서는 엄청난 은혜를 공급하십니다. 하나님의 은혜는 풍부하게 그러나 헤프지 않게, 값없이 그러나 무분별하지 않게, 풍성하게 그러나 맹목적이지 않게 주어집니다."

하나님께서 광야에서 이스라엘 백성에게 만나를 공급하신 방법에서 은혜에 대한 교훈을 찾아볼 수 있습니다. 출애굽기 16:16-21을 읽어 보십시오.

> 여호와께서 이같이 명하시기를 "너희 각 사람의 식량대로 이것을 거둘지니 곧 너희 인수대로 매명에 한 오멜씩 취하되 각 사람이 그 장막에 있는 자들을 위하여 취할지니라" 하셨느니라.

이스라엘 자손이 그같이 하였더니 그 거둔 것이 많기도 하고 적기도 하나 오멜로 되어 본즉 많이 거둔 자도 남음이 없고 적게 거둔 자도 부족함이 없이 각기 식량대로 거두었더라.

모세가 그들에게 이르기를 "아무든지 아침까지 그것을 남겨 두지 말라" 하였으나 그들이 모세의 말을 청종치 아니하고 더러는 아침까지 두었더니 벌레가 생기고 냄새가 난지라 모세가 그들에게 노하니라.

무리가 아침마다 각기 식량대로 거두었고 해가 뜨겁게 쪼이면 그것이 스러졌더라.

본문은 세 번이나 각 사람이 "식량대로" 거둘 수 있었다고 언급하고 있습니다. 각 사람을 위해 충분한 양의 만나가 공급되었습니다. 각 사람은 자신이 필요로 하는 만큼 거둘 수 있었을 뿐 아니라 하나님께서는 신비한 어떤 방법으로, 그들이 얼마나 거두었는지에 상관없이 남아돌지는 않게 하셨습니다. "많이 거둔 자도 남음이 없고 적게 거둔 자도 부족함이 없이 각기 식량대로 거두었더라." 또한 거두는 일은 매일매일 해야 할 일이었습니다. 그날 필요한 것은 그날 거두어야 했고, 다만 안식일 전날만 예외였습니다. 앞으로를 위하여 저장해 두는 것은 허락되지 않았습니다.

하나님께서 만나를 내리신 방법은 은혜를 내리시는 방법을 예시합니다. 언제나 충분한 은혜를 내려 주시며 아무도 은혜에 굶주릴 필요가 없습니다. 그러나 우리가 필요로 하는 만큼의 은혜를 내려 주시며, 그것도 그날그날 내려 주십니다. 하나님께서는 은혜를 '저장해 두는 것'을 허락지 않으십니다. 우리는 매일 새로운 공급을 위해 하나님을 바라보아야 합니다. 때로는 매시간 새로운 공급을 받아야 합니다!

매일매일 공급되는 충분한 하나님의 은혜에 대해 다음 찬송가가 아름답게 묘사하고 있습니다.

> 날마다 지나가는 순간마다 여기서
> 나의 시련을 맞이할 힘을 얻네
> 내 아버지의 지혜로운 공급을 믿기에
> 염려하거나 두려워할 이유가 없도다
> 아버지의 자비하심 헤아릴 수 없고
> 사랑으로 날마다 가장 좋은 것 주시네
> 거기엔 고통과 기쁨도 있고
> 어려움과 평화와 안식도 있다네

이렇게 은혜를 날마다 나누어서 주시는 것은, 그리고 우리가 필요한 만큼만 주시는 것은, 앞에서 살펴보았던 하나님의 후하심과 모순되는 것처럼 보일지 모르나 결코 그렇지 않습니다. 이 장의 앞부분에서 보았듯이 하나님께서는 후하시나 우리가 하나님께 의존하고 있음을 알고 있도록 하기 위해 계속적으로 역사하십니다. 우리는 단순하게 마치 어린아이처럼 하나님을 의존하도록 창조되었으나 타락 이래 이와 반대되는 경향을 갖게 되었습니다. 하나님께서는 이러한 경향을 아시고 모세를 통해 이스라엘 백성에게 이렇게 경고하셨습니다.

> 또 두렵건대 네가 마음에 이르기를 "내 능과 내 손의 힘으로 내가 이 재물을 얻었다 할까 하노라." 네 하나님 여호와를 기억하라. 그가 네게 재물 얻을 능을 주셨음이라. 이같이 하심은 네 열조에게 맹세하

신 언약을 오늘과 같이 이루려 하심이니라. (신명기 8:17-18)

이 경고가 이미 살펴본 2-3절의 바로 얼마 후에 나온 점이 주목할 만합니다. 2-3절에서 이스라엘 백성은 자신들이 곤경에 처해 있었던 때와 그때 일용할 양식을 위해 명백히 하나님만을 의지할 수밖에 없었던 사실을 상기하게 되었습니다. 그러나 하나님께서는 그들이 그렇게 하나님을 의존할 수밖에 없었던 40년이란 세월을 보낸 후에도 농사를 지어 양식이 풍부해지면 "내 능과 내 손의 힘으로 내가 이 재물을 얻었다"라고 말할 것이라고 경고하셨습니다.

이러한 자기 의뢰의 태도는 우리와 하나님의 관계에 분명 해롭습니다. 그래서 하나님께서는 우리가 그런 태도를 갖지 않도록 하십니다. 즉 종종 우리 각자에게 육체의 가시를 허락하시고 그날그날 그것에 대처하기에 충분한 은혜를 공급해 주시는 것입니다. 때때로 하나님께서는 바울에게 그러셨던 것처럼 우리를 대단한 위기 가운데 처하게도 하십니다. "형제들아, 우리가 아시아에서 당한 환난을 너희가 알지 못하기를 원치 아니하노니 힘에 지나도록 심한 고생을 받아 살 소망까지 끊어지고 우리 마음에 사형 선고를 받은 줄 알았으니 이는 우리로 자기를 의뢰하지 말고 오직 죽은 자를 다시 살리시는 하나님만 의뢰하게 하심이라"(고린도후서 1:8-9). 바울은 고통스런 가시를 늘 지니고 살 뿐 아니라, 또한 자기 자신을 의뢰하지 않고 오직 하나님만 의뢰하는 법을 새롭게 배우기 위해 극도의 위기 가운데 처하기도 했던 것입니다.

계속 안고 살아가는 육체의 가시이든, 때때로 당하는 엄청난 위기이든, 이 모두는 우리로 하여금 인간적인 연약함과 하나님께 대한 의존성을 늘 의식하게 하여 하나님의 은혜와 능력의 족하심을 경험하게 합니다. 칼빈은 이렇게 말했습니다. "사람들은 자신들이 하나님의 능력을 필요로 하고 있음을 확신할 때까지는 하나님의 능력을 좋아하지 않습니다. 그리고 자신의 연약함을 계속 깨닫고 상기하지 않으면 하나님의 능력의 가치를 즉시 잊어버립니다."

자신의 연약함에 대한 바울의 태도는 오늘날 우리의 일반적인 태도와는 엄청나게 다릅니다. 우리는 연약함을 혐오하며 자기를 의뢰하는 것을 좋게 생각하고, 인간의 노력에 의한 업적을 높입니다. 그리스도인들마저 스포츠의 슈퍼스타나 인기 있는 예능인의 간증을 듣기 위해 모여듭니다. 이는 단지 그 사람들의 명성과 신분 때문입니다. 누군가가 "나의 연약함에 대해 기쁨으로 자랑합니다.… 나의 약함을 기뻐하고 있으며… 이는 내가 약할 때 곧 강하기 때문입니다"라고 말하는 것을 들으려고 갈 사람이 몇 명이나 있을까요?

나 사신을 보면 자신의 연약함에 대해 즐거워하기보다는 오히려 얼마나 갈등해 왔는지 모릅니다. 중요한 목표에 도달하는 데 실패했을 때의 실망감, 너무나 고통스러워 다른 사람들에게 말할 수조차 없었던 굴욕감, 좀 사소해 보이나 일생을 통해 나를 괴롭혀 온 신체적 결함 등이 생각납니다. 그러나 그러한 실망, 마음의 고통, 좌절감 등이, 특히 그것이 누적된 영향에 의해, 내가 하나님과 동행하고 하나님을 섬기는 데 얼마나 중요한 기여를 했는지 깨달은 때가 오래되지 않았습니다. "내가 약할 그때에 곧 강함이니라"라고 한 바울의 고백을 이제야 조금 이해하기 시작했다고 생각합니다.

때때로 나를 강사로 소개하는 사람이 나의 경력에 대해 장황하게 설명하면 속으로 움츠르드는 것을 느낍니다. 그 이야기를 들으면서, '저 사람들이 나의 다른 쪽 면을 알게 되면 어떻게 될까? 모두 일어나 나가 버리지 않을까?' 하고 생각합니다. 그런데 아이러니하게도 나를 강사로 그 자리에 서게 한 것은 나의 다른 쪽 면 즉 굴욕, 마음의 고통, 실패, 좌절 등이지 성공과 업적이 결코 아닙니다. 그러한 어려운 시기가 나로 주님께 나아가게 만들었습니다. 솔직히 말하자면 내가 하나님을 의뢰하기를 원했던 것이 아닙니다. 다른 방도가 없었기 때문입니다. 그러나 나는 마침내 약함 가운데서 강함 즉 주님의 강함을 발견한다는 사실을 배웠습니다.

필립 휴스는 "모든 그리스도인은, 인간적인 연약함과 하나님의 은혜는 손을 잡고 함께 다닌다는 사실을 배워야 합니다"라고 말했습니다. 바울은 그 교훈을 잘 배웠습니다. 이렇게 말했습니다. "내게 이르시기를 '내 은혜가 네게 족하도다. 이는 내 능력이 약한데서 온전하여짐이라' 하신지라, 이러므로 도리어 크게 기뻐함으로 나의 여러 약한 것들에 대하여 자랑하리니 이는 그리스도의 능력으로 내게 머물게 하려 함이라"(고린도후서 12:9). 바울은 하나님의 은혜는 실로 족하며, 하나님께서 성령을 통하여 능력을 주셔서 가시의 고통, 여러 약한 것들, 능욕, 궁핍, 핍박, 곤란들 가운데서도 그를 붙들어 주실 것이라는 사실을 배웠습니다(10절).

앞에서 살펴보았듯이 바울이 지극히 큰 계시를 받은 지는 14년이 되었습니다. 계시 직후에 그 가시가 주어졌고 그때부터 그 가시를 없애 달라고 세 번에 걸쳐 기도했다면 바울은 하나님의 은혜가 족함을 확실히 아는 데 거의 14년이 걸렸다는 말이 됩니다.

바울은 결코 세상으로부터 격리된 곳에서 사색에만 몰두하고 있는 학자가 아니었습니다. 목회자의 안락한 서재나 상담실에서 편지를 쓰고 있는 게 아니었습니다. 현실 세계에서 실제로 고난을 겪고 있었기에 생생한 경험에 근거하여 쓰고 있었습니다. 그가 경험했던 고뇌는 진정한 고뇌였으며, 그가 받은 은혜는 진정한 은혜였습니다. 그것은 이론상의 것도, 지어낸 것도 아니요, 스스로 용기를 북돋우는 일종의 자기 위안을 위한 것도 아니었습니다. 그렇습니다. 바울은 성령께서 곤경의 와중에 있는 자기에게 위로와 격려를 주실 때 아주 구체적으로 표현된 하나님의 사랑과 능력을 경험했습니다.

성경에 하나님의 족한 은혜에 대해 기록한 사람은 바울이 처음이 아닙니다. 많은 고난과 역경을 견딘 하나님의 선지자 예레미야는 다음과 같이 말했습니다. "내 고초와 재난 곧 쑥과 담즙을 기억하소서. 내 심령이 그것을 기억하고 낙심이 되오나 중심에 회상한즉 오히려 소망이 있사옴은 여호와의 자비와 긍휼이 무궁하시므로 우리가 진멸되지 아니함이니이다. 이깃이 아침마다 새로우니 주의 성실이 크도소이다"(예레미야애가 3:19-23).

욥은 고난과 절망의 한복판에서, 그리고 자신은 하나님을 어디에서도 찾을 수 없다고 인정한 그때에도 여전히 하나님의 은혜가 족하심을 확신하였습니다. "그런데 내가 앞으로 가도 그가 아니 계시고 뒤로 가도 보이지 아니하며 그가 왼편에서 일하시나 내가 만날 수 없고 그가 오른편으로 돌이키시나 뵈올 수 없구나. 나의 가는 길을 오직 그가 아시나니 그가 나를 단련하신 후에는 내가 정금 같이 나오리라"(욥기 23:8-10).

아마도 인간적인 연약함과 고난 중에서 하나님의 은혜의 족함에 대해 가장 자주 그리고 극적으로 표현하고 있는 곳은 시편

일 것입니다. 예를 들어 시편 13편에 있는 다윗의 간증을 잘 읽어 보십시오.

여호와여, 어느 때까지니이까?
나를 영영히 잊으시나이까?
주의 얼굴을 나에게서
언제까지 숨기시겠나이까?
내가 나의 영혼에 경영하고
종일토록 마음에 근심하기를
어느 때까지 하오며,
내 원수가 나를 쳐서 자긍하기를
어느 때까지 하리이까?

여호와 내 하나님이여,
나를 생각하사 응답하시고
나의 눈을 밝히소서.
두렵건대 내가 사망의 잠을 잘까 하오며,
두렵건대 나의 원수가 이르기를
"내가 저를 이기었다" 할까 하오며,
내가 요동될 때에
나의 대적들이 기뻐할까 하나이다.

나는 오직 주의 인자하심을 의뢰하였사오니
내 마음은 주의 구원을 기뻐하리이다.
내가 여호와를 찬송하리니
이는 나를 후대하심이로다.

이 시편에서 다윗은 절망의 골짜기로부터 기쁨의 정상에 이른 자신의 경험을 회상했습니다. 무엇이 그토록 극적인 변화를 경험할 수 있게 했습니까? 비록 하나님의 은혜라는 말이 명확하게 언급되어 있지는 않지만, 그것은 실로 다윗 속에서 역사하시는 하나님의 은혜였음이 분명합니다.

또 한 사람의 시편 기자인 아삽은 또 다른 종류의 '가시'를 경험했습니다. 경건한 사람인 자신의 경험과 악인의 경험을 비교하고는 크게 실망하였습니다. 그는 이렇게 말했습니다. "이는 내가 악인의 형통함을 보고 오만한 자를 질시하였음이로다. 볼지어다, 이들은 악인이라. 항상 평안하고 재물은 더하도다. 내가 내 마음을 정히 하며 내 손을 씻어 무죄하다 한 것이 실로 헛되도다"(시편 73:3,12-13). 그러나 그는 그때 하나님의 은혜를 깨달았고 다음과 같이 말할 수 있었습니다. "내가 항상 주와 함께하니 주께서 내 오른손을 붙드셨나이다. 내 육체와 마음은 쇠잔하나 하나님은 내 마음의 반석이시요 영원한 분깃이시라"(23,26절).

인간의 연약함 가운데서 온전케 된 하나님의 능력에 대한 긴증은 성경에만 나오는 것이 아닙니다. 수많은 하나님의 사람들이 하나님의 은혜의 족함을 경험했고 이에 대해 증거했습니다. 애니 존슨 플린트의 유명한 시에도 아름답게 묘사되어 있습니다.

> 짐이 더 무거울 때 더 많은 은혜 베푸시고
> 일이 더 많아질 때 더 많은 은혜 내려 주시네
> 고난이 더해지면 자비도 더하시고
> 지극한 시련 중에도 지극한 평화 주시네

우리의 인내심이 다 고갈될 때
하루가 반도 가기 전에 우리 힘이 고갈될 때
저장해 둔 우리 자원이 바닥이 보일 때
아버지의 풍성한 공급은 겨우 시작일 뿐이라네.

주님 사랑 한이 없고 주님 은혜 측량 못 하네
주님 능력의 한계를 인간은 알 수 없네
예수님 안에 있는 한없는 부요로부터
하나님은 주시고 주시고 또 주신다네

이 시를 천천히, 묵상하면서, 기도하는 마음으로 읽어 보기 바랍니다. 핵심이 되는 교훈을 자신의 짐과 고난과 시련에 적용해 보십시오. 당신의 특정 상황에서 그 진리가 살아 움직이게 해 주시도록 하나님께 기도하십시오.

하나님의 은혜를 누리라

하나님께서는 바울에게 "내 은혜가 네게 족하도다"라고 말씀하셨습니다. "모든 은혜의 하나님"(베드로전서 5:10)께서 은혜를 베푸시지만 그렇다고 우리 그리스도인들은 그것을 수동적으로 받기만 한다는 말은 아닙니다. 오히려 우리는 하나님의 은혜를 누려야 합니다.

바울은 디모데에게 "그리스도 예수 안에 있는 은혜 속에서 강하라"라고 촉구했습니다(디모데후서 2:1). 이는 명령 내지 요구를 나타냅니다. 바울은 디모데가 어떤 것을 **행하기**를 원했습니다. 디모데가 하나님의 은혜를 누리고 그 안에서 강해지기를 원했습니다.

디모데는 두려움이라는 문제를 가지고 있었음이 분명합니다. 같은 서신에서 바울은 이미 "하나님이 우리에게 주신 것은 두려워하는 마음이 아니다"라고 했으며, "그러므로 네가 우리 주의 증거와 또는 주를 위하여 갇힌 자 된 나를 부끄러워 말라"라고 했습니다(디모데후서 1:7-8). 그리고 고린도 교인들에게 편지하면서 "디모데가 이르거든 너희는 조심하여 저로 두려움이 없이 너희 가운데 있게 하라. 이는 저도 나와 같이 주의 일을 힘쓰는 자임이니라"라고 부탁할 정도였습니다(고린도전서 16:10). 디모데는 두려워하는 것이 문제였으며, 바울은 디모데가 하나님의 은혜를 누림으로 그 문제를 해결하기를 바랐습니다. 그래서 그리스도 예수 안에 있는 은혜 속에서 강하라고 권면하였습니다.

제12장에서는 어떻게 실제로 하나님의 은혜를 누릴 수 있는지에 대해 탐구하게 됩니다. 여기서는 그렇게 해야 할 필요가 있다는 점과 우리가 하나님의 은혜를 난지 수동석으로 받기만 하는 것이 아니라는 사실에 주의를 환기시키고자 합니다. 이스라엘 백성이 하나님께서 은혜로 공급해 주시는 만나를 그날그날 거두어야 했던 것과 같이 우리도 모든 필요에 언제나 충분한 하나님의 은혜를 그날그날 끌어다 누려야 합니다.

바울이 디모데에게 한 말을 통해 배워야 할 진리가 또 하나 있습니다. 디모데는 두려워하는 성향이 있었기 때문에 정신적인 힘이 필요했습니다. 그래서 바울은 "그리스도 예수 안에 있는 은혜 속에서 **강하라**"라고 했던 것입니다. 지금 당장 당신에게 가장 필요한 것은 무엇입니까? 아주 어려운 처지에서 자족하는 것입니까? 바울은 당신에게 "그리스도 예수 안에 있는 은혜 속에서 자족하십시오"라고 말할 것입니다. 무척 괴로운 상황에서 견디기 위한 인내심입니까? 그러면 그리스도 예수 안에 있는 은혜 속에서 인내하십시오. 음란한 세대 속에서 순결과 거룩을 유지하는 것입니까? 그리스도 예수 안에 있는 은혜 속에서 순결하고 거룩하게 사십시오. 현재의 당신의 필요가 무엇이든 당신 또한 하나님께서 바울에게 하신 말씀을 실제 삶에서 경험할 수 있습니다. "내 은혜가 네게 족하도다. 이는 내 능력이 약한 데서 온전하여짐이라."

하나님의 은혜는 언제나 족합니다. 당신의 모든 필요를 채우기에 족하며, 어떤 필요가 얼마나 심각한지에 상관없이 족합니다. 이스라엘 백성은 결코 만나의 공급이 바닥날까 걱정할 필요가 없었습니다. 만나는 40년 동안 날마다 거두러 갈 수 있도록 언제나 거기에 있었습니다. 이처럼 당신 역시 결코 하나님의 은혜의 공급이 바닥날까 걱정할 필요가 없습니다. 당신의 필요가 무엇이든 그 필요만큼 끌어다 쓸 수 있도록 언제나 당신을 위해 거기에 있습니다.

11
모든 성도 중에 가장 작은 자

모든 성도 중에 지극히 작은 자보다 더 작은 나에게 이 은혜를 주신 것은 측량할 수 없는 그리스도의 풍성을 이방인에게 전하게 하시고. (에베소서 3:8)

책을 쓴다는 것은 많은 어려움이 따르는 결코 만만치 않은 일이요 때로 맥이 빠지게도 하는 일입니다. 책을 많이 쓴 찰스 스윈돌은 그 과정을 이렇게 묘사했습니다. "피와 땀, 눈물, 잠 못 이루는 밤, 백지를 응시하는 기나긴 시간, 모든 것이 쓰레기 통으로 들어가는 헛된 나날, 그리고 가끔씩 찾아오는, 영감과 통찰력이 넘쳐흐르는 순간들."

나 자신의 어려움은 한결 더 심한데 그 이유는 아내가 해 준 말에 나타나 있습니다. "당신은 다루기 힘든 주제만 골라 쓰시는 것 같아요." 그러나 하나님의 말씀을 올바르게 다루고 하나님의 진리를 정확하게 제시하는 어려움 이상으로 나를 실망시키고 겸손하게 만드는 것은 자신이 소개하고 있는 진리대로 내가 살아오지 못했다는 사실을(비록 노력은 했을지라도) 깨달을 때입니다.

첫 번째 저서인 "거룩한 삶의 추구"를 쓰고 있을 당시의 기억이 생생합니다. 개인적 삶에서의 거룩함이라는 주제에 대해 공부하고 써 가면 갈수록 자신이 더욱 거룩하지 못함을 알게 되었습니다. 아침에 면도를 할 때 거울 속을 들여다보며 웃음보를 터뜨리곤 했습니다. 거울 속에 비친 나를 보며 '거룩함에 대한 책을 쓰고 있는 너는 도대체 누구냐? 네 자신이 바로 그런 책을 읽어야 한다. 그런데 책을 쓴다고? 말도 안 돼!'라고 말하곤 했습니다.

책을 계속 쓰도록 용기를 북돋아 준 것은 오직 내 마음속에 떠올랐던 성경 구절 하나 곧 에베소서 3:8 말씀이었습니다. "모든 성도 중에 지극히 작은 자보다 더 작은 나에게 이 은혜를 주신 것은 측량할 수 없는 그리스도의 풍성을 이방인에게 전하게 하시고." 나는 자신이 거룩함이라는 두려운 주제에 대해 글을 쓸 자격이 참으로 없지만, 하나님의 은혜 곧 하나님의 값없고 과분한 은총으로 말미암아 책을 쓰고 있다는 사실을 깨달았습니다.

첫 번째 책을 쓸 때 그러한 경험을 한 이래 에베소서 3:8은 내 삶의 지표가 되는 구절이 되어 나는 격려를 받고 싶으면 항상 이 구절로 되돌아가곤 합니다. 사실 내가 주님을 섬기고 있는 것은 그럴 만한 자격이 있어서가 아니라 하나님의 값없고 과분한 은총 때문임을 늘 기억해야 했습니다.

복음 전하는 자로서의 직분을 순전히 하나님의 은혜에 의해 받았다는 바울의 간증은 아주 개인적인 경험에 근거한 것이었습니다. 바울은 교회를 철저히 박해한 자신을 하나님께서 이방인의 사도로 삼아 주시고 측량할 수 없는 그리스도의 부요하심을 전하게 해 주신 데 대해 언제나 놀라움을 금할 수 없었습니다. 고린도전서 15:9에서 "나는 사도 중에 지극히 작은 자라. 내가 하나님의 교회를 핍박하였으므로 사도라 칭함을 받기에 감당치 못할 자로라"라고 했습니다.

바울은 자신을 "사도 중에 지극히 작은 자"로 여겼을 뿐 아니라, 에베소 교인들에게 보낸 편지에서는 자신을 "모든 성도 중에 지극히 작은 자보다 더 작은 나"라고 불렀습니다(에베소서 3:8). "지극히 작은 자보다 더 작은 나"라는 말은 자신을 하나님께서 사도로 불러 주신 데 대한 놀라움의 정도가 얼마나 큰지를 표현하고 있는 말입니다.

사도라 칭함을 받기에 감당치 못할 자

바울은 순전히 하나님의 과분한 은혜로 자신이 사도의 직분을 받았음을 스스럼없이 인정했습니다. 그리고 하나님께서는 내가 거룩함이라는 주제로 글을 쓰기에 전혀 합당치 않다고 절실히 느낄 때 바울의 간증을 사용하여 나를 격려해 주셨습니다. 그러나 질문이 하나 있습니다. 우리는 사역과 관련한 성경적인 원리를 확립하는 데 있어서, 바울의 개인적인 간증과 나 자신의 경험을 어느 정도나 사용할 수 있을까요? 주일학교에서 가르치는 것이든, 학교나 직장 등에서 개인적으로 복음을 전하는 것이든, 매주일 수많은 사람들에게 설교를 하는 것이든, 이 모든 사역은 다 하나님의 은혜로, 그 일을 하기에 합당치 않은 사람들에 의해 이루어집니까?

해리 블래마이어가 이 질문에 대해 아주 잘 대답했습니다.

자신이 설교를 할 만한 자격이 있는지 생각하는 목사에게든, 자신이 신앙 서적을 쓸 만한 자격이 있는지 생각하는 작가에게든, 결국 단 한 가지의 답변이 있을 뿐입니다. 그 답변은 "물론 자격이 없습니다"입니다. "내가 주님의 이 일을 할 만한 자격이 있는가?"라고 묻는 것은 실로 교만과 뻔뻔스러움의 극치입니다. 그런 질문을 한다는 자체가 우리가 보통 때는 우리에게 자격이 있는 일을 해 왔다는 의미가 됩니다. 우리는 어떤 자격도 없습니다.

물론 성경 말씀과 일치하지 않는다면 해리 블래마이어나 제리 브릿지즈가 어떻게 생각하느냐는 그리 중요하지 않습니다. 그러면 이 질문에 대해 성경은 어떻게 말하고 있습니까? 로마서 12:6에서는 "우리에게 주신 은혜대로 받은 은사가 각각 다르다"라고 했습니다. 이 구절은 하나님께서 불러 주신 사역이나 봉사를 할 수 있도록 모든 그리스도인에게 주어지는 영적인 은사에 대해 말하고 있습니다.

그러나 이러한 영적인 은사가 우리의 자격을 따라서가 아니라 하나님의 은혜를 따라서 주어졌다고 한 것에 주목하십시오. 영적인 은사의 헬라어는 '카리스마'로서 "하나님의 은혜의 선물"이라는 의미를 가지고 있습니다. 로마서 6:23에 있는 영생의 선물이든 그리스도의 몸 안에서 사용하기 위한 영적 능력이라는 선물이든 마찬가지입니다.

고든 피 박사는 은혜와 은사의 관계에 대해 좋은 통찰력을 제공해 줍니다. "그리스도 예수 안에서 너희에게 주신 하나님의 은혜를 인하여 내가 너희를 위하여 항상 하나님께 감사하노니"라는 고린도전서 1:4에 대해 설명하면서 다음과 같이 말했습니다.

이 경우에 바울이 감사한 구체적인 근거는 "그리스도 예수 안에서 너희에게 주신 하나님의 은혜"입니다. 대개 이것은 은혜 그 자체에 대해 즉 예수님 안에서 자격 없는 사람들을 향해 하나님의 자비를 은혜롭게 쏟아부어 주시는 데에 대해 감사하는 것입니다. 그러나 바울에게 있어서 **카리스**('은혜')는 빈번히 **카리스마/카리스마타**('은사'/'은사들')와 긴밀하게 관계되어 있으며, 그러한 경우에는 자기 백성을 위한 하나님의 은혜로운 활동을 말합니다. '은혜'라는 단어는 그 자체가 때로는 이러한 구체적인 표현 즉 하나님께서 은혜로 주신 선물을 뜻합니다.

베드로전서 4:10에서도 비슷한 방식으로 그 말을 사용했습니다. "각각 은사를 받은 대로 하나님의 각양 은혜를 맡은 선한 청지기같이 서로 봉사하라." 베드로와 바울은 동일한 것을 말하고 있습니다. 우리가 가지고 있는 영적 은사와 행하고 있는 사역은 하나님의 은혜의 선물입니다. 우리 중 그 누구도 자신이 받은 은시를 받을 만하지 않습니다. 그것은 그리스도를 통한 하나님의 과분한 은총으로 인해 우리에게 주어졌습니다.

이것은 모든 그리스도인들 가운데 가장 '합당한' 사람들과 가장 '합당치 않은' 사람들 모두가 동일한 토대 위에서 각자의 은사와 주님의 일을 받는다는 의미입니다. '합당치 않은' 사람들은 말할 것도 없이 그들의 은사를 받을 만하지 않지만, 가장 '합당한' 것 같은 사람들도 마찬가지입니다. 두 범주의 사람들 모두가 하나님으로부터 오는 과분한 은총으로 그것을 받는 것입니다.

여기서 '합당한' 및 '합당치 않은'이라는 말에 인용 부호를 붙인 이유는 실제로는 하나님 보시기에 그러한 구분이 없기 때문입니다. 하나님 보시기에는 우리는 모두 영적으로 영구 파산 상태에 있습니다. "모든 사람이 죄를 범하였으매 하나님의 영광에 이르지 못하더니"라고 한 로마서 3:23 말씀은 불신자들뿐 아니라 신자들에게도 사실입니다.

우리는 이전에 하나님을 섬길 때에 열심히 하고 충성스럽게 했기 때문에 현재의 사역을 하는 특권을 획득한 게 결코 아닙니다. 나는 하나님께서 나를 훨씬 더 큰 사역으로 이끄시기 전에는 어느 조그만 교회의 교회학교 장년부에서 오랫동안 가르쳤습니다. 하지만 그때 내가 '충성스럽게' 가르침으로 지금의 더 큰 사역을 맡게 된 것이 아닙니다. 오히려 이 사역도 순전히 하나님의 은혜의 선물이었습니다.

우리는 영적인 은사를, 섬길 수 있게 하는 능력으로만 생각하는 데 너무나 익숙해져서 그 말의 평상적인 의미는 잊어버렸습니다. 은사 곧 선물이라는 것은 우리에게 주어진 어떤 것입니다. 우리의 노력으로 획득한 것이 아닙니다. 하지만 이 의미마저도 성경상의 의미를 제대로 전달하지 못합니다. 누군가가 우리에게 선물을 줄 때 대개의 경우 어떤 의미에서는 우리가 그 선물을 받을 만합니다. 이를테면 우리가 그와 특별한 관계에 있거나 혹은 어떤 호의를 그에게 베풀었거나 하기 때문입니다. 그러나 하나님께서는 전혀 받을 만하지 못한 사람들에게 영적인 은사 곧 선물을 주십니다. 우리 가운데 그 누구도 하나님의 일을 할 만하지 않습니다. 그 일이 교회학교에서 가르치는 일이든 머나먼 선교지에서 선교를 하는 일이든 마찬가지입니다.

하나님을 대신하여 말씀을 전한다는 것은 참으로 두려운 일입니다. 가르치거나 설교를 하거나 책을 쓰는 것은 바로 그런 일입니다. 청중이나 독자가 한 명이냐 5만 명이냐, 유치원생이냐 신학대학생이냐 하는 것은 그리 중요하지 않습니다. 성경적인 진리를 전하기 위해 말을 하거나 글을 쓸 때는 언제나 우리는 하나님의 대변인의 위치에 서 있습니다.

베드로전서 4:11에서는 "만일 누가 말하려면 하나님의 말씀을 하는 것같이 하고…"라고 했습니다. 이 글을 읽는 대부분의 사람들은 정기적으로 또는 비정기적으로 누군가에게 성경 말씀을 가르치고 있을 것입니다. 하나님을 대신하여 말하는 우리의 책임이 얼마나 두려운 것인지 제대로 알고 있습니까? 거룩한 메시지를 위탁받을 때 따르는 책임에 대해 깊이 생각해 봅니까?

바울 자신은 이 엄청난 책임을 잘 인식하고 있었습니다. "우리는 수다한 사람과 같이 하나님의 말씀을 혼잡하게 하지 아니하고 곧 순전함으로 하나님께 받은 것같이 하나님 앞에서와 그리스도 안에서 말하노라"(고린도후서 2:17). 그는 하나님으로부터 보내심을 받은 사람으로서 말한다고 했습니다. 또한 "하나님 앞에서" 즉 하나님 보시는 데서 말한다고 했습니다. 즉 하나님께서는 그를 보내셨을 뿐 아니라 그를 보고 계셨습니다.

어느 주일날 교회학교 장년부에서 가르치려고 섰을 때 우리 반에 신학교의 교장이 앉아 있는 것을 알고 놀랐습니다. 더구나 그는 설교학 교수였습니다. 그가 내 입에서 나오는 모든 것 곧 내용과 말투와 교수법에 이르기까지 모든 것을 비평할 게 틀림없다고 생각하니 두렵기까지 했습니다. 우리 반에 신학교 교장이 있는 것이 두려운 일이라면 하물며 내가 하나님의 존전에서 그리고 하나님을 대신하여 말을 하거나 글을 쓰고 있다는 사실을 깨달을 때 얼마나 더 두려움을 느끼겠습니까?

그러면 성경을 가르치도록 혹은 기타 영적 은사를 발휘하도록 용기를 북돋아 주는 것은 무엇입니까? 그것은 바로 우리가 하나님의 은혜로 하나님의 일을 맡게 되었다는 사실을 진심으로 믿는 것입니다. "그러므로 우리는 하나님의 자비를 힘입어서 이 직분을 맡고 있으니 낙심하지 않습니다"(고린도후서 4:1, 새번역).

하나님의 자비를 생각할 때 바울은 격려를 받았습니다. 이 구절에 말한 바와 같이 낙심하지 않을 수 있었습니다. 자비란 하나님 보시기에 죄 많고 무력한 사람들에게 구체적으로 보여 주시는 하나님의 은혜입니다. 자비는 일반적으로 그들의 죄로 말미암은 비참한 결과를 면해 주는 것으로 표현됩니다. 그러나 하나님께서는 바울의 비참한 결과를 면해 주셨을 뿐 아니라 그를 사도의 자리까지 높여 주셨고 그리스도의 부요하심을 전파하는 일까지 맡겨 주셨습니다.

그러나 바울은 사도의 직분을 수행할 때에 자신이 아무 자격이 없을 뿐더러 합당치도 않다는 사실을 결코 잊지 않았습니다. 하나님의 자비로 그 직분을 맡고 있음을 결단코 잊지 않았습니다. 여기서 한편으로 자신이 완전히 합당치 않음을 느끼는 것과 다른 한편으로 담대히 하나님을 위한 일을 맡는 것 사이의 성경적인 관계를 봅니다. 우리가 합당치 않다는 사실을 잊어버리게 되면 마치 우리 같은 사람이 하나님의 팀에 있는 것이 하나님께 행운이라도 된다는 듯이 주제넘고 뻔뻔스러운 태도로 은사를 발휘하거나 사역을 수행할 위험성이 있습니다. 그러나 우리가 합당치 않다는 사실에 지나치게 초점을 맞추게 되면, 곧 하나님의 은혜를 무시하게 되면, 움츠러들어 하나님의 일을 하지 못하게 됩니다. 이러한 태도도 교만의 표현인데, 왜냐하면 마치 하나님께서 그분의 일을 맡기실 때 우리의 타고난 자질에 의존하시는 양 여전히 우리 자신에 즉 우리가 합당한지의 여부에 초점을 맞추고 있기 때문입니다.

우리는 일시적인 영적 파산을 선언한 것이 아님을 기억하십시오. 우리의 파산 상태는 철저하고 영구적입니다. 우리가 하나님의 나라에 들어갈 수 있는 유일한 자격은 오직 그리스도 안에 있습니다. 하나님 앞에 나아갈 수 있는 자격도 오직 그리스도 안에 있습니다. 하나님의 일을 할 수 있는 자격도 오직 그리스도 안에 있습니다. 그리스도인의 삶의 어떤 면에서든 진보를 이루고자 한다면 마땅히 자신을 바라보지 말고 오직 그리스도를 바라보아야 합니다. 오직 그리스도 안에서 하나님의 은혜는 풍성하게 우리 위에 부어집니다.

사도 중에 지극히 작은 자

바울은 주님의 일을 하는 가운데 언제나 자신이 주님의 종으로서는 온전히 합당치 않다는 사실을 의식하고 있었습니다. 앞에서 이러한 생각을 에베소서 3:8과 고린도후서 4:1에서 어떻게 표현하고 있는지 살펴보았습니다. 다시 한 번 고린도전서 15:9-10에서 이러한 생각을 표현하고 있음을 보게 됩니다.

> 나는 사도 중에 지극히 작은 자라. 내가 하나님의 교회를 핍박하였으므로 사도라 칭함을 받기에 감당치 못할 자로라. 그러나 나의 나 된 것은 하나님의 은혜로 된 것이니 내게 주신 그의 은혜가 헛되지 아니하여 내가 모든 사도보다 더 많이 수고하였으나 내가 아니요 오직 나와 함께하신 하나님의 은혜로라.

바울은 자신이 사도가 되기에 합당치 못하나 오직 하나님의 은혜로 곧 하나님의 과분한 은총으로 말미암아 사도가 되었다는 사실을 솔직히 인정하였습니다. 그러나 10절에서 그는 자연스럽게 생각의 전환을 하고 있습니다. "그러나 나의 나 된 것은 하나님의 은혜로 된 것이니"라는 그의 표현에서 은혜라는 말은 문맥상 하나님의 과분한 은총 혹은 어떤 것을 할 수 있게 하는 하나님의 능력을 의미한다고 볼 수 있습니다. 9절에서 자신이 합당치 않은 자임을 시인한 점을 생각할 때 그의 말은 "나는 사도가 되기에 합당치 않으나 하나님의 과분한 은총으로 사도가 되었습니다"라는 뜻이라 할 수 있습니다.

그러나 10절의 나머지 부분에서 자신의 사역에 대한 하나님의 은혜의 영향에 대해 말하고 있는 것을 볼 때는 바울의 말은 "어떤 것을 할 수 있게 하시는 하나님의 능력으로 말미암아 나는 효과적으로 사도의 역할을 수행할 수 있게 되었습니다"라는 뜻을 담고 있습니다. 바울의 말에는 은혜의 두 가지 의미가 다 포함되어 있다고 믿습니다. 그는 은혜에 대한 논문을 써 두 가지 뜻의 미묘한 차이를 구분하고 있는 게 아니었습니다. 오히려 바울은 마음에서 우러나오는 말을 하고 있었으며, 하나님의 은혜가 '합당치 않고' 또 '부족한' 자기 자신을 위해 충분했다고 말하고 있었습니다. "나의 나 된 것은 하나님의 은혜로 된 것입니다"라고 말할 때 사실상 "나는 하나님께서 보여 주신 과분한 은총의 결과로, 그리고 하나님께서 주시는 능력의 결과로 사도가 되었습니다"라고 말하고 있었던 것입니다. 그리고 하나님의 능력 주심 그 자체가 하나님의 과분한 은총입니다.

바울처럼 우리는 하나님의 일을 하기 위해서는 은혜의 두 가지 면 모두를 필요로 합니다. 우리도 바울처럼 자격에 있어서 합당치 않고 또 능력에 있어서 부족하기 때문입니다. 우리는 두 가지가 다 필요합니다. 어떤 학교의 이사회가 교장이 될 사람을 선정할 때 훌륭한 인품을 소유하고 있는지[합당함]와 직무 수행 능력이 있는지[유능함]의 여부를 심사할 것입니다. 심사 대상자 가운데는 인품은 훌륭하나 능력이 부족한 사람도 있고, 능력은 있으나 인품이 좋지 않은 사람도 있을 것입니다. 이사회에서는 마땅히 두 가지를 다 요구합니다.

그러나 하나님께서는 그 어느 것도 요구하지 않으십니다. 그 대신 합당치도 유능하지도 않은 사람을 자신의 일에 부르시기를 기뻐하십니다. 하나님께서는 오직 그리스도 안에서 하나님의 일을 하기에 합당케 하십니다. 그리고 그들 속에 내주시는 성령의 강력한 역사로 말미암아 능력으로 입혀 주십니다.

이 사실이 골로새서 1:28-29에 어떻게 표현되어 있는지 눈여겨보십시오. "우리가 그를 전파하여 각 사람을 권하고 모든 지혜로 각 사람을 가르침은 각 사람을 그리스도 안에서 완전한 자로 세우려 함이니 이를 위하여 나도 내 속에서 능력으로 역사하시는 이의 역사를 따라 힘을 다하여 수고하노라." 바울은 그리스도 안에서 자신이 그 일에 합당하며, 그리스도의 능력 안에서 자신이 능력 있다는 사실을 알았습니다.

고린도후서 2:14-17에서 바울은 사망 혹은 생명에 이르게 하는, 자신의 복음 사역에 대해 설명했습니다. 복음은, 믿는 사람은 생명에, 거부하는 사람은 사망에 이르게 합니다. 그러한 복음을 전했을 때 나타나는 영원한 결과를 생각하며 바울은 "이런 일을 누가 감당할 수 있겠습니까?"(16절, 새번역)라고 외치게 되었습니다.

당신은 이웃 사람에게 자연스럽게 복음을 나눌 수 있고, 혹은 공적인 전도 프로그램에 참석하여 보다 공식적으로 복음을 전하기도 합니다. 어느 경우나 당신은 상대방에게 사망의 냄새거나 아니면 생명의 향기입니다(15-16절). 이런 일을 누가 감당할 수 있겠습니까? 당신은 학생들 앞에 서서 말씀을 가르칠지도 모릅니다. 그게 별로 중요하지 않은 일처럼 보일 수도 있습니다. 그러나 우리는 선생님의 영향으로 삶이 변화되었다는 사람을 많이 만납니다. 이런 일을 누가 감당할 수 있겠습니까?

이 질문에 대해 바로 몇 구절 뒤에서 답변합니다. "우리가 이런 일을 할 수 있는 자격이 우리에게서 났다고 생각하지 않습니다. 우리의 자격은 하나님에게서 납니다"(고린도후서 3:5, 새번역).

"우리가 이런 일을 할 수 있는 자격이 우리에게서 났다고 생각하지 않습니다"라고 한 말에 주목하십시오. 하나님의 일을 하는 데 부족함을 느낀다면 당신은 어떤 면에서 바울과 같은 사람들 속에 있습니다. 바울도 그렇게 부족함을 느꼈습니다. 교회사를 통해 아마도 타고난 자신의 재능과 장점을 가장 의지할 만했던 사람은 바울이었을 것입니다. 그는 훌륭한 성경학자요, 천부적인 재능을 가진 전도자요, 지칠 줄 모르는 열정으로 교회를 개척한 사람이요, 뛰어난 선교 전략가였습니다. 또한 타문화권 선교에 숙련된 사람이었습니다. "유대인들에게는 내가 유대인과 같이 된 것은 유대인들을 얻고자 함이요, 율법 아래 있는 자들에게는 내가 율법 아래 있지 아니하나 율법 아래 있는 자같이 된 것은 율법 아래 있는 자들을 얻고자 함이요, 율법 없는 자에게는 내가 하나님께는 율법 없는 자가 아니요 도리어 그리스도의 율법 아래 있는 자나 율법 없는 자와 같이 된 것은 율법 없는 자들을 얻고자 함이라"(고린도전서 9:20-21). 바울은 그 많은 능력에도 불구하고 자신에게는 아무 자격이 없다고 했습니다.

우리는 자격 곧 주님의 일을 감당할 능력이 없지만 하나님께서 우리로 능력이 있게 하십니다. 이것이 바로 고린도전서 15:10에서 말한 바입니다. "그러나 나의 나 된 것은 하나님의 은혜로 된 것이니 내게 주신 그의 은혜가 헛되지 아니하여 내가 모든 사도보다 더 많이 수고하였으나 내가 아니요 오직 나와 함께하신 하나님의 은혜로라." 하나님의 능력의 구체적인 표현으로 나타난 하나님의 은혜는 바울에게 헛되지 않았습니다. 사실 그것은 아주 효과를 발휘하여 바울은 자신이 다른 모든 사도보다 더 많이 수고했다고 말할 수 있었습니다. 언뜻 보면 이 말은 엄청난 자랑처럼 여겨집니다. 나는 이 말 때문에 고민에 빠진 적도 있었습니다. 참으로 겸손했던 바울의 성품과는 아주 동떨어진 지나친 자랑처럼 보였습니다. 그러나 바울이 자랑하고 있는 게 아님을 깨닫게 되었습니다. 오히려 그는 하나님의 은혜를 높이고 있었습니다. 자기 속에서 역사하고 계신 하나님의 은혜가 아주 효과가 있어서 자기가 그들 모두보다 더 많이 수고하도록 만들었다고 말하고 있었습니다. 하나님의 은혜는 그에게 동기를 부여했으며, 능력을 주었으며, 그의 수고가 열매를 맺게 해 주었습니다.

그러나 자신이 오해받을 수도 있음을 깨달았는지 "내가 아니요 오직 나와 함께하신 하나님의 은혜로라"라는 말을 덧붙였습니다. 이 말의 의도를 이해하는 데 칼빈의 말이 도움이 됩니다.

> 자신이 뭔가를 행한 것으로 말했기 때문에 그[바울]는 이를 정정하고 그것의 전부 즉 일부가 아니라 전부를 하나님께로 돌리고 있습니다. 자신이 행한 것처럼 보이는 것은 모두 사실은 하나님의 은혜로 말미암았다고 단언합니다. 이 구절이 실로 주목할 만한 이유는 인간적인 교만을 아무것도 아닌 것으로 만들 뿐만 아니라, 하나님께서 우리 가운데서 역사하시는 방법을 명확하게 보여 주기 때문입니다. 여기서 바울은 자신을 무슨 선한 것의 원천으로 삼는 것이 잘못인 양 자신이

한 말을 정정하고 있으며, 하나님의 은혜야말로 모든 선한 것의 진정한 원천이라고 선언합니다. 바울이 여기서 단지 겸손을 가장하고 있다고 생각해서는 안 됩니다. 그는 진심으로 말하고 있고 또 그것이 사실임을 알고 있기 때문입니다. 그러므로 우리가 행하는 유일한 선은 주님께서 우리 안에서 행하고 계신 것입니다. 이 말은 우리 자신은 아무것도 행하지 않는다는 뜻이 아니라 우리는 성령의 감화를 받을 때만, 다시 말해 성령의 지도와 영향 아래서만 행한다는 의미입니다.

은혜에 대한 칼빈의 강조에서 우리 인간의 역할을 간과하지 않도록 마지막 부분의 말에 주의하기 바랍니다. "이 말은 우리 자신은 아무것도 행하지 않는다는 뜻이 아니라 우리는 성령의 감화를 받을 때만, 다시 말해 성령의 지도와 영향 아래서만 행한다는 의미입니다." 앞에서 이미 간단히 살펴본 바 있는 골로새서 1:29은 우리가 주님의 은혜로 말미암아 일한다는 것이 성경적인 관점임을 선명하게 보여 줍니다. "이를 위하여 나도 내 속에서 능력으로 역사하시는 이의 역사를 따라 힘을 다하여 수고하노라."

힘을 다하여 수고한다는 말은 고역을 감당해 가며 모든 노력을 다함을 의미합니다. 그러므로 고린도전서 15:10에는 게으르거나 소극적인 것, 또는 모든 것을 다 주님께 맡겨 버리고 자신은 아무 일도 하지 않는 것에 대한 어떤 암시도 없습니다. 바울은 자신이 힘써 일한다고 했습니다. 그러나 그는 하나님의 은혜가 자기 속에서 역사했기 때문에 열심히 일했습니다. 또한 이 구절에는 하나님과 바울이 협동 내지 제휴하여 일했다는 암시도 없습니다. 하나님께서는 직접 전도를 하거나 교회를 세우거나 하지 않으셨습니다. 바울이 했습니다. 그러나 바울은 하나님의 은혜 곧 성령을 통한 하나님의 능력이 그의 속에서 역사하고 계셨기 때문에 그렇게 행했습니다.

바울의 수고와 하나님의 은혜 사이의 관계에 대해 렌스키는 이렇게 설명했습니다. "그러나 하나님의 은혜와 바울의 수고를 하나의 짐마차를 끄는 두 마리 말처럼 생각하는 것은 잘못입니다.… 왜냐하면 그 둘은 대등하지 않기 때문입니다. 바울의 수고는 결국 하나님의 은혜에 기인한 것이며, 오직 성령께서 그를 다스리시고, 지도하시고, 이끄실 때에만 행해집니다." 바울의 수고는 하나님의 은혜로만 즉 성령께서 그에게 능력을 주실 때만 가능했습니다.

성령께서 단지 촉구하시고 지도하시고 능력을 주시는 것으로 그치지 않고, 우리의 수고가 어떠한 효과를 나타내도록 그 수고에도 함께해 주셔야 합니다. 바울은 이 진리를 알고 이렇게 썼습니다. "나는 심었고 아볼로는 물을 주었으되 오직 하나님은 자라나게 하셨나니, 그런즉 심는 이나 물 주는 이는 아무것도 아니로되 오직 자라나게 하시는 하나님뿐이니라"(고린도전서 3:6-7).

바울과 아볼로는 둘 다 아주 열심히 일할 수 있었습니다. 그들은 겸손하게 그리고 의식적으로 하나님의 은혜를 의지하는 가운데 그렇게 할 수 있었습니다. 그럼에도 그들은 스스로는 어떠한 심령도 변화시킬 수 없기 때문에 그들의 수고로부터 아무런 결과도 얻지 못할 수 있었습니다. 오직 하나님만이 자라나게 하실 수 있습니다. 오직 하나님만이 당신이 가르치는 학생들의 마음 속에 하나님의 말씀이 뿌리내리고 자라나게 하실 수 있습니다. 오직 성령만이 마음을 열어 복음에 반응을 나타내게 하실 수 있습니다. 오직 성령만이 당신이 영적으로 돕고 있는 사람들이 당신의 도전과 가르침에 응답하게 하실 수 있습니다.

어떤 사람이 영적으로 성장하고 변화하려면 하나님의 은혜가 우리를 통해 역사할 뿐 아니라 그 사람의 마음속에도 역사해야 합니다. 그러므로 우리는 성령이 우리 안에서 그리고 우리를 통해 역사하시도록 성령을 의뢰해야 하며, 또한 성령이 우리가 영적으로 돕고자 하는 사람의 마음속에서 역사하시도록 성령을 의뢰해야 합니다.

이 장과 앞 장에서 우리 자신만으로는 **연약하고, 합당치 않고, 부족하다**는 사실을 보았습니다. 참으로 그렇습니다! 이 진리를 인정하는 것은 우리 자신에 대한 모독이 아닙니다. 단지 실상을 인정하고 하나님의 은혜에 우리 자신을 열어야 합시다. 이렇게 할 때 우리 삶 가운데서 능력 있게 역사하시는 하나님의 은혜를 경험하기를 기대할 수 있습니다. 이는 야고보서 4:6에서 "하나님이 교만한 자를 물리치시고 겸손한 자에게 은혜를 주신다"라고 하셨기 때문입니다. 이 말씀은 교만한 자에게 하신 경고인 동시에 겸손한 자에게 하신 약속입니다. 즉 자신이 **연약하고 합당치 않고 부족하다**고 진정으로 인정하는 자들에게 하나님께서는 은혜를 주시기로 약속하십니다.

족한 은혜

하나님의 은혜는 족히 우리의 연약함을 이기고도 남습니다. 사망을 이기신 그리스도의 능력은 족히 우리의 '합당치 않음'을 덮고도 남습니다. 성령의 역사는 우리의 부족함에도 불구하고 우리로 족히 효과적으로 쓰임받게 하십니다. 이것이 바로 은혜로 사는 삶입니다. 자신 안에서 연약함을 발견할 때 우리는 자신이 그리스도 안에서 강하다는 사실을 깨닫습니다. 자신이 모든 성도 중에 지극히 작은 자보다 더 작은 자라고 여길 때 하나님의 나라에서 섬기는 엄청난 특권을 부여받습니다. 우리의 부족한 능력으로 인해 절망을 느낄 때 성령께서 우리에게 놀라운 능력을 주심을 깨닫습니다. 우리는 놀라움으로 고개를 끄덕이며 이사야처럼 고백하게 됩니다. "우리가 성취한 모든 일은 모두 주님께서 우리에게 하여 주신 것입니다"(이사야 26:12, 새번역).

인간의 연약함과 하나님의 능력이 얼마나 대조적인지 이사야 41:14-15에 잘 묘사되어 있습니다. 이 구절은 압제받는 이스라엘 백성을 위로하는 긴 메시지 가운데 들어 있습니다.

> 지렁이 같은 너 야곱아, 너희 이스라엘 사람들아 두려워 말라. 나 여호와가 말하노니 내가 너를 도울 것이라. 네 구속자는 이스라엘의 거룩한 자니라. 보라. 내가 너로 이가 날카로운 새 타작 기계를 삼으리니 네가 산들을 쳐서 부스러기를 만들 것이며 작은 산들로 겨 같게 할 것이라.

하나님께서는 이스라엘 백성을 "지렁이 같은 너 야곱아"라고 부르십니다. 지렁이라는 호칭은 경시하거나 깔보는 의미로 사용하신 것이 아니라 그들의 연약함과 무력함에 주의를 환기시키기 위해 사용하셨습니다. 지렁이만큼 무력하고 밟히기 쉬운 것도 별로 없기 때문에 이스라엘 백성의 연약함을 표현하기 위해 그들을 지렁이에 비유한 것은 아주 적절합니다. 그러나 지렁이라는 호칭은 하나님께서 그 민족에게 주시는 격려를 더욱 돋보이게 합니다. 하나님께서는 "두려워 말라", "내가 너를 도울 것이라", "내가 너로 이가 날카로운 새 타작 기계를 삼으리라" 하고 그들을 격려하십니다.

비록 이스라엘이 연약하고 압제를 받고 있지만 하나님께서 도와주시기 때문에 때가 되면 적들을 능히 압도하게 되리라는 약속입니다. 하나님께서는 이스라엘을 도와주실 뿐만 아니라 적들을 삼키는 타작 기계로 만들어 주실 것입니다. 옛날의 타작 기계는 두꺼운 판자에 곡식을 탈곡하기 위한 이빨로 쇠나 예리한 돌이 부착되어 있었습니다. 하나님께서는 타작 기계가 곡식의 이삭을 마구 자르듯 "지렁이" 같은 야곱이 적들을 삼키게 되리라고 약속하십니다.

이 구절은 이스라엘의 연약함과, 하나님의 도우심으로 하게 될 강력한 행동 사이의 대조를 보여 줍니다. 19세기 중엽 프린스턴 신학교의 저명한 교수였던 조셉 알렉산더는 이 구절과 관련하여 이렇게 말했습니다. "타작 기계의 이미지는 압제받는 지렁이가 작은 산들을 부수어 겨 같게 하는, 지금까지 들어보지 못한 기이하고 강한 이미지입니다. 여기서의 핵심은 약하고 힘없는 어떤 것이 비교가 안 될 정도로 강한 장애물을 다른 것에 기인한 힘으로 이기는 것입니다."

'약하고 힘없는 어떤 것이 비교가 안 될 정도로 강한 장애물을 다른 것에 기인한 힘으로 이기는 것', 이는 하나님의 은혜의 역사를 생생하게 묘사하고 있습니다. 하나님께서는 우리를 연약하게 하시고, 혹은 우리 자신의 연약함을 뼈저리게 느끼도록 허락하시는데, 이는 우리를 하나님의 힘으로 강하게 하기 위함입니다.

하나님께서 나에게 성경을 가르치고 글을 쓰는 더 큰 사역을 하도록 문을 열어 주셨을 때 이 이사야 41:14-15 말씀이 마음에 와닿았습니다. 비록 이 약속은 이스라엘 민족에게 주어졌지만 나는 하나님께서 이 약속을 내게도 주시고 실로 나를 타작 기계로, 그분의 손에 있는 추수 도구로 만드실 것이라는 사실을 깨달았습니다. 그러나 또한 하나님께서 그 약속을 위한 조건으로 내가 자신의 연약함과 무력함을 깨달아 "지렁이 같은 야곱"이라는 묘사를 받아들이도록 요구하신다는 사실도 깨달았습니다.

나는 하나님의 말씀을 가르칠 때마다 혹은 글을 쓰기 위해 자리에 앉을 때마다 그러한 약속과 조건을 되새기곤 했습니다. 내가 이렇게 하는 것은, 행운을 얻으려고 무슨 주문을 외는 것같이 하는 것이 아니라, 하나님을 위해 무언가를 성취하는 데 있어서 나의 무능력을 인정하고, 하나님을 섬기도록 능력을 주시겠다는 하나님의 약속을 붙잡기 위해서입니다. 하나님께서는 계속 나에게 "네가 지렁이만큼 연약하고 무력하다는 사실을 기꺼이 인정하는 한 나는 너를 예리한 새 이빨을 지닌 타작 기계처럼 강하고 능력 있게 만들어 주겠다"라고 말씀해 주십니다.

성경에서 가르치는 바와 같이 인간의 연약함을 통해 하나님의 능력이 역사한다는 이 은혜로운 역설은 오랜 세월에 걸쳐 많은 위대한 신앙의 선배들이 언급해 왔습니다. 예를 들면, 청교도 신학자인 존 오웬은 다음과 같이 말했습니다.

> 그러나 하나님께서 우리에게 요구하시는 의무는 우리 자신이 지니고 있는 능력에 비례하지 않습니다. 오히려 그것은 우리가 그리스도 안에서 사용할 수 있는 자원에 비례합니다. 우리는 하나님의 일의 가장 사소한 것도 성취할 만한 능력을 우리 안에 가지고 있지 못합니다. 이것이 은혜의 법입니다. 우리 자신의 힘으로 어떤 의무를 이행하는 것이 불가능하다는 사실을 인정할 때에야 우리는 그것을 성취하는 비결을 발견하게 됩니다. 그러나 애석하게도 이 비결을 발견하지 못하고 마는 경우가 많습니다.

희생적으로 섬기는 은혜

주님의 일이란, 한 사람을 대상으로 하든 수만 명을 대상으로 하든 불가피하게 희생이 따릅니다. 사역자를 가리키기 위해 사용되는 헬라어 단어는 종을 가리키기 위해 사용되는 단어와 같습니다. 그러므로 복음의 사역자는 종인데, 하나님의 종일 뿐 아니라 그가 영적으로 보살피고 있는 사람들의 종입니다. 그래서 바울은 고린도후서 4:5에서 아주 자연스럽게 "우리가 우리를 전파하는 것이 아니라 오직 그리스도 예수의 주 되신 것과 또 예수를 위하여 우리가 너희의 종 된 것을 전파함이라"라고 말할 수 있었습니다.

효과적으로 섬기기 위해서는 섬기기 위한 힘과 능력뿐 아니라 또한 종으로서의 마음과 성품이 필요합니다. 바울과 같은 희생적인 태도를 지녀야 합니다. "우리가 이같이 너희를 사모하여 하나님의 복음으로만 아니라 우리 목숨까지 너희에게 주기를 즐겨함은 너희가 우리의 사랑하는 자 됨이니라"(데살로니가전서 2:8). 바울은 자기가 복음을 전한 사람들에게 자신을 남김없이 주었습니다. 자신의 시간과 에너지를 아낌없이 주었을 뿐 아니라, 또한 "여러 사람에게 여러 모양이" 되었습니다(고린도전서 9:22 참조). 즉 사람들을 그리스도께로 이끌기 위해 기꺼이 자신을 그들에게 맞추었습니다.

그러한 사역은 참으로 희생적인 태도를 요구하며, 그러한 태도가 있을 때라야 다른 사람들의 필요를 자신의 필요보다 우선적으로 고려하게 되며, 다른 사람들을 섬기기 위해 자신의 삶을 희생하게 됩니다. 그러면 "어떻게 하면 그러한 희생정신을 가질 수 있을까?" 하는 질문이 떠오릅니다. 이 질문에 답하기 위해,

마게도냐 그리스도인들의 마음속에서 놀랍게 역사한 하나님의 은혜에 대해 일종의 '사례 연구'를 해 보도록 합시다.

고린도후서 8장과 9장은 그리스도인의 헌금 및 드리는 삶에 관한 아주 중요한 가르침을 담고 있습니다. 사실 여기에서 원리를 이끌어 내지 않고는 헌금 및 드리는 삶에 대해 가르치기가 어려울 정도입니다. 여기서는 그러한 원리를 탐구하려는 것이 아니라, 우리가 하나님의 은혜로 어떻게 희생정신을 가질 수 있는지를 설명하기 위해 그 배경이 되는 상황을 살펴보고자 합니다.

바울은 예루살렘의 궁핍한 그리스도인들의 경제적 필요를 채우기 위해 후한 연보를 하도록 고린도 교인들에게 도전하고 싶었습니다. 이를 위해 그는 마게도냐 교회들이 얼마나 후하게 드렸는지를 예로 들었습니다.

> 형제들아, 하나님께서 마게도냐 교회들에게 주신 은혜를 우리가 너희에게 알게 하노니, 환난의 많은 시련 가운데서 저희 넘치는 기쁨과 극한 가난이 저희로 풍성한 연보를 넘치도록 하게 하였느니라. 내가 증거하노니 저희가 힘대로 할 뿐 아니라 힘에 지나도록 자원하여 이 은혜와 성도 섬기는 일에 참여함에 대하여 우리에게 간절히 구하니. (고린도후서 8:1-4)

마게도냐 교회들의 후히 드리는 삶은 실로 주목할 만합니다. 그들이 예루살렘 성도들을 위해 한 헌금은 풍부해서 한 것이 아니요 가난한 데도 한 것입니다. 그들은 자신들이야말로 다른 사람들의 경제적 도움을 받아야 마땅하다고 생각할 수도 있었습니다. 그들은 헌금을 하되, 자신들의 능력에 따라 한 것이 아니라 "힘에 지나도록" 즉 자신들의 능력을 넘어서 드렸습니다. 그리고 자신들의 필요에는 개의치 않고 구제금을 모으고 있었습니다. 그들은 구제하는 일에 자신들도 참여하는 특권을 달라고 간절히 구했습니다. 이 모든 것은 그들이 본 적도 만난 적도 없는 사람들을 위해서였습니다.

이렇게 후하게 드릴 수 있었던 비결이 무엇일까요? 마게도냐 사람들이 다른 지역 사람들보다 원래 남에게 좀 후히 베푸는 경향이 있었을까요? 그렇다고 믿을 만한 근거는 어디에도 없습니다. 그리고 사람들의 경향은 대체적으로 다른 사람들의 필요를 위해 드리는 일에 후하지 않습니다. 예를 들면 역사상 가장 부유한 나라 가운데 하나인 미국에서도 사람들이 자선 단체 등에 기부하는 금액은 수입의 평균 1-2% 정도입니다.

바울은 하나님의 은혜가 마게도냐 교인들이 후히 드리게 된 비결이라고 했습니다(1절). 여기서도 바울은 믿는 자들의 삶 가운데서의 성령의 역사를 의미하기 위해 은혜라는 말을 사용했습니다. 여기서의 은혜란 하나님의 과분한 은총이 아니라 그 은총의 구체적 표현으로서의 성령의 역사입니다.

찰스 하지는 고린도후서 8:1에 대해 이렇게 설명했습니다.

마게도냐 교인들의 후히 드리는 삶은 하나님의 은혜의 역사에서 비롯했습니다. 성경의 기자들은 사람들의 가장 자유롭고 자발적인 행동, 그들의 내적인 상태와 그러한 상태의 외적인 표현은, 이것이 선한 경우에는 하나님의 성령의 은밀한 영향에서 비롯한다는 사실을 계속 인정하고 있습니다. 그러한 영향을 우리가 의식하지는 못합니다.

그러므로 마게도냐 교인들의 마음이 그토록 후했던 이유는 성령을 통해 그들 가운데서 역사하는 하나님의 은혜 때문이었지 그들의 성품이 더 훌륭했기 때문이 아니었습니다. 하나님께서는 그들이 인간적 본성이라는 자원-그것은 원래 후하지 않음-에 의존하도록 내버려두지 않으시고, 성령의 능력으로 그들의 마음속에 개입하셔서 아주 후한 마음을 창조하셨습니다.

그러면 "왜 하나님께서는 고린도 교인들의 마음속에는 이와 동일한 후한 마음을 창조하지 않으셨는가?" 하는 의문이 떠오를 수 있습니다. 하나님께서는 바울을 통해 바로 그 일을 하고 계셨습니다. 하나님께서는 마음만 먹으시면 사람들의 마음속에 직접적으로 그리고 절대주권적으로 개입하셔서 마음을 변화시키실 수 있음은 두말할 필요도 없습니다. 다메섹으로 가는 길 위에서 바울을 변화시키신 것이 바로 그러한 경우였습니다. 그리고 고린도후서 8:16에서 바울은 "너희를 위하여 같은 간절함을 디도의 마음에도 주시는 하나님께 감사하노니"라고 했습니다. 하나님께서 디도의 마음속에 직접 역사하신 것이 분명합니다.

그러나 하나님께서 그 백성의 마음속에 직접 역사하시는 것보다 더 보편적인 방법은 자연적인 수단을 통해서입니다. 고린도 교인들의 경우에는 바울의 권면과 격려를 통한 것이었습니다. (비록 기록되어 있지는 않으나 하나님께서는 마게도냐 교인들의 삶에서도 바울을 사용하셨으리라 추측할 수 있습니다.) 로마서 15:26을 보면 고린도 교인들은 바울의 그 권면에 긍정적인 반응을 나타내었음을 알 수 있습니다. "이는 마게도냐와 아가야 사람들이 예루살렘 성도 중 가난한 자들을 위하여 기쁘게 얼마를 동정하였음이라." 고린도는 아가야 지방에 있었습니다.

마게도냐 교인들에게 역사한 하나님의 은혜에 대한 사례 연구를 해 보았으니, 이제 "우리는 어떻게 하면 하나님과 다른 사람들을 섬기는 데 필요한 희생정신을 가질 수 있을까?"라는 질문으로 돌아가 봅시다. 그 대답은 "하나님의 은혜에 의해서"입니다.

마게도냐 교인들로 하여금 풍성한 헌금을 하게 한 하나님의 은혜와 관련하여 필립 휴스는 이렇게 썼습니다. "인간적인 자원으로 그렇게 했을 가능성은 없고, 오직 하나님의 은혜로 했습니다. 그리고 그 동일한 은혜를 고린도에 있는 그리스도인들도 받을 수 있었습니다."

이 동일한 은혜는 또한 우리로 하여금 자신을 드리는 데 후해지도록 할 수 있으며, 결국 이것이 희생정신의 구체적인 표현입니다. 바울은 디모데후서 2:1에서 디모데에게 그리스도 예수 안에 있는 은혜 속에서 강하라고 했습니다. 고린도후서 8-9장에서는 고린도 교인들에게 그리스도 예수 안에 있는 은혜 속에서 후해지라고 권면하고 있는데, 우리에게는 그리스도 예수 안에 있는 은혜 속에서 희생적으로 섬기라고 말할 것입니다. 제12장에서 어떻게 이 은혜를 누릴 수 있는지 다시 한 번 살펴보게 되겠지만, 우선은 하나님의 은혜는 족할 뿐 아니라 효과적이라는 사실을 깨달을 필요가 있습니다. 그리스도의 몸 안에서 하나님께서 우리에게 하라고 주신 일이 어떤 일이든 하나님의 은혜에 의해 행할 수 있습니다.

은혜의 보상

앞에서 우리가 하는 모든 섬김은 그것이 한 명을 대상으로 한 개인적인 섬김이든 수천 명을 대상으로 한 공적인 섬김이든 모두 하나님의 은혜에 의해 이루어진다는 사실을 보았습니다. 우리는 그러한 섬김의 일을 하기에 합당치 않으나, 하나님께서는 그리스도로 말미암아 우리를 합당하게 여기십니다. 우리는 섬기기에 부족하나 하나님께서는 성령의 능력 있는 역사로 말미암아 능력 있게 하십니다. 우리는 원래부터 자기희생의 마음을 가지고 있지는 않으나 하나님께서 은혜로 그러한 마음을 주십니다. 모든 것이 은혜로 됩니다. 인간적인 자격의 합당함이나 능력은 요구되지도 받아들여지지도 않습니다.

인간적인 자격의 합당함이나 능력과는 거리가 먼 하나님의 은혜에 대해 그렇게 거듭 강조하다 보면 은혜와 보상의 관계에 대해 의문이 생길 수 있습니다. 하나님께서는 충성된 종들에게 상을 주기로 약속하지 않으셨습니까? 바울 자신이 우리는 그리스도의 심판대 앞에 드러나 우리가 행한 바에 따라 받게 된다고 가르치지 않았습니까? 우리의 모든 노력과 수고가 하나님의 은혜의 결과라면 '충성스런 섬김'이라는 게 무슨 의미가 있을까요?

하나님께서는 분명히 보상을 약속하시며, 우리는 그리스도의 심판대 앞에 반드시 서야 합니다(마태복음 25:21, 고린도후서 5:10). 하지만 이러한 보상은 은혜의 보상이지 공로에 따른 보상이 아닙니다. 우리가 아무리 열심히 일하고 희생적으로 섬긴다고 해도 우리에게 보상하도록 그것이 하나님께 의무를 지워 드릴 수는 없습니다. 로마서 11:35에서 말씀한 바와 같습니다. "누가 주께 먼저 드려서 갚으심을 받겠느뇨?"

만약 하나님께 대한 우리의 모든 섬김이 하나님의 과분한 은총 때문에 가능했고, 성령의 능력으로 말미암아 효과적이 되었다면, 우리가 먼저 하나님으로부터 받지 않고 하나님께 드리는 것은 하나도 없는 셈입니다. 청교도인 새뮤얼 볼턴은, 하나님께서 주시지 않은 것으로 인간이 드린 것이 있다고 한다면, 그것은 은혜의 본질을 부인하는 것이며, 은혜에 의한 것을 행위에 의한 것으로 만들어 버린다고 했습니다. 우리가 하나님께 드린 것은 모두 하나님께서 주신 것입니다. 우리의 생각, 말, 혹은 행동 가운데 어떤 식으로든 하나님을 기쁘시게 하고 주님께 영광이 되는 것이 있다면 이는 모두 궁극적으로는 하나님으로부터 온 것입니다. 왜냐하면 하나님을 떠나서는 우리 육신 속에는 선한 것이 거하지 않기 때문입니다(로마서 7:18).

우리가 하나님께로 가져가는 선행마저도 그 자체로는 동기에 있어서나 수행에 있어서 결함이 있습니다. 제8장에서 살펴본 바와 같이, 우리의 동기에서 교만과 자기만족을 완전히 제거하기란 실제로 불가능합니다. 그리고 우리는 그러한 선행을 결코 완벽하게 실행하지도 못합니다. 우리의 최선의 수준도 하나님께서 요구하시는 수준에는 한없이 미치지 못합니다. 그리고 사실 하나님의 완벽한 수준에 부합되느냐는 고사하고 우리는 자신이 할 수 있는 최선의 수준으로도 행하지 않습니다.

그래서 베드로전서 2:5 말씀에 "예수 그리스도로 말미암아 하나님이 기쁘게 받으실 신령한 제사를 드릴 거룩한 제사장이 될지니라"라고 한 것입니다. 우리의 가장 선한 행동도 단지 예수 그리스도의 공로로 말미암아 기쁘게 받으실 만해지고 하나님께 받아들여집니다. 하나님께서는 받아들이시되 예수 그리스도로 말미암아 받아들이십니다. 하나님의 은혜의 토대 위에서 받아들이십니다.

어네스트 케번은 우리 행동의 불완전성에 대해 말하면서 다음과 같은 청교도들의 말을 인용했습니다.

> 우리는 명령받은 것을 다 행하는 것은 아닙니다. 우리는 의무를 행하기에 부족하며, 우리가 행하는 것도 방법이나 수단의 관점에서 불

완전하며 결함이 있습니다. 그러므로 공의에 의해서라면 보상은커녕 징계를 받아야 마땅합니다. 따라서 보상을 받는다면 그것은 하나님의 과분한 자비 때문이지 우리의 공로 때문이 아닙니다.

마지막으로 제4장과 제5장에서 살펴보았던 포도원 주인 비유로 되돌아가지 않을 수 없습니다. 그 비유 바로 앞부분에서 예수님께서는 "여러 배" 곧 수백 %의 보상을 약속하셨다는 사실을 기억할 것입니다. 하나님의 보상은 은혜로 주어질 뿐 아니라 실로 은혜롭습니다. 측량할 수 없을 정도로 후하십니다.

그러므로 하나님을 섬기는 데 있어서 하나님의 은혜는 보상을 없애는 것이 아니라 도리어 보상이 가능하게 합니다. 스프라울은 이렇게 말했습니다. "그러나 그리스도께서 약속하신 축복, 엄청난 보상이라는 축복은 은혜의 보상입니다. 그 축복은 우리 힘으로 얻을 수 없습니다. 그것은 약속으로 말미암아 주어집니다. 어거스틴은 그것을 이렇게 말했습니다. '하늘나라에서 받는 우리의 보상이란 하나님께서 그분의 은사를 주시고 사용하게 하신 결과입니다.'"

이것이 하나님의 은혜에 대한 놀라운 이야기입니다. 하나님께서는 은혜로 우리를 구원하시고, 은혜로 하나님의 아들을 점점 닮아 가도록 변화시키십니다. 우리의 모든 시련과 고난 중에서 하나님의 은혜로 우리를 붙드시고 강하게 하십니다. 하나님께서는 은혜로 우리를 부르셔서 그리스도의 몸 안에서 우리의 고유한 기능을 발휘하게 하십니다. 그리고 다시 한 번 은혜로 하나님께서는 우리의 부르심을 성취하는 데 필요한 영적인 은사를 우리 각자에게 주십니다. 우리가 하나님을 섬길 때, 하나님께서는 은혜로 우리의 섬김이 하나님께 받아들여질 만하게 하시며, 은혜로 여러 배나 보상해 주십니다.

    로마서 1:17에서 보듯이 복음에는 하나님의 의가 나타나 있습니다. 그것은 믿음으로 믿음에 이르게 합니다. 시작부터 끝까지 믿음으로 되는 것이 그리스도인의 삶입니다. 믿음이라는 말을 은혜라는 말로 대체해도 됩니다. 믿음이란 하나님의 은혜에 대한 반응이요 하나님의 은혜를 누리는 수단이기 때문입니다. 그러므로 그리스도인의 삶 전체가 처음부터 끝까지 은혜 아래 사는 삶입니다. 하나님께서 그의 사랑하시는 아들 독생자 예수 그리스도 안에서 우리에게 거저 주신 하나님의 영광스러운 은혜를 찬양하는 삶입니다(에베소서 1:6).

12
하나님의 은혜를 누림

> 우리에게 있는 대제사장은 우리 연약함을 체휼하지 아니하는 자가 아니요 모든 일에 우리와 한결같이 시험을 받은 자로되 죄는 없으시니라. 그러므로 우리가 긍휼하심을 받고 때를 따라 돕는 은혜를 얻기 위하여 은혜의 보좌 앞에 담대히 나아갈 것이니라. (히브리서 4:15-16)

한번은 네비게이토 선교회로부터 나에게 다른 직책을 맡아 보면 어떻겠는지 물었습니다. 나는 당시의 직책에 아주 만족하고 있었기에, 새로 제안받은 그 직책이 마음에 내키지 않았습니다. 하지만 한번 기도하며 깊이 생각해 보겠다고 대답은 했습니다. 하나님의 인도를 구하면서, 나는 하나님께서도 그 사역이 내게 맞지 않는다는 데 동의하시리라 생각했습니다.

그 직책이 마음에 내키지 않았다고 말한 것은 사실 완곡하게 표현한 것입니다. 그러한 변화를 하는 데 따른 장단점을 따져 보니, 그 변화를 찬성해야 할 이유는 한 가지도 없는데, 반대해야 할 이유는 굵직한 것만 다섯 가지나 되었습니다. 그러나 그 요청에 대해 생각하면 생각할수록 하나님께서 내가 그것을 받아들이기를 원하신다는 불편한 생각이 자꾸 들었습니다. 동시에 그 새로운 일에 대해 생각하면 할수록 그 일을 회피하고 싶었습니다.

나를 위한 하나님의 뜻이라고 생각되는 것을 원치 않게 되는 딜레마에 빠졌습니다. 어떻게 해야 할까요?

나의 개인적인 바람과 하나님의 뜻일 것으로 생각되는 것 사이의 내적인 갈등은 며칠간 계속되었고 사실 점점 더 심해져 갔습니다. 어느 날 저녁 나는 나를 향한 하나님의 뜻이라면 무엇이든 하기를 원하지만 "예"라고 말할 용기와 힘이 없다고 하나님께 말씀드렸습니다. 그리고 하나님께서 요구하시는 것은 무엇이든 하겠다는 나의 헌신이 한계에 도달했다고 말씀드렸습니다. 하나님께서 내게 승낙할 용기와 힘을 주시지 않은 한 나는 더 이상 나아갈 수가 없었습니다.

이 딜레마와 계속 씨름하고 있을 때 요한복음 12:24 말씀이 떠올랐습니다. "내가 진실로 진실로 너희에게 이르노니 한 알의 밀이 땅에 떨어져 죽지 아니하면 한 알 그대로 있고 죽으면 많은 열매를 맺느니라." 이 말씀이 그 상황에 아주 적합한 것 같았습니다. 왜냐하면 내게 있어서 그 새로운 직책을 맡는다는 것은 가족들과 사역에 대한 나 자신의 욕망에 대해 '죽는' 것을 수반하기 때문이었습니다.

그러나 이 구절은 또한 성경적인 원리 하나를 상기시켜 주었습니다. '죽는' 것이 열매 맺는 삶의 전제 조건이라는 것입니다. 더구나 예수님께서는 실제로 그 구절에서 우리가 "죽으면" 많은 열매를 맺게 되리라고 확신시켜 주고 계셨습니다. 예수님께서 가르쳐 주신 그 진리에 대해 생각함으로 나는 하나님의 뜻에 대해 "예"라고 할 수 있는 용기와 힘을 얻었습니다. "하나님, 이 일을 맡게 될 때 예상되는 일이 힘들게만 보이지만, 하나님께서는 제가 죽으면 많은 열매를 맺게 되리라고 약속하셨습니다. 어떻게 그런 일이 일어날 수 있는지 모르지만 이 약속을 믿고 하나님의 뜻을 따르겠습니다"라고 말씀드릴 수 있었습니다. 나중에 그 직책은 나를 향한 하나님의 뜻이 아님이 드러났습니다. 하나님께서는 그 일을 나의 영적 훈련을 위한 도구로 사용하신 것이 분명했습니다.

하지만 이 개인적인 사건을 소개한 이유는 여러 가지 환경과 도전에 대처할 수 있게 하는 하나님의 은혜 즉 하나님의 능력을 우리가 어떻게 누릴 수 있는가를 설명하기 위해서입니다. 하나님의 은혜를 누린다는 이 말이 아마도 생소하게 들리고, 내가 무엇을 말하고자 하는지 확실히 알지 못할 수도 있습니다. 우리는 그리스도 안에서 하나님께서 우리가 누릴 수 있게 해 주신 하나님의 능력을 우리 것으로 누려야 합니다. 비유컨대 무한대의 돈이 들어 있는 은행 계좌 곧 하나님의 은혜가 들어 있는 계좌에서 은혜를 인출하는 것입니다. 은혜를 누리기 위한 어떤 활동을 하지 않아도 성령께서 주권적으로 역사하시는 경우도 있기는 하지만, 하나님께서는 우리가 하나님의 은혜를 누리기 위해 어떤 행동을 하기를 기대하시는 경우가 더 많습니다. 이를 위해 하나님께서는 우리에게 은혜를 누리는 네 가지 주요한 수단을 제공해 주셨습니다. 그 네 가지는 바로 기도, 말씀, 하나님께 대한 굴복, 다른 사람들의 섬김입니다.

은혜의 보좌

하나님의 은혜를 자기 것으로 누리는 첫 번째 방법은 단순합니다. 기도로 은혜를 구하는 것입니다. 앞에서 소개한 갈등에서 나는 헌신의 한계에 도달했다는 사실을 깨닫자 하나님의 인도하심을 구하기를 그치고, 하나님의 뜻으로 생각되는 것에 따르겠다고 말할 수 있는 은혜를 구하기 시작했습니다. 히브리서 4:15-16은 때를 따라 도우시는 은혜를 구하기 위해 하나님 보좌 앞에 나아오도록 우리를 초대합니다.

우리에게 있는 대제사장은 우리 연약함을 체휼하지 아니하는 자가 아니요 모든 일에 우리와 한결같이 시험을 받은 자로되 죄는 없으시니라. 그러므로 우리가 긍휼하심을 받고 때를 따라 돕는 은혜를 얻기 위하여 은혜의 보좌 앞에 담대히 나아갈 것이니라.

"은혜의 보좌"란 모든 은혜의 하나님으로서 보좌에 앉아 계신 하나님을 비유적으로 표현한 말입니다. 우리에게 은혜가 필요할 때 은혜를 주시는 분은 보좌에 계신 하나님이시지 그 보좌 자체가 아님은 명백합니다. 요한계시록 6:16-17에는 하나님께서 진노와 심판의 하나님으로 보좌에 앉아 계십니다. 그러한 환경에서 하나님을 보는 사람들은 산과 바위들에게 자기들 위에 떨어져 하나님의 얼굴과 진노로부터 자기들을 가리워 달라고 요청할 것입니다.

이사야 선지자는 무한한 위엄과 거룩함 가운데 보좌에 앉아 계신 하나님을 보았습니다. 이사야 6:5에서 이사야는 하나님의 위엄과 거룩함에 압도된 나머지 "화로다, 나여! 망하게 되었도다! 나는 입술이 부정한 사람이요 입술이 부정한 백성 중에 거하면서 만군의 여호와이신 왕을 뵈었음이로다"라고 외쳤습니다. 그러나 히브리서 4:16에서 우리는 진노의 보좌도, 무한한 위엄과 거룩함의 보좌도 아닌 오직 은혜의 보좌를 봅니다. 성경은 우리에게 이 보좌로 나아가도록 초청하되, 하나님의 진노 때문에 공포를 느끼면서 나아가거나, 하나님의 거룩함 때문에 두려움을 느끼면서 나아가는 것이 아니라, 하나님의 은혜 때문에 **담대히** 나아가도록 격려합니다. 하나님께서는 실로 무한히 거룩하신 하나님이시요, 이사야가 보았듯이 높이 들린 보좌에 앉아 계신 하나님이시요, 자신을 거부한 사람들에게 언젠가는 진노의 하나님으로 나타내실 분입니다. 그러나 자녀인 우리에게 하나님은 은혜의 보좌에 앉아 계신 은혜의 하나님이십니다.

우리는 우리 죄를 위한 속죄 제물로 예수님을 보내 주신 분이 바로 하나님이시라는 사실을 잊지 말아야 합니다. 예수님은 하나님의 공의를 만족시키셨고, 이로 말미암아 우리로부터 하나님의 진노를 옮기셨습니다. 그리고 예수님의 대속의 희생으로 말미암아 하나님의 보좌는 이제는 더 이상 우리에게 심판과 진노의 보좌가 아니라 은혜의 보좌입니다.

"가까이 가지 못할 빛에 거하시는"(디모데전서 6:16) 하나님께서는 우리에게 이제 "성소" 곧 하나님의 보좌가 있는 방으로 들어오라고 초대하십니다(히브리서 10:19-22). 하나님께 나아오도록 격려하십니다. 이러한 초대는 구약의 모세의 율법하에서 존재하였던 제한과는 현격한 대조를 이룹니다. 그 체제하에서는 오직 대제사장만이 지성소에 들어갈 수 있도록 허용되었는데, 그것도 일 년에 단 한 번뿐이었고, 그때도 피 없이는 들어갈 수가 없었습니다(히브리서 9:7). 그러나 이제는 예수 그리스도께서 피 흘려 단번에 영원한 제사를 드리심으로 말미암아 모든 믿는 자들이 언제나 하늘의 지성소에 들어갈 수 있게 되었습니다. 우리는 들어갈 수 있을 뿐만 아니라, 들어가라고, 하나님의 존전에 나아가라고, 그리고 예수 그리스도의 피로 말미암아 나아가기 때문에 담대히 나아가라고 격려를 받습니다.

하나님의 보좌 앞에 나아갈 때 하나님이 모든 은혜의 하나님 이심을 기억할 필요가 있습니다. 하나님은 포도원에서 한 시간 밖에 일하지 않았는데 은혜롭게도 하루분의 품삯을 준 포도원 주인과 같은 분이십니다. 이스라엘 백성이 포로로 잡혀 있을 때 조차도 죄악 된 그들에 대해 "내가 기쁨으로 그들에게 복을 주겠다"라고 말씀하신 하나님이십니다(예레미야 32:41). 베드로의 모든 실패와 죄에도 불구하고 계속 그에게 성실하셨고 그를 능력 있는 사도로 만드신 하나님이십니다. 결코 우리를 떠나지 아니하며 버리지 아니하겠다고 거듭거듭 약속하신 하나님이십니다(신명기 31:6,8, 시편 94:14, 이사야 42:16, 히브리서 13:5). "은혜를 베풀기 위해 기다리시는" 하나님이시요(이사야 30:18), 우리를 위하시는 하나님이시요 우리를 대적하지 아니하시는 하나님이십니다(로마서 8:31). 이 모든 것을 모든 은혜의 하나님이라는 한마디로 요약할 수 있습니다.

은혜의 보좌로 나아갈 때 우리는, 위대한 대제사장인 예수님께서 우리보다 먼저 들어가셨으며, 이미 우리를 위해 간구하고 계심을 알게 됩니다(히브리서 7:24-25 참조). 예수님께서는 우리의 연약함을 체휼하실 수 있는 분이십니다. "우리에게 있는 대제사장은 우리 연약함을 체휼하지 아니하는 자가 아니요"(히브리서 4:15)라는 이중 부정문은 사실상 "우리에게는 대제사장이 계시는데, 이 대제사장은 우리의 연약함을 능히 체휼하실 수 있는 분"이라는 아주 강한 긍정의 의미를 지니고 있습니다. 19세기의 스코틀랜드 신학자 존 브라운은 이렇게 말했습니다. "진실로 하나님은 우리의 연약함을 동정하실 수 있을 뿐 아니라 동정하시지 않을 수 없으십니다. 또한 체휼하시는 것이 가능할 뿐 아니라 체휼하시지 않는 게 불가능합니다."

예수님께서는 모든 일에 우리와 한결같이 시험을 받으셨지만 죄는 없으신 분이기 때문에 우리의 연약함을 체휼하실 수 있습니다. **체휼**이라는 말에는 딱하고 안됐다는 느낌을 갖는 것 훨씬 그 이상의 의미가 들어 있습니다. 그것은 다른 사람의 느낌이나 감정을 공유하거나 이해할 줄 아는 것입니다. 체휼하는 것은 동일하거나 유사한 시험을 받아 본 적이 있는 사람, 그리고 그 결과 다른 사람이 겪고 있는 사정을 이해하며 그 고통을 덜어 주려는 열망을 가진 사람만이 할 수 있습니다.

존 브라운은 이렇게 말했습니다.

> 체휼한다는 것은 동정하는 것입니다. 그러나 동정하는 것 그 이상입니다. 체휼이란 친절하고 사랑 많은 사람이 자기가 겪었던 것과 같은 고통을 겪고 있는 사람을 향하여 느끼는 마음입니다.…
>
> 성육신하신 적이 없었다면 하나님의 아들은 동정심을 느끼기는 했을지 모르나 자기 백성을 체휼하지는 못했을 것입니다. 체휼할 수 있기 위해서 그분은 고난을 받을 수 있는 **인간**이 되는 것이 필요했고, 체휼의 대상인 고난받는 자가 실제로 되셔야 했습니다.

그러나 어떤 사람들은 특히 육체적인 혹은 감정적인 고통을 경험하고 있을 때 과연 예수님께서 그들이 겪고 있는 것과 동일하게 겪으셨을까 하고 생각할 수도 있습니다. 물론 예수님은 오랫동안 실업자 신세가 되어 보거나, 교통사고로 자녀를 잃거나, 혹은 배우자가 암으로 고통스럽게 죽어 가는 모습을 지켜보지는 않으셨습니다. 성경 본문은 예수님께서 이러한 모든 방법으로 고통을 겪으셨다고 단언하지는 않습니다. 성경은 "우리에게 있는 대제사장은… **모든 일에 우리와 한결같이 시험을 받은 자**

하나님의 은혜를 누림　267

로되 죄는 없으시니라"(히브리서 4:15)라고 되어 있습니다. 즉 예수님께서는 인간이 겪을 수 있는 모든 다양한 방법으로 시험을 받으셨습니다. 그분은 가난하게 태어나셨고, 가족들로부터도 배척을 당하셨으며, 당시의 지도자들이 늘 그분의 흠을 찾으려고 애를 쓰고 있었고, 친구들로부터 버림받으셨으며, 십자가 위에서 극심한 육체적 고통을 당하셨습니다. 그리고 누가복음 2장 이후에는 요셉에 대해 성경에 아무 언급이 없는 점으로 보아 예수님께서는 이 땅에서의 아버지를 삼십 세가 되기 전에 잃으신 것 같습니다.

무엇보다도 예수님은 당신과 나는 결코 경험할 수 없는 최고의 시련을 당하셨습니다. 하나님 아버지로부터 버림받으신 것입니다(마태복음 27:16). 때때로 당신과 나는 시련의 와중에 있을 때 버림받았다는 느낌을 가질 수 있으며(시편 13:1에서 다윗도 그런 느낌을 가졌음), 하나님으로부터 버림받았다는 그런 느낌은 시련당할 때 가장 어려운 면입니다. 그러나 예수님께서는 실제로 하나님으로부터 **버림받으셨으며**, 그 사실을 알고 계셨습니다. 진실로 "간고를 많이 겪었으며 질고를 아는 자"였습니다(이사야 53:3). 그러므로 예수님께서는 우리가 시련을 당하고 있을 때 우리를 충분히 이해하시며 또한 체휼하십니다. 우리의 마음이 어떤 종류이든 그분께 결코 생소한 것이 아니라는 사실을 확신할 수 있습니다. 예수님께서는 우리의 아픔 속으로 들어오실 수 있으며 우리를 체휼하시기 때문에 우리는 하나님의 보좌 앞에 나아갈 때 우리 연약함을 그분 앞에 내어 놓기를 부끄러워하지 않고 담대히 나아갈 수 있는 것입니다. 그분은 이해하시며 또한 돌보십니다.

히브리서 4:16에서는 우리에게 "긍휼하심을 받고 때를 따라 돕는 은혜를 얻기 위하여" 우리를 체휼하시는 대제사장이 이미 우리를 위해 간구하고 계시는 은혜의 보좌 앞에 나아가도록 격려합니다. **긍휼**과 **은혜**라는 말은 서로 바꿔 쓸 수 있는 동의어로 흔히 사용하며, 이 구절에서도 그런 식으로 사용된 것으로 이해할 수 있습니다.

비록 두 단어가 그 뜻에서는 아주 유사하지만, 대개 무가치한 사람을 향해 베푸시는 하나님의 선하심을 은혜라고 부르고, 고난받는 사람들을 향해 베푸시는 하나님의 선하심은 긍휼이라고 부릅니다. 루이스 벌코프는 긍휼을 다음과 같이 설명했습니다. "그것은 불행이나 곤란 중에 있는 사람들에게 그들의 공로와는 무관하게 보여 주시는 하나님의 선하심 또는 사랑이라고 정의할 수 있습니다." 그리고 나는 히브리서 4:16의 은혜라는 용어는, 이전에 두 장에 걸쳐 다루었던 은혜라는 말의 특별한 의미로, 곧 하나님께서 성령의 도우심을 통해 능력을 주시는 것으로 이해합니다.

그러므로 우리는 불행이나 곤란 중에 있을 때 먼저 긍휼을 필요로 하여 은혜의 보좌에 나아갑니다. 그다음 하나님께서는 그분의 긍휼하심으로 말미암아 때를 따라 우리를 돕기 위해 은혜 곧 성령을 통한 능력을 주십니다. 그리하여 우리는 어떠한 역경, 시련, 혹은 딜레마도 경건한 방식으로 대처할 수 있는 능력을 갖게 됩니다.

어떻게 기도를 통해 하나님의 은혜를 누릴 수 있는지를 이해할 필요가 있기 때문에 히브리서 4:15-16을 좀 더 자세하게 살펴보았습니다. 우리 모두에게는 은혜의 보좌 앞에 나아간다는 말씀의 의미를 보다 잘 파악하는 게 필요하다고 믿습니다. 우리는 우리 연약함을 체휼할 수 있고 또 체휼하고 싶어 하시는 대제사장 곧 예수님이 우리에게 있다는 것이 무엇을 의미하는지 참으로 잘 이해할 필요가 있습니다. 무엇보다도 우리는 때를 따라 돕는 은혜를 얻기 위해 은혜의 보좌 앞에 나아갈 필요가 있습니다.

나는 바로 그와 같은 일을 이 장의 서두에 소개했던 그 갈등 속에서 했던 것입니다. 나는 은혜의 보좌 앞에 나아갔고, 당시에 나를 향한 하나님의 뜻이라고 생각되는 것에 따르겠다고 할 능력이 내게 없다고 말씀드렸습니다. 나는 "예"라고 할 용기와 힘을 달라고 하나님께 요청했습니다. 유대의 관원들이 베드로와 요한에게 도무지 예수님의 이름으로는 말하지도 말고 가르치지도 말라고 명령하자 사도들은 은혜의 보좌 앞에 나아갔습니다. 사도행전 4:29에 보면 그들은 "주여, 이제도 저희의 위협함을 하감하옵시고 또 종들로 하여금 담대히 하나님의 말씀을 전하게 하여 주옵소서" 하고 기도했습니다. 그들은 하나님의 은혜의 보좌로 나아갔고 은혜를 구했습니다. 심한 반대 속에서 그리스도를 위하여 담대히 말할 수 있는 은혜를 구체적으로 구했습니다.

은혜의 말씀

우리가 하나님으로부터 받는 은혜는 성령의 도우심입니다. 성령께서 어떻게 우리 영에 역사하시는지 정확히 알지는 못하나, 아는 것은 성령께서는 흔히 하나님의 말씀을 사용하신다는 사실입니다. 즉 성령께서는 그 상황에 적합한 성경 말씀을 생각나게 하십니다. 이를 위해 성령께서는 설교를 사용하실 수도 있고, 우리가 읽는 신앙 서적, 그리스도인 친구의 권면의 말, 혹은 개인적인 성경공부나 성경 읽기 등을 사용하실 수도 있습니다. 나의 경우에는 오랜 세월 동안 성경 말씀들을 암송해 왔기 때문에 성령께서는 흔히 암송한 말씀을 생각나게 해 주십니다. 이와 같은 방법으로 성령께서는 요한복음 12:24을 통하여 나 자신의 계획과 욕망에 대해 오직 '죽을 때'에 열매를 풍성히 맺을 수 있다는 사실을 깨닫게 해 주셨습니다. 이처럼 성령께서는 적절한 성경 말씀으로 우리의 관심을 이끄신 다음 그 말씀을 우리의 상황에 적용할 수 있게 해 주십니다.

사도행전 20:32에서 바울은 에베소 교회의 장로들에게 "지금 내가 너희를 주와 및 그 은혜의 말씀께 부탁하노니 그 말씀이 너희를 능히 든든히 세우사 거룩케 하심을 입은 모든 자 가운데 기업이 있게 하시리라"라고 했습니다. 조금 앞부분인 24절에서 "나의 달려갈 길과 주 예수께 받은 사명 곧 하나님의 은혜의 복음 증거하는 일을 마치려 함에는 나의 생명을 조금도 귀한 것으로 여기지 아니하노라"라고 했습니다. 하나님의 은혜의 복음 즉 그리스도 예수 안에 있는 믿음을 통해 구원을 얻는다는 좋은 소식에 대해 언급했습니다. 그러나 32절에서는 그들을 능히 든든히 세워 줄 주님의 은혜의 말씀을 언급했습니다. 여기서는 믿음 가운데 서기 위해 매일의 삶에서 지속적으로 말씀을 사용하는 것을 가리킵니다. 그런데 바울은 구체적으로 말씀을 "그 은혜의 말씀"이라고 했습니다. 곧 말씀을 통해 하나님의 은혜를 알게 되고 매일의 삶 가운데서 하나님의 은혜를 누리게 되는 것입니다.

성경은 하나님에 관한 책일 뿐만이 아니라 하나님께로부터 온 책입니다. 디모데후서 3:16에서는 "모든 성경은 하나님의 감동으로 되었다"라고 말씀했습니다. 성경은 하나님께서 자기 자신과, 우리의 구원과 영적 성장을 위한 하나님의 공급에 대해 우리가 알기를 원하시는 모든 내용을 계시해 주셨습니다. 성경 말씀은 유일하게 객관적이고 권위 있는, 우리를 향한 하나님의 의사전달입니다.

그렇다면 하나님의 은혜를 자신의 것으로 누리려면 마땅히 성경과 친밀한 친구가 되어야 합니다. 우리는 성경의 위대한 진리, 예를 들면 하나님과 하나님의 성품, 인간과 인간의 절실한 필요인 하나님의 은혜 등에 대한 진리를 알기 위해 노력하며 또 이해해야 합니다. 우리는 성경에서 어떻게 자녀를 양육할 것인가, 어떻게 재정을 관리할 것인가, 어떻게 믿지 않는 자들에게 예수님을 전할 것인가 등과 같은 '방법'을 배우는 것과 기타 성경에 대한 실용주의적 접근에만 머물러서는 안 됩니다. 일상생활에 관한 성경의 그러한 실제적인 가르침도 매우 가치 있긴 하지만 거기서 더 나아가야 합니다.

실용주의적인 우리 세대는 성경 말씀에 대한 교리적인 이해를 무가치한 것으로 여기는 경향이 있습니다. 그러나 하나님에 대한 지식보다 더 우리의 일상생활을 위해 실제적인 것이 없습니다. 다윗의 주된 열망은 하나님의 아름다움을 앙망하는 것이었습니다(시편 27:4). 즉 하나님의 거룩함, 절대주권, 지혜, 능력, 성실, 그리고 무한한 사랑 등을 알고 또한 이를 높이는 것이 그의 최고의 열망이었습니다. 오직 성경 안에서만 하나님께서는 자신이 누구시며 어떤 분이신지를 명확하게 알려 주셨습니다.

그러나 성경 말씀은 단지 객관적인 진리 그 이상입니다. 그것은 실제로 생명을 주고 생명을 유지시키는 능력이 있습니다. 성경 말씀을 지켜 행하는 것은 우리에게 빈말이 아니요 우리의 생명입니다(신명기 32:47 참조). 은혜―그것이 무가치한 자에게 베푸시는 하나님의 은총이든, 무력한 자에게 주시는 하나님의 능력이든―안에서 자라 가려면 하나님의 말씀을 섭취하고 소화하는 데서 자라 가야 합니다. 생물학적으로 소화란 섭취된 영양분이 분해 흡수되어 생체 조직으로 바뀌는 과정이듯이, 영적인 소화란 기록된 하나님의 말씀이 우리의 영혼 속으로 흡수되어 영적인 조직으로 바뀌는 과정을 의미합니다.

하나님의 은혜가 우리 자신의 "가시"를 이기기에 충분한지를 어떻게 압니까? "하나님의 은혜로 말미암아 산다 혹은 섬긴다"는 말의 의미를 어떻게 이해하게 됩니까? 긍휼하심을 받고 때를 따라 돕는 은혜를 얻게 되는 곳인 "은혜의 보좌"에 대해 어떻게 배웁니까? 하나님께서는 마땅한 품삯보다 훨씬 더 많이 주시는 은혜로운 포도원 주인이심을 어디서 배웁니까? 이 모든 질문에 대한 대답은 성경 말씀입니다. 그래서 성경 말씀을 하나님의 은혜의 말씀이라고 부르는 것입니다. 하나님께서는 성경 말씀을 사용하셔서 하나님의 은혜를 우리에게 전해 주십니다. 렌스키는 "하나님과 하나님의 은혜의 말씀은 늘 붙어 다닙니다. 하나님께서는 하나님의 말씀을 통해 하나님의 은혜가 흘러나오게 하십니다"라고 했습니다.

하나님과 은혜의 말씀 사이의 이러한 밀집한 관계가 로마서 15:4-5에 잘 나타나 있습니다. "무엇이든지 전에 기록한 것은, 우리에게 교훈을 주려고 한 것이며, 성경이 주는 인내와 위로로써, 우리로 하여금 소망을 가지게 하려고 한 것입니다. 인내심과 위로를 주시는 하나님께서, 여러분이 그리스도 예수를 본받아 같은 생각을 품게 하시고"(새번역). 4절은 성경이 인내와 위로를 준다고 말합니다. 그러나 5절은 하나님께서 인내와 위로를 주신다고 말합니다. 인내와 위로는 "때를 따라 돕기 위한" 하나님의 은혜의 공급 가운데 들어 있습니다. 우리가 은혜의 보좌 앞에 나아가 은혜를 구하면 하나님께서는 공급하십니다. 그러나 대개는 성경 말씀을 통해 공급하십니다.

그러므로 하나님의 은혜를 충만히 누리려면 정기적으로 우리 자신을 하나님의 말씀에 직접 비춰 보아야 합니다. 주일날 교회에서 설교나 가르치는 말씀을 듣는 것만으로는 불충분합니다. 우리는 성경읽기, 성경공부, 그리고 성경암송을 정기적으로 하기 위한 계획을 가지고 있어야 합니다. 성경공부와 암송이 하나님 앞에서 공로를 쌓지는 않습니다. 우리는 결코 이런 일을 행함으로 하나님의 축복을 얻어 내지는 못합니다. 그러나 알맞은 음식을 먹는 것이 육체적인 건강을 유지하는 데 필요한 것처럼 하나님의 말씀을 정기적으로 섭취하는 것이 영적 건강을 유지하고 하나님의 은혜를 누리기 위해 꼭 필요합니다.

하나님의 말씀을 섭취하는 한 가지 방법으로 성경 암송을 강력히 추천합니다. 에베소서 6:17에서는 사탄 및 그의 부하들과의 전쟁을 위해 "성령의 검 곧 하나님의 말씀"을 가지도록 우리에게 권면합니다. 찰스 하지는 이 구절에 대해 다음과 같이 설명했습니다.

> 마귀의 모든 제안에 대항하는 유일하고, 간단하고, 충분한 대답은 하나님의 말씀입니다. 하나님의 말씀은 모든 흑암의 권세를 물리칩니다. 그리스도인은 개인적인 경험을 통해 이 말이 사실임을 깨닫습니다. 하나님의 말씀은 의심이 사라지게 하고, 두려움을 몰아내며, 사탄의 권세로부터 벗어나게 합니다.

지금 다루고 있는 주제에 맞추어 말한다면, 하나님의 말씀은 그리스도인들에게 때를 따라 돕는 은혜를 주는 것입니다.

하나님의 말씀을 검으로 가지려면 그것을 '손에 가져야' 곧

'마음속에 두어야' 합니다. "내가 주께 범죄치 아니하려 하여 주의 말씀을 내 마음에 두었나이다"(시편 119:11)라고 한 시편 기자처럼 되어야 합니다. 하나님의 말씀을 마음에 둔다는 말은 앞으로 필요할 때를 대비하여 마음속에 간직하거나 저장해 두는 것을 의미합니다. 비올 때를 대비하여 우산을 준비해 두는 것과 비슷합니다. 하나님의 말씀을 저장해 두는 것은 단지 우리를 죄로부터 지켜 주는 것 그 이상의 유익을 가져다줍니다. 마음속의 창고에 저장되어 있는 말씀을 성령께서는 그때그때 우리에게 필요한 하나님의 은혜를 전달하기 위해 꺼내 사용하십니다.

이 장을 쓰고 있을 무렵 뜻깊은 경험 하나를 했습니다. 먼 곳에서 전화가 왔는데 아주 가까운 어떤 사람에 관한 충격적인 소식을 듣게 되었습니다. 그날 잠자리에 들 때 감정적으로 어려웠고 무거운 근심에 싸여 있었습니다. 그러나 이튿날 아침 눈을 뜰 때 베드로전서 5:7 말씀이 떠올랐습니다. "너희 염려를 다 주께 맡겨 버리라. 이는 저가 너희를 권고하심이니라." 옷을 입을 때도 그 말씀은 계속 머릿속을 맴돌았고, 성령께서는 주님께서 이 특별한 상황 가운데서도 나를 돌보고 계신다는 사실을 믿을 수 있도록 은혜를 베풀어 주셨습니다. 그래서 나는 그 염려를 주님께 맡겨 버릴 수 있었습니다. 하나님의 말씀을 통해 때를 따라 돕는 은혜를 얻었기 때문입니다.

이 일은 아주 최근에 있었던 일이라서 생각납니다. 그것은 나의 삶에서 자주 있는 일 가운데 한 가지 실례에 불과합니다. 하나님의 말씀을 마음속에 저장한 다른 그리스도인들의 삶에서도 그런 일은 흔히 있습니다. 브루스는 에베소서 6:17을 풀이하면서 이렇게 말했습니다. "하나님의 말씀을 마음에 간직하고 있는 자에게 그리스도께 대한 충성으로부터 멀어지게 하는 유혹이 올

때, 그 말씀은 즉각 효과적으로 대항하기 위하여 성령께서 사용하시는 무기가 되어 줍니다." 그러면서 그는 시편 119:11을 언급했습니다.

그러므로 하나님의 은혜를 누리고자 한다면 성령의 검 곧 하나님의 말씀을 마음속에 간직하여 성령께서 언제든지 사용하실 수 있게 해 드려야 합니다. 에베소서 6:17을 깊이 묵상해 보면 성령과 그리스도인 사이의 상호작용에 대해 통찰력을 얻을 수 있습니다. 우리는 성령의 검을 가져야 합니다. 이것은 우리가 해야 할 일입니다. 그런데 그 검은 성령의 검이지 우리 것이 아닙니다. 성령께서 마땅히 그것이 영향을 발휘하게 하셔야 합니다. 성경 말씀을 단지 떠올린다고 해서 그 말씀이 마음속에서 효과를 발휘하지는 않습니다. 성령께서 그 말씀을 사용하셔야 합니다. 그러나 성령께서는 우리가 그 검을 가지지 않는다면 그 검을 사용하지 못하실 것입니다.

종종 하나님의 말씀은 즉시로 효과를 발휘하지 않을 수도 있습니다. 사실 내가 어떤 문제에 대해 일정 기간 동안 갈등을 하고, 몇몇 관련된 성경 구절을 심사숙고하고, 은혜를 구하기 위해 부르짖은 다음에야 성령께서 마침내 그 구절들을 살아 움직이게 하시고 때를 따라 돕기 위한 은혜를 주시는 경우가 많았습니다. 성령께서는 주권적으로 역사하십니다. 우리의 영적인 공식 즉 은혜를 구하는 기도를 하고 어떤 구절들을 떠올리면 문제가 해결된다는 식의 틀에 그분을 맞출 수는 없습니다.

하나님께서는 역사하실 때 자신의 방식뿐 아니라 자신의 시간표를 가지고 계십니다. 때로는 내가 최근에 베드로전서 5:7을 통해 은혜를 얻는 것처럼, 즉각적으로 우리를 돕기 위한 은혜를 주십니다. 또 어떤 때는 우리로 며칠 동안, 혹은 몇 주 또는 몇 개월 동안 씨름을 하도록 허락하신 다음에야 우리를 돕기 위한 은혜를 주십니다. 이처럼 하나님께서 지체하실 때라도 우리는 '때를 따라 돕는 은혜'를 주신다는 약속을 믿고 계속 은혜의 보좌 앞에 나아가야 합니다. 적절한 성경 말씀을 계속 주장하되 성령께서 그 말씀이 우리 마음속에서 영향을 발휘하도록 하실 때까지 그리해야 합니다. 성령의 검을 드는 것은 우리의 책임이며, 그 검이 영향을 발휘하게 하는 것은 성령의 권한입니다.

하나님께 굴복함

하나님께서 은혜를 베푸시기 위해 사용하시는 세 번째 수단은 우리 삶 가운데서 역사하시는 하나님의 절대주권적인 섭리에 굴복하는 것입니다. 베드로전서 5:5-6에서는 "…다 서로 겸손으로 허리를 동이라. 하나님이 교만한 자를 대적하시되 겸손한 자들에게는 은혜를 주시느니라. 그러므로 하나님의 능하신 손 아래서 겸손하라. 때가 되면 너희를 높이시리라"라고 말씀합니다.

하나님께서는 "겸손한 자들" 곧 하나님의 능하신 섭리의 손길 아래서 겸손한 자들에게 은혜를 주십니다. 우리는 겸손해지기보다는 하나님의 능하신 손의 역사에 **저항하는** 경향이 있습니다. 즉 구해 달라고 부르짖으면서도 안달을 하고, 불평을 하고, 걱정을 합니다. 최악의 경우에는 화를 내며 하나님께 반항적이 되기도 합니다. 이는 우리의 교만이며, 하나님께서는 교만한 자를 대적하십니다. 하나님께서는 실제로 우리를 대적하십니다.

하나님의 은혜를 누리려면 자신을 겸손히 낮추어야 하며, 삶에서 하나님의 섭리적인 역사에 굴복해야 합니다. 이렇게 하기 위해서는 먼저 모든 역경이나 걱정거리의 직접적인 원인 뒤에 있는 하나님의 능하신 손을 보아야 합니다. 자신의 모든 환경이 하나님의 절대주권적인 통치하에 있으며, 우리 환경의 직접적인 원인이 무엇이든 또는 누구이든 그 뒤에는 하나님이 계신다는 성경의 가르침을 믿어야 합니다.

욥과 요셉은 자신의 환경에서 하나님의 손길을 본 좋은 예입니다. 어느 날 스바 사람이 갑자기 들이닥쳐 욥의 소와 나귀를 빼앗고, 갈대아 사람이 약대를 빼앗고 종들을 죽였으며, 불이 하늘에서 내려와 양 떼를 사르고, 강풍이 맏아들의 집을 무너뜨려 욥의 모든 자녀가 죽었습니다. 나중에는 욥 자신도 발바닥에서부터 정수리까지 악창이 나서 괴로움을 겪었습니다. 자녀들과 재산을 다 잃었을 때 욥은 이렇게 반응하였습니다. "내가 모태에서 알몸으로 나왔사온즉 또한 알몸이 그리로 돌아가올지라. 주신 이도 여호와시요 거두신 이도 여호와시오니 여호와의 이름이 찬송을 받으실지니이다"(욥기 1:21, 개역개정). 그리고 자신의 불행에 대해 "우리가 하나님께 복을 받았은즉 재앙도 받지 아니하겠느뇨?"(2:10)라고 했습니다.

하나님을 향한 욥의 겸손한 반응뿐만 아니라 그가 자신의 고난이 하나님의 손에서 비롯된 것으로 여겼다는 사실을 주목해야 합니다. 그는 악한 사람들의 행동과 자연재해 너머로 이 모든 일을 주관하시는 절대주권을 가지신 하나님을 보았습니다. 그리고 욥기 42:11에서는 욥의 시련에 대한 이야기를 마무리하면서 "이에 그의 모든 형제와 자매와 및 전에 알던 자들이 다 와서… 여호와께서 그에게 내리신 모든 재앙에 대하여 그를 위하여 슬퍼하며 위로하고…"라고 기록했습니다. 욥기 서두에서는 욥의 삶에서 악의에 찬 사탄의 행동을 언급했지만 궁극적으로는 욥의 고난이 하나님께 기인하는 것으로 여겼습니다.

요셉은 자신을 노예로 판 형들의 악한 행동 너머로 하나님의 손을 보았습니다. 그래서 마침내 형들에게 자신의 신분을 밝히면서 "그런즉 나를 이리로 보낸 자는 당신들이 아니요 하나님이시라"라고 말했습니다(창세기 45:8). 그는 하나님께서 절대주권 가운데 형들의 극악한 죄를 사용하여 하나님의 목적을 이루셨다는 것을 인정했습니다. 그러므로 우리는 때를 따라 하나님의 은혜를 누리고자 하면 우리의 모든 환경을 통치하고 계신 하나님의 절대주권을 인정해야 합니다. 그러한 환경이 어렵거나 실망스럽거나 창피스러울 때 하나님의 능하신 손 아래서 겸손해져야 합니다.

우리의 환경 뒤에 있는 하나님의 능하신 손을 보아야 할 뿐 아니라, 또한 그 손을 자녀들을 연단하시는 사랑이 한없으신 아버지의 손으로 보아야 합니다. 우리는 시련을 당할 때 그것을 하나님께서 아버지로서 베푸시는 연단과 보살핌의 증거로 여기기보다는 하나님께서 우리를 미리신 증거로 여기는 경향이 있기 때문에 위로를 받지 못합니다. 그러나 히브리서 12:7은 "고난을 연단으로 알고 견디십시오. 하나님께서는 여러분을 아들과 같이 대하십니다. 아버지가 연단하지 않는 아들이 있겠습니까?"(NIV)라고 말합니다. 히브리서 기자는 어떤 고난은 하나님의 연단이고 어떤 것은 아니라고 하지 않았습니다. 그는 고난 즉 모든 고난을 하나님의 연단으로 알고 견디라고 했습니다. 어떤 사람이나 어떤 것에 의해 어떤 고난이 삶에 몰려온다 해도 하나님께서 절대주권 가운데 그 고난을 주장하고 계시며 우리 삶에서 연단의 도구로 사용하고 계심을 확신하기 바랍니다.

더구나 히브리서 기자는 바로 앞 구절에서 연단은 하나님의 사랑의 증거라고 했습니다. "주님께서는 사랑하시는 사람을 연단하시고 아들로 받아들이는 사람마다 매를 드신다"(6절, NIV). 이는 경계하기 위해서가 아니라 격려하기 위해서 하신 말씀입니다. 하나님의 연단의 목적은 "우리의 유익을 위하여 그의 거룩하심에 참예"하게 하기 위한 것입니다(10절). 즉 우리의 성품이 하나님의 성품을 닮도록 하기 위한 것입니다.

연단은 바로잡거나 혹은 보충하기 위한 것입니다. 어떤 죄악된 태도나 행동을 바로잡기 위해 주어질 수도 있고, 우리의 성품에서 결핍된 어떤 것을 보충하기 위해 주어질 수도 있습니다. 두 가지 모두 하늘에 계신 아버지께서 진노가 아니라 사랑 가운데서 주십니다. 예수님께서 이미 우리를 대신하여 하나님의 진노를 담당하셨기 때문에 우리에게 닥쳐오는 모든 역경은 하나님께서 우리를 사랑하시고 우리를 그 아들의 형상으로 변화시켜 가기 원하시기 때문에 허락하신 것입니다.

새뮤얼 볼턴은 다음과 같이 말했습니다.

> 하나님께서는 백성들을 위해 행하시는 모든 것에서 사랑을 생각해 오셨습니다. 그분이 우리를 다루시는 장소는 사랑이라는 곳이며(죄를 지었을지라도), 그분이 다루시는 방식은 사랑이고, 그분이 다루시는 목적도 사랑입니다. 그분은 모든 것에서 이 세상에서의 우리의 유익에 주의하시며, 곧 그분의 거룩함에 참여하도록 하시며, 우리의 내세의 영광에 주의하시고, 곧 그분의 영광에 참여하도록 하십니다.

역경과 염려, 걱정거리 속에서 하나님의 사랑의 손을 보기란 쉽지 않습니다. 세상 사람들처럼 행복이 최고의 선이라고 생각하기 때문입니다. 그러다 보니 우리는 모든 환경을 그것이 행복을 주느냐의 여부에 의해 평가하는 경향이 있습니다. 하지만 거룩함은 행복보다 더 위대한 선입니다. 그래서 하나님께서는 환경을 주관하실 때 우리의 행복보다는 거룩함을 우선적으로 고려하십니다. 하나님께서는 우리의 일시적인 행복보다는 영원한 행복에, 물질적인 행복보다는 영적인 행복에 더 관심을 가지고 계십니다. 그러므로 모든 시련과 역경, 모든 고민거리, 모든 실망스러운 것과 창피스러운 것들이 우리를 그분의 거룩함에 참여시키기 위해 그분의 사랑의 손으로부터 옵니다.

존 뉴턴은 우리의 시련과 고난 속에 있는 하나님의 이러한 목적을 다음 찬송시에서 잘 표현했습니다.

> 나는 주님께 기도했네
> 믿음과 사랑과 모든 은혜에서 자라고
> 주님의 구원에 대해 더 많이 알며
> 주님의 얼굴을 더 간절히 구하게 해 달라고
>
> 이렇게 기도하도록 가르쳐 주신 분은 주님
> 기도에 응답해 오셨다고 나는 믿네
> 그러나 그 응답은 나로 하여금
> 절망에 빠질 뻔하게 했네
>
> 나는 주님이 은총을 베풀어
> 즉시 내 요청에 응답하시며
> 주님의 사랑의 강한 능력으로
> 내 죄를 무찌르고 내게 안식 주시기를 바랐네

그러나 주님은 그렇게 하지 않으셨네
내 마음속에 숨어 있던 죄악을 알게 하시며
지옥의 분노의 권세로 하여금
내 온 영혼에 맹공격을 가하게 하셨네

이에 그치지 않고 주님은 자신의 손으로
나의 괴로움을 더하게 하시며
내가 꿈꾸어 왔던 모든 것을 짓밟으시고
내 꽃을 시들게 하고 나를 낮추셨네

주님, 어찌 이런 일이? 나는 울부짖으며 떨었네
주님은 이 벌레 같은 나를 죽이시려 하나이까?
주님께서는 이렇게 대답하셨네
나는 은혜와 네 믿음을 위해 기도에 응답한다

나는 이제 이러한 내적 시련을 사용하여
자아와 교만으로부터 널 해방시키고
그 시련은 세상 즐거움을 추구하려는 꿈을 깨뜨리고
너로 내 안에서 모든 것을 찾게 한다

 그러나 우리의 모든 역경의 직접적인 원인 뒤에 있는 하나님의 능하신 손을 보거나, 그 손이 자녀들을 연단시키시는 하나님 아버지의 사랑의 손이라는 사실을 깨닫는 것만으로는 불충분합니다. 나는 오랜 세월 동안 성경 말씀을 통해 하나님의 절대주권에 관한 진리를 접해 왔기 때문에 본능적으로 모든 환경 뒤에 있는 하나님의 손을 봅니다. 그리고 모든 고난이 바로잡거나 보충하기 위한 하나님의 연단이라는 사실을 인정하는 – 때로는 마지못해서 – 데까지 이르렀습니다. 그러나 하나님의 연단에 **굴복**하는 데는 어려움이 따릅니다. 때때로 우리는 거기에 저항합니다. 그러나 시련 가운데서 하나님의 은혜를 누리려면 먼저 그 시련을 가져온 하나님의 손에 굴복해야 합니다.

하나님께서는 오직 겸손한 자들에게만 은혜를 주십니다. 다른 사람들과의 관계에서 겸손할 뿐 아니라, 하나님의 능하신 손 아래서 겸손한 자 곧 주님께 굴복하는 사람들에게 은혜를 주십니다. 이에 대해 존 릴리가 아주 잘 표현했습니다. "'그러므로 하나님의 능하신 손 아래서 겸손하라'라는 말은 지금 어떤 것이 어떠한 창피를 당신에게 가져온다 해도 말없이 온유하게 이에 굴복하는 가운데 감수하는 것을 의미합니다. 왜냐하면 지금은 당신의 시련의 때요, 아버지의 징계의 막대기가 어린아이 같은 심령과 만나면 반드시 치유와 즐거움의 때가 뒤따르기 때문입니다." 그리고 그는 중요한 권면의 말을 덧붙였습니다. "하나님의 은혜로운 목적을 망치기니 슬픔의 **축복**을 잃지 않도록 하십시오. 오히려 그 목적을 또한 당신의 것으로 삼으십시오."

아내가 주님께로 간 후 한 친구가 다음과 같은 구절이 적힌 위로 카드를 보내 왔습니다. 이 구절은 옛날 찬송가에서 옮긴 것이 분명한데, 나는 기도할 때 종종 묵상하기 위해 그 카드를 노트에 끼워 두었습니다.

> 주님, 저는 기꺼이
> 주님이 주시는 것을 받으며
> 주님이 주시지 않는 것은 없이 지내며
> 주님이 취하시는 것은 내드리며

주님이 주시는 고통은 겪으며
주님이 요구하시는 사람이 되겠나이다

하나님의 능하신 손 아래서 겸손해지며 하나님께서 주기로 약속하신 은혜를 받기 위해서는 바로 위와 같은 태도를 지녀야 합니다.

그러나 하나님의 능하신 손 아래서 겸손해지는 데 있어서 필수적인 요소가 하나 더 있습니다. 우리는 단지 굴복할 뿐만 아니라, 하나님께서 때가 되면 우리를 높이시리라는 믿음 가운데 그리해야 합니다. 여기서의 "때"는 그 고난과 역경의 목적이 성취된 때입니다. 예레미야애가 3:31-32에서 말씀하고 있듯이, "이는 주께서 영원토록 버리지 않으실 것임이며, 저가 비록 근심케 하시나 그 풍부한 자비대로 긍휼히 여기실" 것이기 때문입니다. 하나님께서는 하나님의 목적을 성취하시고 나면 그 고난과 역경을 한순간도 더 우리에게 머물러 두지 않으실 것입니다. "주께서 인생으로 고생하며 근심하게 하심이 본심이 아니시로다"(33절).

하나님의 능하신 손 아래서 겸손하면, 때가 되면 하나님께서 높여 주십니다. 때로는 하나님께서 우리 삶 가운데로 이끌어 오셨던 고난이 사라지고 평화로운 환경으로 회복되며, 아마도 이전보다 더 나은 환경이 될 것입니다. 욥의 경우가 바로 그러했습니다. "여호와께서 욥의 모년에 복을 주사 처음 복보다 더하게 하시니…"(욥기 42:12). 또 어떤 때는 사랑하는 이의 죽음같이, 환경은 변하지 않으나 정신적인 압박감, 비통함, 또는 고뇌 등이 사라지기도 합니다. 바울의 가시의 경우가 그러했습니다. 그는 그 가시를 받아들일 수 있는 은혜를 받았습니다.

종종 하나님께서 우리를 잊어버리신 것처럼 보일 때 어떻게 믿음을 가질 수 있을까요? 대답은 베드로전서 5:7에서 찾을 수 있습니다. "너희 염려를 다 주께 맡겨 버리라. 이는 저가 너희를 권고하심이니라." 하나님께서 당신을 권고하십니다. 당신을 돌보십니다. 하나님께서는 당신을 연단하고 계실 때라도 당신을 돌보십니다. 이미 살펴보았듯이 연단 자체가 하나님이 돌보신다는 하나의 증거입니다. 그러나 하나님의 돌보심은 필요한 연단을 시키는 것 그 이상입니다. 하나님은 당신을 연단시키실 때 당신의 고통에 동참하십니다. 이사야는 이스라엘 백성을 향한 하나님의 태도를 묘사하면서 하나님께서 "그들의 모든 환난에 동참"하신다고 했습니다(이사야 63:9). 당신을 향한 하나님의 태도도 마찬가지입니다. 당신이 괴로움 중에 있을 때 하나님 또한 괴로워하십니다.

하나님께서 당신을 돌보시기 때문에 당신은 염려를 하나님께 맡겨 버릴 수 있습니다. 이 말씀을 역으로 풀지 마십시오. 성경은 "만약 너희 염려를 다 주께 맡겨 버리면 저가 너희를 권고하실 것이다"라고 말하지 않습니다. 하나님의 돌보심은 우리의 믿음이나, 염려를 하나님께 맡겨 버릴 수 있는 능력에 달려 있는 것이 아닙니다. 오히려 우리가 염려를 하나님께 맡겨 버릴 수 있는 것은 하나님이 우리를 돌보시고 계시기 때문입니다.

염려를 하나님께 맡겨 버리기 위해서도 성령의 도우심이 필요합니다. 이 모든 성경 구절이 아무리 우리에게 확신을 준다 해도 그 진리들이 종종 우리 마음에 와닿지는 않습니다. 때때로 우리는 하나님의 능하신 손 아래서 겸손해지기 위해, 그리고 하나님이 실제로 우리를 돌보고 계시는 것을 믿기 위해 은혜를 달라고 기도해야 합니다. 때로 우리는 아들을 고치기 위해 예수님께 나아왔던 어떤 아버지처럼 기도해야 합니다. 예수님께서 "믿는 자에게는 능치 못할 일이 없느니라"라고 말씀하시자, 그 아이의 아버지는 "내가 믿나이다. 나의 믿음 없는 것을 도와주소서!"라고 외쳤습니다(마가복음 9:23-24).

은혜의 섬김

하나님께서 우리에게 은혜를 베풀어 주시는 네 번째 주요 수단은 다른 그리스도인들의 섬김을 통해서입니다. 참으로 이것은 하나님께서 사용하시는 가장 기본적인 수단입니다. 이는 하나님께서는 그리스도의 몸 안에서 모든 지체가 "서로 같이하여 돌아보게" 하셨기 때문입니다(고린도전서 12:25). 물론 이것은 서로를 향한 섬김이 되어야 합니다. 우리는 서로에게 은혜의 통로가 되어야 하는 것입니다.

그렇게 하기 위해서는 서로 자신을 투명하게 개방하는 것이 필요합니다. 이런 이유로 해서 자신이 다른 사람에게 은혜를 전달하는 것은 좋아하면서도, 다른 사람에게서 은혜를 받는 것에 대해서는 꺼리는 사람들이 많이 있습니다. 다른 사람에게서 은혜를 받으려면 자신을 투명하게 해야 되는데, 자칫 잘못하면 지적이나 공격을 받을 위험이 따르기 때문입니다. 특히 남자들의 경우 자신의 여러 필요와 문제와 약점 등을 남들 앞에서 인정하기를 싫어합니다. 그것을 나약함을 시인하는 것으로 여기는 경향이 있습니다.

우리는 자기 삶을 잘 통제하고 있는 것으로 보이기를 원합니다. 자신이 죄의 유혹을 잘 이기고 있는 것으로, 그리고 어려운 환경을 잘 대처하고 있는 것으로 보이기를 원합니다. 부정한 마음을 품었음을 시인하는 것만큼이나 승진에서 탈락되었음이 알려지는 것을 꺼립니다.

우리에게 하나님의 은혜가 특별히 많이 필요한 때는 종종 하나님의 은혜가 필요하다는 사실을 다른 사람들에게 알리기가 가장 싫을 때입니다. 그래서 은혜의 섬김과 관련한 중요한 원리 하나를 깨닫게 됩니다. 우리 각 사람은 투명하고 적나라하게 자신의 모든 것을 나눌 수 있는 그리스도인 친구가 필요합니다. 나누는 것은 개인적으로 혹은 그룹에서 이루어질 수 있습니다. 어쨌든 우리는 마음 놓고 자신의 실패와 마음의 상처 및 슬픔 등을 나눌 수 있는 소수의 사람이 필요한데, 그 가운데는 배우자도 포함됩니다. 청교도들은 모든 것을 죄다 나눌 수 있는 절친한 친구 하나를 주시도록 하나님께 기도하곤 했습니다. 이것은 오늘날 우리를 위해서도 좋은 기도 제목입니다.

이 장의 "은혜의 말씀"이라는 단락에서 장래에 필요할 때를 대비하여 하나님의 말씀을 마음속에 저장해 두어야 함을 알았습니다. 또한 하나님의 은혜를 우리에게 전해 줄 사람들이 필요할 때를 대비하여 절친한 친구 몇 명을 사귀어 두어야 합니다.

대개 서로에게 은혜를 전하는 것에 대해 생각할 때 은혜를 전해 주는 사람에게 주도권이 있다고 생각합니다. 그러나 주도권은 흔히 은혜를 필요로 하는 그 사람에게 있습니다. 우리는 자신의 필요를 인정하고 다른 사람이 우리를 돕도록 허락해야 합니다. 자신의 필요를 기꺼이 나누고 싶고 또 도움도 받고 싶다는 뜻을 전해야 합니다.

우리에게 은혜를 전하는 자가 되어 달라고 다른 사람들에게 요청할 수 있는 방법으로는 어떤 것이 있을까요? 이 질문에 답함에 있어서 우리는 우리에게 은혜를 부으시기 위한 성령의 통로가 되어 달라고 그 사람에게 요청하고 있음을 기억해야 합니다. 하나님께서 약속하신 도움을 더 잘 받을 수 있도록, 우리가 성령 안에서 성령의 인도를 따라 사는 데 도움이 되어 달라고 그에게 요청하는 것입니다. 우리는 실제적인 도움이나 인간적인 조언을 구하고 있는 것이 아닙니다. 그런 것도 도움이 되는 때가 있습니다. 그러나 지금은 은혜의 필요성 즉 때를 따라 돕기 위해 우리에게 임하는 하나님의 능력의 필요성에 대해 생각하고 있습니다.

우리가 필요로 하는 다른 사람들의 섬김 중 첫 번째 것은 기도의 지원입니다. 바울은 자기 편지를 받는 자들에게 자기를 위해 기도해 달라고 자주 요청했습니다. 어떤 때는 그렇게 절박한 필요가 없는 것 같은 때도 그런 요청을 했습니다. 그러므로 우리는 필요가 있을 때마다 다른 이들에게 우리를 위해 기도해 달라고 요청해야 합니다. 그러나 그들이 우리를 위해 효과적으로 기도하게 하려면 우리는 기꺼이 자신의 진정한 필요가 무엇인지 나누어야 합니다.

우리에게 필요한 두 번째 것은 하나님의 말씀을 우리의 구체적인 필요에 적용하기 위해 그들의 도움을 받는 것입니다. 우리는 "이것이 나의 문제이네. 어떤 말씀이 나에게 도움이 되겠는가?"라고 물어보아야 합니다. 이것이 쉽지 않음을 깨닫습니다. 왜냐하면 우리는 역경을 경험할 때 누군가가 우리에게 성경 구절을 보여 주며 즉각 유창한 답변을 해 주는 것을 별로 달가워하지 않을 때가 많기 때문입니다. 그러나 우리가 서로 투명하고 모든 것을 털어놓을 수 있는 그런 우정을 쌓아 왔다면 서로에게 경솔한 답변을 하지는 않을 터입니다.

셋째, 다른 사람들이 우리를 위한 은혜의 전달자가 되게 할 수 있는 또 한 가지 방법은 우리가 자신의 상황을 보다 분명하고 보다 객관적인 시각에서 볼 수 있게 도와 달라고 그들에게 요청하는 것입니다. 우리에게는 모두 문제를 과장하거나, 혹은 우리에게 영향을 미치는 사건을 가장 나쁘게 해석하는 경향이 있습니다. 다른 사람은 환경을 보다 객관적으로 보도록 우리를 돕기 위한 성령의 도구가 될 수 있습니다. 보다 객관적이고 나은 시각은 우리로 보다 쉽게 하나님의 손 아래서 겸손해지며 하나님의 섭리에 굴복하도록 도와줍니다.

은혜의 섬김에 관한 이 단락에서도 기도, 하나님의 말씀, 하나님의 섭리에 대한 굴복이라는 기본적인 통로 이외에는 아무것도 소개하지 않았다는 사실을 알아차렸을 것입니다. 그럴 수밖에 없습니다. 다른 사람이 할 수 있는 일이란 오직 우리가 성령 안에 거하도록 도와주는 것뿐입니다. 다른 사람은 오직 하나님의 은혜의 '통로'가 될 수 있을 뿐입니다. 서로에게 줄 수 있는 그 어떤 것도 우리에게는 없습니다.

은혜를 전달하는 것은 양방향 도로와도 같습니다. 성구사전에서 "서로"라는 단어를 찾아보면 신약성경에 이 단어가 얼마나 자주 나오는지, 그리고 그리스도인끼리 서로 은혜를 전달하는 것을 얼마나 강조하고 있는지 알게 됩니다. 우리는 서로를 위해 기도해야 하고, 서로 격려해야 하며, 서로 가르치고 권면해야 하며, 서로 박차를 가해야 하고, 서로 짐을 져 주어야 하며, 서로 나누어야 하고 등등. 진실로 그리스도의 몸은 이러한 서로를 향한 섬김으로 말미암아 활기가 넘쳐야 마땅합니다.

그러나 지금은 서로에게 은혜를 전달하는 것 즉 성령께서 은혜를 다른 누구에게 주시기 위해 사용하시는 사람이 되는 것에 계속 초점을 맞추도록 합시다. 우리는 어떻게 다른 사람들로 하

하나님의 은혜를 누림

여금 우리를 향한 은혜의 전달자가 되게 하는지에 대해 간단하게 살펴보았습니다. 다른 사람으로 하여금 은혜의 전달자가 되게 하는 것 자체가 은혜를 필요로 하며, 우리는 "주님, 제가 친구에게 투명해지며 제 자신을 개방하도록 도와주시되, 그렇게 하는 게 지금 창피스럽더라도 그리하게 해 주옵소서. 그리고 제 친구가 제게 하나님의 은혜의 전달자가 되게 해 주옵소서"라고 기도할 필요가 있습니다.

그러나 우리는 서로에게 은혜의 전달자가 되어야 하기 때문에 이제는 우리가 다른 사람들에게 은혜의 전달자가 되는 몇 가지 방법에 대해 생각해 봅시다. 우리 모두는 어떤 때는 은혜를 전달받는 자요 어떤 때는 전달해 주는 자이어야 합니다. 이러한 상호 의존 관계는 헌금에 관한 바울의 가르침에서도 찾아볼 수 있습니다. "이제 너희의 유여한 것으로 저희 부족한 것을 보충함은 후에 저희 유여한 것으로 너희 부족한 것을 보충하여 평균하게 하려 함이라"(고린도후서 8:14).

그러면 우리는 어떻게 다른 사람에게 은혜를 전달하는 자가 될 수 있습니까? 다른 사람들이 우리에게 은혜의 전달자가 될 수 있는 세 가지 기본적인 방법과 동일합니다. 즉 기도, 하나님의 말씀, 하나님의 섭리에 굴복하도록 돕는 것입니다. 그러나 받는 것과 주는 것 사이에는 중요한 차이 하나가 있습니다. 받을 때는 우리의 허락에 의해 다른 사람이 우리와 하나님의 말씀을 나누며 우리로 하나님의 섭리에 굴복하도록 돕습니다. 줄 때는 그 반대로 우리가 상대방의 **허락**을 받아야 합니다. 그러기 위해서는 상호 신뢰 관계가 먼저 확립되어 있어야 합니다. 이 신뢰 관계 속에서 평소 서로 마음을 열고, 마음과 삶을 나누고 있을 때, 비로소 상대방을 섬길 권리를 얻게 됩니다.

허락을 하거나 받을 필요가 없는 한 가지 영역은 물론 서로를 위해 기도하는 것입니다. 그러나 그 영역에서마저 다른 사람에게 당신의 구체적인 필요에 대해 기꺼이 이야기를 나누지 않으면 그는 당신의 필요가 무엇인지 정확히 몰라 효과적으로 기도할 수 없습니다. 사랑하는 사람의 죽음, 실직, 혹은 불구를 가져오는 질병이나 사고 등 당연히 우리의 기도가 필요한 어렵거나 비극적인 상황도 있습니다. 그러나 이러한 상황에 대한 각 사람의 반응도 사람마다 다르기 때문에 우리는 친구들과 구체적인 기도 제목을 주고받아야 할 필요가 있습니다.

아마도 기도는 우리가 다른 사람들에게 은혜의 전달자가 될 수 있는 가장 중요한 방법일 것입니다. 우리는 이미 긍휼하심을 받고 때를 따라 돕는 은혜를 얻기 위하여 은혜의 보좌 앞에 담대히 나아오라는 하나님의 은혜로운 초청에 대해 살펴보았습니다. 그러나 때때로 어떤 형제 자매들은 자신의 고난과 역경이 너무 힘들고 하나님께서 너무나 오랫동안 침묵을 지키시는 것처럼 보여 낙담한 나머지 은혜의 보좌에 나아갈 영적인 기력마저 없습니다. 그들에게 있어서 하늘 문은 굳게 닫혀 있고 하나님께서 거기에 계시지 않는 것처럼 보입니다. 이러한 때에 우리는 그들을 위해 기도함으로 그들을 은혜의 보좌 앞으로 데리고 나갈 필요가 있습니다.

중풍병자를 예수님께 데리고 간 마가복음 2:1-12의 사건이 아름다운 예가 됩니다. 이것은 공관복음서 세 권에 다 기록되어 있는 몇 안 되는 사건 가운데 하나입니다. 대부분 이 이야기를 잘 알고 있습니다. 문을 통해 예수님께 중풍병자를 데리고 갈 수 없게 되자 지붕에 구멍을 내고 그가 누운 침상을 예수님이 계신 곳에 달아 내린, 그 사람의 친구들의 믿음과 끈기에 대해 우리는 감탄해 마지않습니다.

    이 사건에서 흔히 간과하고 있는 면을 생각해 봅시다. 그 사람은 완전히 마비되어 걷지도 못할 정도였습니다. 그래서 친구들이 침상 위에 누운 자기를 운반할 때 조금도 협력하지 못해 산송장이나 마찬가지였습니다. 침상은 아마도 짚으로 채운 얇은 매트리스였을 것이며, 그 사람이 나았을 때 쉽게 들고 갈 수 있을 정도로 가벼웠습니다. 그 침상은 아마도 흐늘흐늘했을 것이고, 친구들이 들기에 불편했을 것입니다. 어느 모로 보나 침상에 꼼짝 못하고 누워 있는 그 중풍병자는 친구들에게 거추장스럽고 무거운 짐이었습니다. 그러나 그 중풍병자의 친구들은 그를 운반하는 것이 번거롭거나 군중의 방해가 있다고 포기하지 않았습니다. 그들은 끈질기게 노력하여 마침내 그를 예수님 앞에 내려 놓았습니다.

    때때로 우리 친구나 사랑하는 사람이 영적으로 중풍병자가 됩니다. 그가 당하고 있는 시련이나 고통이 사실상 그로 영적으로 움직이지 못하게 합니다. 그는 스스로는 어떻게 하지 못합니다. 뿐만 아니라 그가 누워 있는 영적인 "침상" 즉 하나님께 대한 믿음과 하나님의 약속에 대한 신뢰는 약해서 짚으로 채운 얇은 매트리스와 같이 그를 제대로 받쳐 주지 못하고 있습니다. 당신이 그를 성경 말씀으로 격려해 주려 하면 아마 그는 당신을 멍하니 바라보며 성경 말씀은 자신에게 더 이상 아무런 의미가 없다고 할 것입니다. 그는 하나님의 약속을 주장하려고 노력해 왔으나 아무 효과가 없었습니다. 하나님께서는 그와 함께 계시지 않는 것 같았습니다.

    이 사람은 움직이기가 곤란한 무거운 영적인 짐이 되어 버렸습니다. 당신은 그와 함께 기도할 수도 없습니다. 단지 그를 위해 기도해 줄 수 있을 뿐입니다. 그러나 그 중풍병자의 친구들이 그를 예수님 앞에 둘 때까지 끈질기게 노력한 것처럼 우리도 하나님께서 그를 영적으로 치유해 주실 때까지 그를 은혜의 보좌 앞에 데리고 가기 위해 끈기 있게 노력해야 합니다. 그를 위해 지속적으로 기도하고 도움을 주어야 합니다.

물론 영적 중풍병자는 극단적인 경우입니다. 대개 우리가 은혜의 전달자가 되어 주어야 할 사람은 그 스스로 은혜의 보좌 앞에 나아갈 수 있습니다. 그러나 우리는 여전히 그를 기도로 지원하도록 부름을 받았습니다. 하나님께서는 우리의 개인적인 기도에 응답하실 수 있고 또 응답하시기도 하지만, 성경의 가르침은 하나님께서는 우리가 기도로 서로 지원하기를 원하신다는 것입니다.

기도하기를 제외하고는 우리가 다른 사람에게 은혜의 전달자가 되기 위해서는 어떤 식으로든 허락을 받아야 합니다. 이를 위한 가장 좋은 방식 하나는 우리가 그에게 관심을 기울이고 있다는 사실을 입증하는 것입니다. 은혜를 필요로 하는 사람에게 우선적으로 필요한 것은 당신이 그에게 관심을 쏟고 있다는 확신과 당신의 입증입니다. 우리는 그 사람이 그의 상처를 하나님께 맡겨 버리며, 하나님께서 **돌보고 계신다는** 사실을 진정으로 믿는 데까지 이르도록 도와야 합니다. 종종 우리는 우리 자신을 향한 다른 사람의 돌봄을 토대로 하나님의 돌보심을 판단합니다. 친구가 우리를 돌보아 주는 것을 눈으로 보면 하나님께서 우리를 돌보고 계신다는 사실을 믿기가 더 쉬워집니다. 물론 그렇게 되어서는 안 되겠지요. 죄악 된 인간의 보살핌으로 하나님의 보살피심을 측정해서는 안 됩니다. 그러나 우리는 그렇게 합니다. 그래서 종종 하나님께서는 우리가 하나님의 돌보심을 눈으로 볼 수 있는 증거가 되기를 원하십니다.

우리가 돌보고 있다는 것을 어떻게 입증할 수 있을까요? 우리가 해야 할 일은 우선 만나는 것입니다. 같은 도시에 살고 있다면 초대하여 함께 식사나 다과를 하고, 혹은 다른 방법으로 개인적인 교제를 갖도록 하십시오. 아내를 잃었을 때 나 자신이 경험한 바요 사랑하는 사람을 잃은 몇몇 친구들에 의해 확인된 바는, 우리는 흔히 상처받은 사람의 기대를 저버린다는 사실입니다. 어색함을 느끼기도 하고 무슨 말을 해 주어야 할지 몰라 아무 말도 하지 않습니다. 심지어 상처받은 사람을 피하기까지 합니다. 나보다 몇 달 뒤에 아내를 잃은 한 친구는 내게 "여보게, 내 친구들은 다 어디 있는가?"라고 했습니다. 어떤 사람은 자녀를 잃자 가장 친한 친구가 자기를 피하더라고 했습니다.

무슨 말을 해 주어야 할지 몰라 만나기를 꺼려해 왔다면 이렇게 말하십시오. "자네의 마음이 얼마나 아플지 잘 알고 있네만 무슨 말로 위로를 해야 할지 모르겠네. 내가 자네를 생각하고 있다는 사실만은 기억해 주게." 그리고 만약 가능하다면 "괜찮다면 자네와 함께 점심 식사라도 한번 같이 하고 싶네. 자네가 어떻게 지내는지 들어 보기도 할 겸"이라고 덧붙여도 좋습니다.

특히 교회나 다른 곳에서 지나칠 때 안부 인사로 "잘 지내시죠?" 하고 묻는 경우가 있는데, 이럴 경우에도 사람에 따라서는 세심한 배려가 필요할 수 있습니다. 당신이 의도한 바는 아닐지라도 그 사람은 당신이 "아, 잘 지냅니다!"라는 대답을 기대하는 상투적인 인사치례로 받아들일 수도 있기 때문입니다. 당신은 진심으로 관심이 있어서 물었을지라도 상대방은 '나에 대해서 별 관심이 없군' 하고 오해를 할 수도 있습니다.

당신이 그에게 관심을 가지고 있음을 입증했을 때-그가 이 사실을 믿고 있다는 결론은 주의 깊게 내려야 합니다-이제 "이 어려운 시기에 자네와 하나님과의 관계는 어떠한가?" 혹은 "자네는 성경 말씀에서 어떤 위로를 얻고 있는가? 아니면 지금 당장은 성경 말씀이 하나도 와닿지 않고 있는가?" 하고 그의 상태를 알아보는 질문을 던져도 좋을 것입니다. 질문을 할 때는 그가 부정적인 답변을 해도 당신이 충격을 받지 않을 것임을 밝혀 두십시오.

깊은 상처를 받은 사람과 성경 말씀을 나눌 때는 아주 민감해야 합니다. '설교'를 하는 것으로나, 혹은 어려운 문제에 대해 듣기 좋은 해결책을 제시하는 것으로 보이지 않도록 조심해야 합니다. 비슷한 상황에서 우리 자신에게 위로를 주었던 말씀으로 위로를 하면 좋습니다. 또한 그 사람이 우리가 말씀을 나누는 것을 얼마나 잘 받아들일 수 있을지에 대해서도 물어보는 편지를 쓰는 것도 유익합니다. 이것은 상대방에게 어떤 반응을 요구하시도 않고, 따라서 얼굴을 맞대고 직접 나누는 것보다 부담을 덜 줍니다.

어렵고 필요가 있을 때 서로 은혜를 전달해 주고 붙들어 주는 것은 성령께서 우리에게 은혜를 베푸시는 중요한 수단입니다. 그러나 이미 살펴보았듯이 이것은 서로 간에 이루어져야 할 섬김입니다. 당신에게 은혜를 전달해 주는 이러한 사람이 한 명 이상 있습니까? 당신은 누군가와 친밀한 관계를 맺어 은혜를 전달할 수 있는 위치에 있습니까? 전도서 4:9-10에서 보여 주고 있듯이, 우리는 하나님의 은혜를 누리기 위해 서로의 도움이 필요합니다.

두 사람이 한 사람보다 나음은 저희가 수고함으로 좋은 상을 얻을 것임이라. 혹시 저희가 넘어지면 하나가 그 동무를 붙들어 일으키려니와 홀로 있어 넘어지고 붙들어 일으킬 자가 없는 자에게는 화가 있으리라.

당신에게 그러한 "은혜를 주고받는" 관계를 맺고 있는 친구가 한 사람도 없으며, 또 어떻게 그런 관계를 형성하는지 궁금해하고 있다면, 몇 가지 제안을 하겠습니다. 첫째, 우리에게 먼저 그런 관계가 필요하다는 사실을 인정해야 합니다. 어떤 사람들은, 특히 남자들은, 그러한 필요를 인정하기를 싫어합니다. 우리 문화에서는 남에게 의존하지 않고 스스로 서는 것, 즉 자립을 최고의 미덕인 양 여깁니다. 그러나 지금까지의 공부를 통해 당신은 아마도 우리 가운데 다른 사람의 도움이 전혀 필요하지 않는 사람, 늘 혼자서 설 수 있는 사람은 아무도 없다는 사실을 깨달았을 것입니다. 하나님께서는 서로 필요한 존재로 우리를 만드셨습니다.

둘째, 당신과 그러한 상호 관계를 형성할 수 있는 사람을 주시도록 하나님께 기도하십시오. 기도할 때 당신과 알고 지내는 사람들을 깊이 생각해 보십시오. 개인적인 관계를 원한다면 그 사람을 식사에 초대하여, 개인적인 필요, 목표, 영적인 교훈 등을 서로 나눔에 있어서 서로 마음이 편한지 알아보십시오. 소그룹을 원한다면 함께 모이는 데 관심이 있는 두세 친구를 초대하여 그러한 그룹을 형성할 수 있겠는지 알아보십시오.

그러나 친구를 구하는 당신의 기도에 하나님께서 의외의 방법으로 응답하신다 해도 놀라지 마십시오. 하나님께서는 당신이 염두에 두지 않았던 어떤 사람을 당신의 삶 가운데로 이끌어

오실지도 모릅니다. 당신은 영적인 '거인'으로 보이는 사람을 당신의 스승과 상담자로 찾고 있을지 모릅니다. 그러나 하나님께서는 제11장에서 살펴본 바와 같은 "지렁이 같은 야곱"(이사야 41:14-15)과 같은 사람을 주실지도 모릅니다.

관계를 형성하기 시작할 때 당신은 어떤 것을 기꺼이 나누어야 할지에 대해 종종 내적인 갈등을 경험하게 됩니다. 특히 남자들은 자신의 필요를 인정하기를 꺼리기 때문에 그러할 것입니다. 그러나 바로 그러한 경향이 있는 내가 당신에게 하고픈 말은, 주님께서 분명히 막으신다는 생각이 들지 않는 한 '큰마음 먹고' 털어놓으라는 것입니다. 그렇게 해 보면 당신은 상대방이나 소그룹이 당신을 잘 이해하며 그들도 마음 문을 열고 자신들의 갈등을 당신과 나누기 시작하는 것을 보고 아마 깜짝 놀라게 될 것입니다.

그러나 서로의 갈등을 나누기만 하지는 마십시오. 그리고 특히 단지 서로 동정하는 것으로만 끝내지 마십시오. 서로에게 은혜를 전달하는 사람이 되어야 한다는 사실을 명심하십시오. 우리는 상대방이 하나님의 은혜를 누리도록 돕기 위해 성령의 통로가 되기를 힘써야 합니다. 함께 기도하고, 서로를 위해 기도하며, 적절한 성경 말씀을 나누고, 우리를 다루시는 하나님의 섭리에 굴복하도록 돕는 것이 그 시간의 특징이 되어야 합니다.

자기를 죽이려는 사울을 피해 아둘람 굴에 숨어 있을 때 다윗은 자신의 괴로움을 하나님께 아뢰는 시편 142편을 썼습니다. 4절은 참으로 애처로운 부르짖음입니다. "내 우편을 살펴보소서. 나를 아는 자도 없고, 피난처도 없고, 내 영혼을 돌아보는 자도 없나이다." 당신도 종종 그렇게 느낍니까? 아무도 당신에게 관심을 갖지도 않고, 당신을 돌보지도 않는 것으로 생각됩니까?

그렇다면 당신은 은혜를 당신에게 전달해 줄 한 사람 혹은 그 이상의 친구가 필요합니다. 그리고 당신도 다른 누군가를 위해 은혜를 전달해 주는 사람이 되어야 합니다.

13
은혜의 옷

> 그러므로 너희는 하나님의 택하신 거룩하고 사랑하신 자처럼 긍휼과 자비와 겸손과 온유와 오래 참음을 옷 입고, 누가 뉘게 혐의가 있거든 서로 용납하여 피차 용서하되 주께서 너희를 용서하신 것과 같이 너희도 그리하고, 이 모든 것 위에 사랑을 더하라. 이는 온전하게 매는 띠니라. (골로새서 3:12-14)

어느 날 차를 몰고 사무실로 오면서 내가 처해 있는 어려운 환경에 대해 골똘히 생각하며 자신에 대해 일종의 연민을 느꼈습니다. 나는 성경 말씀으로 생각의 초점을 옮기려고 했고, 나의 문제가 아니라 말씀을 깊이 생각했습니다. 그때 생각한 말씀이 바로 위에 소개한 골로새서 3:12-14입니다.

이 말씀을 나는 오래전에 암송했고 복습을 해 왔으며 여러 차례 깊이 묵상도 했지만 그날은 새로운 각도에서 그 구절을 보았습니다. 이전에는 그 말씀을 묵상할 때면 대개 생각의 초점이, 우리가 입어야 할 성품 즉 긍휼, 자비, 겸손, 온유, 오래 참음, 용서, 사랑 등에 맞추어져 있었습니다. 이 말씀의 앞부분인 "그러므로 너희는 하나님의 택하신 거룩하고 사랑하신 자처럼"에는 크게 주의를 기울이지 않았습니다. 단지 "너희는 그리스도인이니 그리스도인답게 행동하라"라고 말씀하고 있는 정도로 생각했습니다. 이 구절의 강조점은 그리스도인의 의무 즉 내가 추구해야 할 그리스도의 성품에 있다고 여겼습니다.

그러나 그날 성령께서는 "하나님의 택하신 거룩하고 사랑하신 자처럼"이라는 말씀에 생각의 초점을 맞추게 하셨습니다. 주님께서는 마치 "제리야, 너는 자신에 대해 연민을 느끼고 있구나. 하지만 사실은 너는 하나님께 사랑을 받고 있단다"라고 말씀하시는 듯하였습니다. 하나님의 사랑하신 자! 이 얼마나 놀라운 말입니까! 그런데 그것은 사실입니다. 그날 성령께서는 그 놀라운 진리를 명확히 깨닫게 해 주셨고 자기 연민은 흔적도 없이 사라졌습니다. 어려운 환경에도 불구하고 그날 나는 하나님께 사랑을 받고 있다는 사실을 즐거워하면서 사무실로 돌아올 수 있었습니다.

물론 이 구절에서 주된 교훈은 그리스도를 닮은 성품으로 옷 입어야 한다는 것입니다. 나는 이 성품을 '은혜의 옷'이라고 부릅니다. 사도 바울은 권면의 토대를 하나님의 은혜에 두고 있습니다. 즉 그는 우리가 하나님께 택함을 받았으며, 하나님 보시기에 거룩하며, 하나님의 사랑을 받고 있다는 사실에 근거하여 권면하고 있습니다. 우리는 하나님께서 우리에 대해 인내하고 계신다는 확신이 없으면, 혹은 하나님께서 우리에 대해 인내해 주시는 게 필요함을 느끼지 못한다면, 다른 사람에게 긍휼이나 인내를 나타내기가 어렵습니다. 아마도 불가능할 것입니다. 은혜로운 그리스도인의 성품이라는 이 옷은 자신의 삶에서 하나님의 은혜를 경험하는 사람들만이 입을 수 있습니다.

하나님의 은혜를 경험했기 때문에 우리는 그 은혜를 다른 사람들에게 전하도록 요구받습니다. 하나님의 은혜에 의해 살고 있는지는 다른 사람들을 어떻게 대하고 있는지를 보면 알 수 있습니다. 자신이 죄인이요 하나님의 긍휼과 인내와 용서를 받을 만한 자격이 전혀 없는 자임을 알면 다른 사람들에게 은혜로운 자가 되고자 할 것입니다.

하나님의 은혜는 실로 변화시키는 능력이 있는 은혜입니다. 디도서 2:11-12은 이렇게 말합니다. "모든 사람에게 구원을 주시는 하나님의 은혜가 나타나 우리를 양육하시되 경건치 않은 것과 이 세상 정욕을 다 버리고 근신함과 의로움과 경건함으로 이 세상에 살고." 하나님의 은혜는 죄의 결과인 형벌로부터 우리를 구원할 뿐 아니라 우리 삶에서의 죄의 통치로부터 우리를 구원합니다. 하나님의 은혜는 경건치 않은 성품에 대해서는 "아니요"라고 하고, 경건한 성품에 대해서는 "예"라고 말하도록 가르칩니다. 하나님의 은혜는 우리에게 "은혜의 옷"을 입도록 가르칩니다.

골로새서 3:12-14에서는 우리가 옷 입어야 할 여덟 가지 성품을 열거합니다. 이 가운데 대부분은 이전에 썼던 "경건에 이르는 연습"이라는 책에서 상세히 다루었으므로 여기서는 은혜와 특별한 관계가 있는 감사, 만족, 겸손, 용납, 용서에 초점을 맞추고자 합니다.

감사

하나님의 은혜를 경험함으로써 흘러나오는 첫 번째 성품은 하나님께 대한 감사입니다. 우리가 어떠한 사람이든, 무슨 일을 하든, 모든 것이 하나님의 은혜로 말미암은 것임을 인정해야 합니다. 물론 그 시작은 구원에 대해 감사하는 것입니다. 나는 그리스도인의 삶을 살아가면 갈수록 대학 1학년 때 하나님께서 나를 구원해 주신 것에 대해 더 깊은 감사를 느낍니다.

오래전 나는 마가복음 8:36-37을 암송했습니다. "사람이 만일 온 천하를 얻고도 제 목숨을 잃으면 무엇이 유익하리요? 사람이 무엇을 주고 제 목숨을 바꾸겠느냐?" 처음에 이 구절을 암송한 계기는 전도할 때 사용하기 위해서였는데, 복음을 진지하게 받아들이는 것이 얼마나 중요한지 깨닫도록 돕기 위함이었습니다. 그러나 최근 몇 년 동안은 이 구절을 나 자신의 유익을 위해 묵상하곤 했습니다. 즉 이 구절은 내가 하나님의 은혜로 받은 영생이라는 선물이 얼마나 가치 있는 것인지 깨닫도록 도와주었습니다. 이 구절을 묵상하면서 나는 한 쪽 접시에는 온 세상의 모든 보화가, 다른 한 쪽 접시에는 영생이 올려져 있는 접시저울을 마음속으로 그려 보았습니다. 양쪽은 균형을 이루고 있지 않습니다. 오히려 영생 쪽이 비할 수 없을 정도로 더 무거웠습니다.

영생의 선물을 주심으로써 하나님께서는 이 세상의 모든 보화를 합친 것보다 더 많은 보물을 우리에게 주셨습니다. 값으로 따질 수 없는 이러한 선물을 주신 데 대해 우리는 충분히 감사드리고 있습니까? 그토록 큰 대가를 치르고 그러한 선물을 주신 데 대해 하나님께 감사드리고 있습니까? 처음으로 우리 죄를 용서받고 하나님과의 화목을 경험한 그때만큼 오늘도 감사하고 있습니까? 참으로 하나님의 변화시키시는 은혜로 살고 있다면, 예수 그리스도로 말미암아 주신 하나님의 영생의 선물에 대한 감사는 점점 더 커질 것입니다. 우리는 죄의 나라에서 은혜의 나라로 옮겨진 그날보다 오늘 더 감사를 느끼며 그 감사를 하나님께 더 표현하고 싶어 해야 마땅합니다.

물론 하나님께서는 그리스도 안에서 이외에도 더 많은 것을 주셨습니다. 몇 년 전에 비해 조금이라도 영적으로 성장했습니까? 그때에 비해 더 사랑이 많아졌고 온유해졌습니까? 그렇다면 이러한 성장은 어디로부터 왔습니까? 그것은 우리 자신으로 말미암은 것이 아닙니다. 왜냐하면 우리 속 곧 우리 육신에는 선한 것이 거하지 않기 때문입니다(로마서 7:18 참조). 우리 속에는 두 가지 힘이 있습니다. 하나는 죄 된 본성이고, 다른 하나는 새로운 성품을 강화하는 성령입니다. 몇 해 전보다 지금이 더 그리스도를 닮았다면, 그것은 우리 안에 계신 성령의 역사로 말미암은 것이요, 하나님의 은혜로 말미암은 것입니다.

우리는 날마다 그리스도를 닮은 성품으로 옷 입어야 합니다(골로새서 3:12-14). 갈라디아서 5:22-23에서는 이것을 '성령의 열매'라 부릅니다. 우리 속에서 성령께서 역사하신 결과이기 때문입니다. 그리스도인의 삶에서 가장 역설적인 사실은, 우리는 자신의 영적 성장에 대해 완전히 책임을 지고 있는 동시에 성장하고자 하는 열망과 능력을 주시도록 성령께 완전히 의존하고 있다는 점입니다. 하나님의 은혜는 우리 쪽에서 책임 있는 행동을 할 필요성을 없애는 것이 아니라 그런 행동을 할 수 있게 능력을 줍니다.

사역에서는 어떻습니까? 하나님을 위해 뭔가를 이룬 게 있습니까? 이미 살펴보았듯이 우리는 "주께서 우리 모든 일을 우리를 위하여 이루셨다"고 인정해야 합니다(이사야 26:12). 성령께서 우리 안에서 우리를 통해 역사하신 결과가 아니면서 가치 있는 것은 하나도 없습니다.

자신의 영적 성장과 사역에서의 '성공'이 모두 아니면 적어도 일부라도 자신의 선함과 수고 덕분이라고 생각하지 않을까 두렵습니다. 아이러니하게도 더 헌신되고 더 부지런하면 할수록 그런 유혹에 빠질 가능성은 더 큽니다. 하나님께서는 이스라엘 백성이 물질적인 면에서 "내 능과 내 손의 힘으로 내가 이 재물을 얻었다"라고 하기가 쉬울 것이라고 경계하셨는데(신명기 8:17), 우리는 영적인 면에서 동일한 유혹에 직면합니다.

현재 누리고 있는 축복에 대해서 한번 생각해 봅시다. 당신은 냉장고에 음식이 풍성하게 들어 있는 집에서 안락하게 지내고 있습니까? 몸은 비교적 건강합니까? 자기 개인용 성경이 있습니까? 종교적인 핍박에 대한 두려움이 없이 예배나 성경공부를 위해 다른 그리스도인들과 함께 모일 수 있습니까?

이 모든 축복은 하나님의 은혜로 우리에게 주어졌기에 모든 것이 하나님께 감사할 제목이 됩니다. 식사 감사 기도도 식탁에 놓여 있는 음식이 하나님께로부터 왔을 뿐 아니라 하나님의 은혜로 주어졌다는 사실을 인식하고 인정하는 한 가지 표현입니다.

우리는 하루를 살아가면서 아주 풍성하게 주어지는 일상의 축복과 영적인 축복에 대해 끊임없이 하나님께 감사 기도를 드려야 합니다. 역경 가운데 있을 때에는 감사하는 태도를 지니기가 참 어렵습니다. 그러나 잠시 멈추어 곰곰이 생각해 보면 여전히 날마다 하나님의 놀라운 은혜를 받고 있음을 깨닫게 됩니다. 참으로 은혜 안에서 자라고 있다면 감사를 깨닫고 하나님께 실제로 감사를 표현하는 것이 삶의 특징이 될 것입니다.

만 족

감사는 '만족'과 밀접한 관계가 있습니다. 감사의 태도가 자라가면 점점 더 만족할 줄 알게 됩니다. 왜냐하면 영적인 면과 물질적인 면에서 자신이 가지고 있지 않은 것보다는 가지고 있는 것에 더 초점을 맞추게 되기 때문입니다. 그러나 만족은 우리가 가지고 있는 것에 초점을 맞추는 것 그 이상입니다. 만족이란 우리가 가지고 있는 것은 모두 하나님의 은혜로 주어졌다는 사실에 초점을 맞추는 것입니다. 물질적인 것이든 영적인 것이든 우리는 현재 지니고 있는 어떤 것을 받을 만한 자격이 있는 사람이 아닙니다. 그것은 모두 하나님의 은혜로 주어졌습니다.

불만족은 자신이 받아 마땅한 것을 얻지 못하고 있다고 생각하거나, 다른 누구만큼 많이 얻고 있지 못하다고 생각할 때 생깁니다. 포도원에서 하루 종일 일한 사람들의 태도에서 불만족의 부정적인 영향을 이미 살펴보았습니다(제5장 참조). 그들은 불만족스러웠고 그래서 기쁘지가 않았습니다. 자신들이 제11시에 고용된 사람들보다는 품삯을 더 많이 받을 만하다고 느꼈기 때문입니다. 그들의 태도는 바울의 태도와 얼마나 판이한지 모릅니다. 바울은 자신을 "사도 중에 지극히 작은 자"로 여겼을 뿐 아니라 심지어 "모든 성도 중에 지극히 작은 자보다 더 작은 자"로 여겼습니다. 바울은 참으로 자신을 하나님의 포도원에서 "제11시에 고용된" 품꾼으로 여겼습니다. 한 시간만 일하고도 하루 품삯 또는 그 이상의 품삯을 받았다고 생각했습니다.

불만족은 우리가 행위에 의해 살고 있다는 표시입니다. 자신이 현재 가진 것보다 더 많이 가질 자격이 있다고 생각한다는 표시입니다. 하나님께서 어떤 식으로든 우리에게 불공정하다고 생각한다는 표시입니다. 이와 연관하여 도움이 되는 말씀은 누가복음 17:7-10입니다.

너희 중에 뉘게 밭을 갈거나 양을 치거나 하는 종이 있어 밭에서 돌아오면 저더러 곧 와 앉아서 먹으라 할 자가 있느냐? 도리어 저더러 내 먹을 것을 예비하고 띠를 띠고 나의 먹고 마시는 동안에 수종들고 너는 그 후에 먹고 마시라 하지 않겠느냐? 명한 대로 하였다고 종에게 사례하겠느냐? 이와 같이 너희도 명령받은 것을 다 행한 후에 이르기를 "우리는 무익한 종이라. 우리의 하여야 할 일을 한 것뿐이라" 할지니라.

이 비유는 포도원 주인의 비유만큼이나 공정하지 못하다는 느낌을 줄 수도 있습니다. 종의 주인은 철저히 이기적이고 종의 필요에 대해 무감각한 사람으로 보입니다. 예수님께서는 그 주인을 칭찬하고 계신 것이 아니라, 다만 있는 그대로의 그들의 상태를 묘사하고 계셨습니다. 그 당시의 문화에서 누가 누구에게 기대할 권리를 가지고 있느냐 하는 것이 논의의 초점이었습니다. 확실히 그 종은 자기가 해야 할 일을 다 했을 때도 감사나 배려를 기대할 권리가 없었습니다. 그는 단지 자기가 하기로 되어 있는 일을 했을 뿐입니다.

하나님께서는 예수님의 비유에 나오는 그 주인처럼 이기적이고 무감각한 분이 아닙니다. 하나님은 포도원 비유에 나오는 포도원 주인처럼 후하고 은혜로우신 분입니다. 그러나 우리는 누가복음 17:7-10에 나오는 종과 같습니다. 자신이 명령받은 것을 다 행하였을 때, 그런 수준에 가까이 갈 수 있는 사람도 없지만, 우리는 여전히 "우리는 무익한 종입니다. 우리의 하여야 할 일을 한 것뿐입니다"라고 해야 합니다.

우리가 만약 자신의 공로에 의해 살기를 원한다면 하나님께서는 "좋다. 그럼 먼저 네가 마땅히 하기로 되어 있는 것을 살펴보자. 그런 다음 네가 한 것에 대해 생각하게 될 것이다"라고 말씀하실 것입니다. 자신이 하기로 되어 있는 것을 제대로 인식하지 못하고 있는 점이 우리의 문제입니다. 우리는 우리가 하기로 되어 있는 것을 하는 데 있어 얼마나 미흡한지 깨닫지 못하고 있습니다. 이 때문에 우리는 하나님과의 매일의 관계에서, 은혜에 의해 사는 대신 행위 내지 공로에 의해 살려는 경향이 있는 것입니다.

디모데전서 6:6에서 "지족하는 마음이 있으면 경건이 큰 이익이 되느니라"라고 했습니다. 세상의 모든 부와 명성을 지니고 있다 해도 만족하지 못하면 영적 빈곤이 이릅니다. 그러나 은혜로 살 때 우리 마음에 자리 잡는 만족, 다시 말해 날마다 우리에게 합당한 만큼을 받는 것이 아니라 우리에게 과분하도록 받는다는 사실을 깨달을 때 우리 마음에 자리 잡는 만족은 우리가 비록 가난하고 이름 없이 살고 있을지라도 영적으로 부요한 삶을 살게 합니다.

만족과 관련하여 누가복음 17:10을 묵상해 보기를 권합니다. "이와 같이 너희도 명령받은 것을 행한 후에 이르기를, '우리는 무익한 종이라. 우리의 하여야 할 일을 한 것뿐이라' 할지니라." 이 구절은 그 비유를 통한 예수님의 가르침을 요약합니다.

겸손

하나님의 은혜에 의해 사는 사람은 또한 '겸손'으로 옷 입게 됩니다. 불행히도 대부분의 그리스도인들이 성령의 열매인 겸손을 열심히 추구하지 않습니다. 이는 아마도 흔히 겸손을 자기 경시, 즉 우리에게는 어떤 선이나 가치도 없다고 여기는 것과 혼동하기 때문인 듯합니다. 제11장에서 소개한 이사야 41:14-15

의 비유를 빌자면, 겸손에 대한 이러한 잘못된 개념은 우리를 단지 "지렁이 같은 야곱"으로만 보게 하고, 우리 가운데서 역사하시는 하나님의 은혜로 말미암아 우리가 "이가 날카로운 새 타작기계"가 된다는 점은 생각지 못하게 합니다.

그러나 찰스 하지가 말했듯이, 성경적인 겸손이란 우리 안에 있는 선한 일을 부정하는 것이 아니라, 자신의 공로가 형편없다는 사실을 지속적으로 깨닫는 것이며, 우리에게 있는 선한 일은 오로지 하나님의 은혜로 말미암았다는 사실을 인식하는 것입니다. 그렇게 되면 겸손은 모든 성취의 원천이신 성령의 역사에 그 공을 돌리게 됩니다. 겸손의 반대인 교만은 우리 안에서 무슨 타고난 선을 찾으며, 자신의 헌신이나 충성을 하나님의 축복의 원인으로 생각합니다. 예를 들면, 교만한 자는 "내가 충성하고 순종했더니 하나님께서 나를 축복해 주셨다"라고 말하는 반면, 겸손한 자는 "내 속에서 역사하시는 하나님의 은혜로 말미암아 충성하고 순종할 수 있는 동기도 얻었고 능력도 얻었다"라고 말합니다.

겸손은 하나님의 은혜에서 시작합니다. 겸손은 우리 안에 있는 선한 일(즉 그리스도의 성품을 닮아 가는 것)과, 하나님과 다른 사람들을 섬긴 우리의 선한 일이 모두 전적으로 우리 자신이 아니라 성령의 역사로 말미암은 것임을 인정하는 것입니다. 그렇다고 해서 성령께서 우리 안에서 또 우리를 통하여 행하신 은혜로운 일들을 부정하지는 마십시오. 그렇게 하는 것은 성령의 역사의 원인과 결과를 우리에게 공을 돌리는 것만큼이나 성령으로부터 영광을 빼앗는 셈입니다.

예수님께서는 요한복음 15장에서 "가지가… 절로 과실을 맺을 수 없다"라고 하셨을 뿐 아니라, "저가 내 안에, 내가 저 안에 있으면 이 사람은 과실을 많이 맺는다"라고 하셨습니다(4-5절). 그리스도 안에 있다는 것은, 혹은 더 익숙한 말을 사용하면, 그리스도 안에 거한다는 것은 주님으로부터 모든 것을 이끌어 내기 위해 우리 자신의 지혜와 능력과 공로를 제쳐 두는 것입니다. 다른 말로 하면, 능력의 면과 공로의 면에서 절대적으로 하나님의 은혜에 의지하는 것과 동일합니다. 그러나 여기서 강조하고자 하는 것은, 예수님께서는 우리가 예수님 안에 거하면, 즉 하나님의 은혜에 의지하면, 많은 열매를 맺는다고 말씀하셨다는 점입니다. 그러므로 우리가 우리 안에 혹은 우리를 통하여 이루어진 선한 열매를 보기를 거부하는 것은 하나님께 영광이 되지도 않으며, 진정한 겸손의 표시도 아닙니다. 겸손은 우리가 "지렁이 같은 야곱"인 동시에 "강한 타작 기계"라는 사실 즉 우리 자신만으로는 철저히 연약하고 무력한 존재이나 하나님의 은혜로 말미암아 능력 있고 유용한 존재라는 사실을 인정하는 것입니다.

지금까지 수직적 차원의 겸손 즉 하나님과의 관계에서의 겸손을 살펴보았습니다. 그것은 우리가 가지고 있거나 행하는 모든 선한 일이 다 하나님으로부터 왔음을 인정하는 것이었습니다. 그러나 다른 사람들과의 관계에서의 겸손 곧 수평적 차원의 겸손도 있습니다.

다른 사람들과의 관계에서 교만이란 자신을 다른 사람들과 비교하며, 성품이나 행동 혹은 성취 등 어떤 영역에서 자신이 그들보다 우월하다고 생각하는 것입니다. 가장 나쁜 형태의 교만 가운데 하나가 영적 교만입니다. 이를테면 자신이 다른 사람보다 더 거룩하다거나, 더 의롭다거나, 더 충성스럽다거나, 더 순종을 잘한다거나, 또는 전도에서 더 열매를 잘 맺는다고 여기는 그

은혜의 옷 309

러한 태도입니다.

우리가 가지고 있거나 행하고 있는 모든 선한 일이 하나님의 은혜의 선물임을 인정할 때 다른 사람들을 향해서도 겸손해질 수 있습니다. 겸손한 사람은 교만의 유혹을 받을 수 있을 때에 오히려 하나님께서 자기 안에서 자기를 통해서 행하신 일에 대해 하나님께 감사합니다.

다른 사람들과의 관계에서 또 다른 측면의 겸손이 있습니다. 아마도 골로새서 3:12에서 겸손으로 옷 입어야 한다고 말할 때 바울은 이 측면을 염두에 두었을 것입니다. 렌스키는 이렇게 말했습니다. "(바울 당시에) 이교도들이 높이 샀던 미덕은 지배나 강한 자기주장이었습니다. 다른 사람 위에 군림하는 위치를 차지하는 것이었습니다. 그리하여… 겸손은 이교도들의 생각에는 비천한 것이었으며, 자기를 주장할 수도 없고 다른 사람에게 큰소리를 칠 수도 없는, 나약하고 굴종적인 마음의 태도였습니다." 불행하게도 자기를 주장하고 오만한 이러한 태도는 바울의 시대에만 있었던 게 아니라 오늘날에도 있으며, 더욱 불행한 것은 그리스도인들 사이에서도 그런 모습이 발견된다는 사실입니다.

그러나 예수님께서는 겸손에 대한 이교도적인 의미를 뒤엎으셨습니다. 예수님은 제자들의 발을 씻기셨으며, 제자들에게 자신의 본을 따르라고 말씀하셨습니다(요한복음 13:1-15). 다른 사람의 발을 씻기는 일은 가장 천한 종이 하는 일이었습니다. 예수님께서는 "앉아서 먹는 자가 크냐 섬기는 자가 크냐? 앉아 먹는 자가 아니냐? 그러나 나는 섬기는 자로 너희 중에 있노라"라고 말씀하셨습니다(누가복음 22:27). 그 무엇보다도 예수님께서는 하늘 영광을 버리고 종의 형체를 가지고 이 땅에 오셔서 우리를 위해 십자가에서 죽기까지 자신을 낮추셨습니다(빌립보서 2:5-11). 몸소 행동을 통해 예수님께서는 이교도들이 나약함이라 생각했던 겸손이 그리스도인들에게는 강함과 미덕임을 보이셨습니다. 자신의 삶에서 하나님의 변화시키시는 은혜를 경험하기 원하는 사람은 성령으로 말미암아, 자기를 높이는 교만한 태도를 예수님을 닮은 겸손과 종의 태도로 변화시켜야 합니다.

용납

골로새서 3:12-14에 있는 '은혜의 옷' 목록에서 바울은 서로 '용납'하는 것을 서로 '용서'하는 것과 함께 짝을 지었습니다. 이 두 가지는 하나님의 변화시키는 은혜에 의해 살아가는 사람의 특징이 되어야 합니다. '용납'에 해당하는 헬라어에는 '받다, 참다, 견디다' 등의 의미가 담겨 있습니다. 신약성경에서 그런 식으로 사용된 곳이 있습니다.

예수님께서는 마태복음 17:17에서 "믿음이 없고 패역한 세대여, 내가 얼마나 너희와 함께 있으며 얼마나 너희를 참으리요?…"라고 말씀하셨습니다. 바울은 고린도 교인들에게 편지를 쓰면서 "원컨대 너희는 나의 좀 어리석은 것을 용납하라. 청컨대 나를 용납하라"(고린도후서 11:1)라고 했는데, 어떤 번역본에는 이렇게 되어 있습니다. "여러분은 내가 다소 어리석어 보이더라도 참아 주시기 바랍니다. 그런데 여러분은 이미 그렇게 하고 있습니다"(NIV).

그러므로 "서로 용납하라"라고 말할 때 "서로에 대해 참으라"라고 말하고 있는 것입니다. 이것은 다른 사람의 잘못이나 경솔한 행동을 너그러이 봐주는 것입니다. 한 사람은 언제나 약속 시간을 정확히 지키는 데 또 한 사람은 습관적으로 늦는다고 합시다. 그 두 사람이 만나 점심 식사를 같이 하기로 했을 때 아마도 시간을 잘 지키는 사람은 습관적으로 늦는 사람이 지각하는 것을 참아야 할 것입니다.

그러나 다른 사람들의 잘못과 경솔한 행동을 참는 방법에는 두 가지가 있습니다. 하나는 예의를 갖추기는 하지만 마지못해 참는 것입니다. 한 사람이 "늦게 와서 죄송합니다. 용서해 주세요"라고 하면, 미소를 지으며 "물론이지요"라고 대답하지만, 마음속으로는 '당신은 나처럼 시간에 좀 맞추어 올 수 없어?'라고 중얼거립니다. 그러한 태도는 교만에서 나오며 하나님께서 우리에게 서로 참으라고 하실 때 의도하신 바와는 분명히 다릅니다.

또 하나의 방법은 하나님께서 끊임없이 우리의 잘못과 실패에 대해 참으신다는 사실을 인정하는 가운데 참는 것입니다. 우리는 대인관계에서뿐만 아니라, 더욱 중요한 것은 하나님과의 관계에서도 잘못을 저지르며 경솔하게 행합니다. 우리는 올바른 수준으로 하나님을 영화롭게 하거나 공경하지 않습니다. 우리는 하나님과 친밀한 교제를 갖기보다 TV를 보거나 인터넷을 하는 것을 더 좋아합니다. 그러나 하나님께서는 하나님의 은혜로 말미암아 우리를 참으십니다. 우리는 하나님의 은혜 안에서 살고 있음을 의식하는 정도만큼 다른 사람들에 대해 참습니다.

마지못해 참는 것은 진정한 용납이 아님을 우리 모두가 인정합니다. 진정한 용납은 단 한순간도 원망이나 원한을 품지 않습니다.

에베소서 4:2에서는 우리에게 "오래 참음으로 사랑 가운데서 서로 용납하라"라고 촉구합니다. 사랑이라는 기초가 있기에 다른 사람에 대해 참을 수가 있습니다. 베드로전서 4:8에서는 "무엇보다도 열심으로 서로 사랑할지니 사랑은 허다한 죄를 덮느니라"라고 했습니다. 사랑은 서로에게 있는 허다한 죄를 덮을 뿐만 아니라 허다한 잘못도 덮어 줍니다.

그런데 우리는 그러한 사랑을 어디서 얻을까요? 요한일서 4:19 말씀이 이에 대해 답해 줍니다. "우리가 사랑함은 그가 먼저 우리를 사랑하셨음이라." 이 구절에는 "사랑"의 대상이 명확하게 나타나 있지는 않습니다. "우리가 하나님을 사랑함은 그가 먼저 우리를 사랑하셨음이라"라는 의미일 수도 있고, 혹은 "우리가 서로 사랑함은 하나님께서 먼저 우리를 사랑하셨음이라"라는 의미일 수도 있습니다. 사도 요한은 아마 두 가지 다 말하고자 했을 것입니다. 어쨌든 서로에 대한 사랑의 토대는 우리를 향한 하나님의 사랑입니다.

이것이 사실일진대 서로에 대한 사랑의 정도는 우리를 향한 하나님의 사랑을 알고 감사하는 정도에 좌우될 것입니다. 우리를 향한 하나님의 사랑을 마음속 깊이 이해하면 이해할수록 우리는 다른 사람을 더 사랑하고자 합니다. 그리고 사랑은 허다한 잘못을 덮기 때문에 우리는 서로에 대해 더 잘 참게 됩니다.

그러므로 용납은 궁극적으로 우리 삶에서의 하나님의 은혜를 인정하는 것으로부터 자라납니다. 우리가 은혜로 말미암아 살고 있다는 사실을 의식하면 할수록 우리는 서로에 대해 더 참게 됩니다. 다른 말로 하면 우리가 서로에 대해 참지 못하고 있다면 은혜를 힘입어 살고 있는 게 아닙니다.

용서

우리는 서로에 대해 참고 용납할 뿐만 아니라 이에서 더 나아가 서로 '용서'해야 합니다. 용서는 다른 사람이 실제로 우리에게 저지른 나쁜 행동과 관계가 있다는 점에서 용납과는 다릅니다. 용납은 다른 사람의 잘못이나 부주의로 말미암은, 고의가 아닌 행동에 대한 우리의 반응입니다. 용서는 다른 사람의 의도적이거나 도발적인 행동, 어떤 식으로든 우리에게 해를 가하려고 시도했거나 실제로 해를 가한 행동에 대한 우리의 반응입니다.

골로새서 3:13에서는 "누가 뉘게 혐의가 있거든 피차 용서하라"라고 했습니다. 여기서 "혐의"란 불평거리 혹은 불만을 의미합니다. 이 구절은 불만이 생기는 것은 있을 수 있는 일로 간주하고 있는 듯합니다. 그리스도인으로서 우리 모두는 그리스도를 닮은 인격과는 여전히 거리가 멉니다. 그러므로 우리는 잘못이나 실패 등을 통해 뜻하지 않게 다른 사람의 감정을 상하게 할 뿐 아니라, 때로는 고의적으로 그렇게 하기도 합니다. 우리는 하나님으로부터의 용서뿐만 아니라 다른 사람으로부터의 용서도 필요합니다. 하나님께서 우리를 용서하시듯이 서로 용서해야 합니다.

사도 바울은 "주께서 너희를 용서하신 것과 같이 너희도 그리하라"라고 했습니다. 우리는 용서받았기 때문에 용서해야 합니다. F. 브루스는 "하나님 아버지께서 값없는 은혜와 사랑으로 용서해 주시는 것은 하나님의 자녀들이 서로 용서하는 데 있어서 최고의 모본입니다"라고 했습니다. 이것은 마태복음 18:21-35에 있는 무자비한 종의 비유를 생각나게 합니다. 이 비유에 대해서는 제3장 끝부분에서 간단히 다루었으나 여기서는 좀 더 상세하게 살펴보고자 합니다. 편의상 그 비유를 그대로 옮겨 보았습니다.

그때에 베드로가 나아와 가로되, "주여, 형제가 내게 죄를 범하면 몇 번이나 용서하여 주리이까? 일곱 번까지 하오리이까?"

예수께서 가라사대, "네게 이르노니 일곱 번뿐 아니라 일흔 번씩 일곱 번이라도 할지니라."

이러므로 천국은 그 종들과 회계하려 하던 어떤 임금과 같으니, 회계할 때에 일만 달란트 빚진 자 하나를 데려오매 갚을 것이 없는지라, 주인이 명하여 "그 몸과 처와 자식들과 모든 소유를 다 팔아 갚게 하라" 한대,

그 종이 엎드리어 절하며 가로되, "내게 참으소서. 다 갚으리이다" 하거늘, 그 종의 주인이 불쌍히 여겨 놓아 보내며 그 빚을 탕감하여 주었더니,

그 종이 나가서 제게 백 데니리온 빚진 동관 하나를 만나 붙들어 목을 잡고 가로되, "빚을 갚으라" 하매,

그 동관이 엎드리어 간구하여 가로되, "나를 참아 주소서. 갚으리이다" 하되,

허락하지 아니하고, 이에 가서 저가 빚을 갚도록 옥에 가두거늘, 그 동관들이 그것을 보고 심히 민망하여 주인에게 가서 그 일을 다 고하니,

이에 주인이 저를 불러다가 말하되, "악한 종아, 네가 빌기에 내가 네 빚을 전부 탕감하여 주었거늘, 내가 너를 불쌍히 여김과 같이 너도 네 동관을 불쌍히 여김이 마땅치 아니하냐? 하고, 주인이 노하여 그 빚을 다 갚도록 저를 옥졸들에게 붙이니라.

너희가 각각 중심으로 형제를 용서하지 아니하면 내 천부께서도 너희에게 이와 같이 하시리라.

이 비유를 묵상할 때 먼저 이 비유가 "형제가 내게 죄를 범하면 몇 번이나 용서하여 주리이까? 일곱 번까지 하오리이까?"라는 베드로의 구체적인 질문에 예수님께서 답변하시는 가운데 주어졌다는 데 주목해야 합니다. 이 비유는 "일곱 번뿐 아니라 일흔 번씩 일곱 번이라도 할지니라"라는 예수님의 답변을 강조하기 위한 것입니다.

비유에 나오는 그 종은 주인에게 1만 달란트를 빚졌습니다. 주인이 그에게 그 몸과 처와 자식들과 모든 소유를 다 팔아서 갚으라고 명하자 그는 지연 전술을 썼습니다. 그는 "내게 참으소서. 다 갚으리이다"라고 했습니다. 그 종은 마땅히 파산을 선언하고 주인의 자비를 구했어야 했습니다. 하지만 그 대신 시간을 달라고 간청했습니다. 시간만 충분히 주어지면 그 엄청난 빚을 다 갚을 수 있다고 생각했습니다. 하지만 그는 도저히 갚을 수 없는 액수의 빚을 지고 있었습니다. 데이비드 시먼즈에 따르면, 당시에 팔레스타인 전 지역에서 일 년 동안 걷히는 세금이 모두 합해 80만 달러에 불과했습니다. 그러나 그 종은 1만 달란트의 빚을 졌습니다. 1달란트가 통상 6,000데나리온이므로 1만 달란트는 6천만 데나리온입니다. 그 당시 노동자의 하루 품삯이 1데나리온이었으니, 1만 달란트가 얼마나 큰 액수인지 짐작이 갈 것입니다. 따라서 그가 그 빚을 다 갚는다는 것은 아예 불가능한 일이었습니다.

그 종은 행위 내지 공로에 의해 사는 사람을 예시합니다. 그는 어리석게도 자신의 노력에 의해 빚에서 벗어날 수 있다고 생각했습니다. 그러나 그 주인은 오직 은혜만이 그 사람의 필요를 채우기에 충분하다는 사실을 알고 있었고, 그래서 값없이 그를 용서하고 빚을 다 탕감해 주었습니다.

그토록 놀라운 용서를 경험했으면서도 이 사람은 자기에게 백 데나리온 빚진 동료를 용서하기를 거부했습니다. 오히려 그는 무자비하게 빚을 갚으라고 요구했습니다. 이 비유에서 배울 수 있는 것 하나는, 어떤 사람이 그 어떠한 것으로 우리의 기분을 상하게 해도 그것은 우리가 하나님께 지고 있는 엄청난 죄의 빚과 비교하면 아주 사소한 것이라는 점입니다.

그 무자비한 종이 용서하지 못하는 이유는 아마도 은혜에 대한 이해가 없었기 때문인 듯합니다. 그는 빚을 갚기를 원했습니다. 스스로의 힘으로 빚 안 지고 살려고 했습니다. 마음속으로 결코 완전 파산을 선언하지 않았습니다. 이 때문에 그토록 엄청난 용서를 받고도 동료에게는 그렇게 무자비하게 대한 것입니다. 자신이 완전 파산 상태에 있으며, 따라서 주인의 절대적인 은혜가 필요하다는 사실을 인정했더라면 아마 다르게 행동했을 터입니다.

오늘날 그 무자비한 종처럼 행동하는 그리스도인들이 많습니다. 그 이유도 동일합니다. 그들은 자신이 완전하고 영구한 영적 파산 상태에 있음을 인정하지 않기 때문에 그들에 대한 하나님의 한량없는 은혜를 인정하지 않습니다. 여전히 자신이 기본적으로는 "선하다"고 여기고 있으며, 이 때문에 다른 모든 사람들도, 특히 자신들과의 관계에서 "선하기"를 기대합니다. 하나님 앞에서 자신의 지속적인 파산 상태를 인정하지 않는 까닭에 다른 사람들도 그들 각자의 빚을 갚아야 한다고 주장합니다.

그러나 은혜에 의해 살아가는 그리스도인은 자신의 완전하고 영구한 영적 파산을 인정합니다. 자신이 하나님께 진 "일만 달란트"의 죄의 빚과, 다른 사람들이 자신에게 진 겨우 "백 데나리온"의 죄의 빚이 얼마나 큰 대조를 이루고 있는지를 알고 있습니다. 이로 인해 그는 "주께서 너희를 용서하신 것과 같이 너희도 그리하라"라는 말씀을 이해할 뿐만 아니라 실행합니다.

이리하여 우리는 한 바퀴를 돌아 다시 처음 시작했던 곳, 즉 우리 자신의 영적 파산을 인정하는 곳으로 돌아왔습니다. 바로 이곳이 하나님의 변화시키는 은혜로 사는 즐거움을 누리고자 할 때의 출발점인 동시에 종착점입니다. 그러므로 당신이 아직도 가지고 있을지도 모르는, 자신이 선하다는 생각을 남김없이 다 버리도록 하십시오. 당신의 완전하고 영구한 영적 파산을 인정하고, 하나님의 한없는 은혜를 실컷 들이마시며 누리도록 하십시오. 그리고 나서 당신이 받은 엄청난 은혜를 깊이 인식하는 가운데 동일한 은혜를 다른 사람들에게도 부지런히 나누어 주십시오.

저자의 다른 저서

거룩한 삶의 추구

거룩한 삶을 살기가 왜 그렇게 어려운 것일까요? 저자는 이렇게 말하고 있습니다. "우리가 죄를 범하는 것은 유혹을 이길 능력이 없어서가 아니라 스스로 그 죄를 선택했기 때문입니다. 우리는 죄와의 싸움에서 패배한 것이 아니라, 하나님께 불순종한 것입니다." 저자는 그리스도인이 거룩한 삶을 추구할 때 당면하는 근본적인 문제를 밝히면서 그에 대한 실제적인 해결책을 제시해 주고 있습니다.

경건에 이르는 연습

'거룩한 삶의 추구'의 속편에 해당되는 이 책에서 저자는 어떻게 지속적으로 거룩한 삶을 도모해 나갈 수 있는지를 보여 줍니다. 경건이란 하나님을 기쁘시게 하는 삶으로 나타나는, 하나님을 향한 헌신이라고 저자는 말하고 있습니다. 이 책은 당신에게 물질이나 사상이나 사람이 아닌 바로 하나님께 헌신하는 삶을 살 수 있도록 강한 동기를 불러일으켜 줄 것입니다.

하나님을 의뢰함

고난을 참고 견디기란 힘들고 그것을 이해하기는 더 힘들 수 있습니다. 하나님께서 통치하고 계심을 알 때도, 하나님을 믿고 의뢰하기는 쉽지 않습니다. 하나님께서 통치하시는데도 왜 참담한 교통사고가 일어나고, 실직의 위기에 처하며, 사랑하는 사람이 암에 걸리기도 합니까? 저자는 수년간에 걸친 성경공부와 개인적인 경험을 통해 하나님의 절대 주권에 대하여 배운 교훈을 통찰력 있게 자세히 소개하고 있습니다.

날마다 자신에게 복음을 전하라

은혜는 그리스도인이 되는 데 중요한 만큼 거룩한 삶을 추구하는 데도 중요합니다. 거룩한 삶을 추구하기 위해 하나님의 은혜에 닻을 내려야 합니다. 은혜는 복음의 핵심이요, 복음과 은혜에 대한 명료한 이해가 없으면, 거룩한 삶을 살 수가 없습니다. 은혜를 흠뻑 누릴 때라야 주님을 닮아 가기 위한 영적 훈련이 진정 즐거운 일이 됩니다. 그래서 우리는 날마다 자신에게 은혜의 복음을 전하는 삶을 살아야 합니다.

넘치는 은혜, 변화되는 삶

초판 1쇄 발행 : 1994년 5월 25일
개정 1쇄 발행 : 2020년 7월 28일
개정 2쇄 발행 : 2023년 5월 10일

펴낸곳 : 네비게이토 출판사 ⓒ
주소 : 03784 서울시 서대문구 연희로 16 (창천동)
전화 : 334-3305(대표), 334-3037(주문), FAX : 334-3119
홈페이지 : http://navpress.co.kr
출판등록 : 제10-111호(1973년 3월 12일)
ISBN 978-89-375-0585-0 03230

본 출판사의 서면 허락 없이는 본서의 전부 또는
일부의 무단 복제, 또는 원문에 대한 무단 번역을 금합니다.